ZHUANLI MOSHI XUKE
ZHIDU YANJIU

U0518902

专利默示许可
制度研究

李闯豪　著

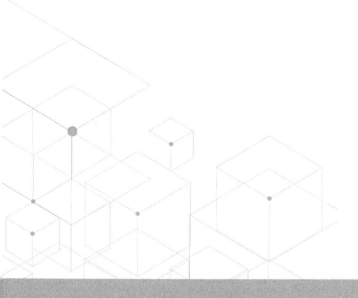

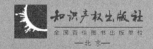

知识产权出版社
全国百佳图书出版单位
—北京—

图书在版编目（CIP）数据

专利默示许可制度研究 / 李闯豪著 .—北京：知识产权出版社，2020.7

ISBN 978-7-5130-7024-9

Ⅰ . ①专⋯　Ⅱ . ①李⋯　Ⅲ . ①专利权法－研究－中国　Ⅳ . ① D923.424

中国版本图书馆 CIP 数据核字（2020）第 120106 号

内容提要

本书主要研究专利默示许可有关的基本问题，论证了专利默示许可在法理上的正当性，并研究了法律经济学的视角对专利默示许可制度的价值，尤其是着重研究了专利默示许可在专利平行进口的问题、标准必要专利的规制及专利间接侵权的抗辩等方面的具体适用情况，对专利默示许可制度在我国的发展提供了一些理论支持。

责任编辑：李　娟　　　　　　　　　　　责任印制：孙婷婷

专利默示许可制度研究
ZHUANLI MOSHI XUKE ZHIDU YANJIU
李闯豪　著

出版发行：**知识产权出版社** 有限责任公司	网　　址：http ://www.ipph.cn
电　　话：010–82004826	http ://www.laichushu.com
社　　址：北京市海淀区气象路 50 号院	邮　　编：100081
责编电话：010–82000860 转 8363	责编邮箱：laichushu@cnipr.com
发行电话：010–82000860 转 8101	发行传真：010–82000893
印　　刷：北京九州迅驰传媒文化有限公司	经　　销：各大网上书店、新华书店及相关专业书店
开　　本：787mm×1092mm　1/16	印　　张：22.25
版　　次：2020 年 7 月第 1 版	印　　次：2020 年 7 月第 1 次印刷
字　　数：270 千字	定　　价：88.00 元

ISBN 978-7-5130-7024-9

前　言

专利默示许可制度源于美国，经过一个多世纪的发展演进，已发展为一种重要的专利侵权抗辩制度。随着近年来我国司法实践中对专利默示许可适用规则的现实需求越来越强烈，我国《专利法》在第四次修改过程中对于是否就标准必要专利的默示许可规制做出明确规定进行重点讨论，尽管基于种种考虑，2020年6月提请十三届全国人大常委会审议的《专利法》修正案草案没有采纳有关意见，但此次《专利法》修改对于专利默示许可规则的强调使得专利默示许可制度在我国的构建问题备受关注。通过对专利默示许可制度的系统深入研究，厘清相关的基本问题、探究其理论正当性、明晰其制度功能、明确这一制度在我国的具体构建，既是完善相关理论研究的需要，又具有积极的现实意义。

为实现这一研究目标，本书首先在总体上就专利默示许可制度的基本问题、发展演进及其理论正当性进行了研究和论证，然后从专利默示许可在专利平行进口问题的解决、标准必要专利的规制及专利间接侵权的抗辩等三个方面的价值功能及其具体适用出发，探究专利默示许可的制度功能，进而对专利默示许可制度在我国的建立进行研究并提出构建和完善建议。

首先，根据这一研究思路与理论逻辑，厘清有关专利默示许可的基本问题。明确专利默示许可属于合同的一种，其根本目的在于保护相对人的合理信赖，作为侵权抗辩手段，系对专利权人权利的限制；并根据产生根源，将其分为基于产品销售的默示许可和基于行为的默示许可两大类。进而将其与相关概念进行比较分析，专利默示许可相对于权利穷竭原则、强制许可及版权默示许可，具有自身独立的制度功能和价值。面对新技术新经济对专利制度的挑战，专利默示许可有助于实现专利权人利益与社会公共利益之间的平衡。

其次，运用法学价值分析方法和法经济学分析方法论证了专利默示许可制度的理论正当性。专利默示许可制度的存在不仅具有充分的法理基础，还有助于规制机会主义行为并促进社会总体效用最大化的实现。在法理上，专利默示许可属于默示意思表示的一种，符合默示意思表示理论的内在要求；保护专利实施人的合理信赖是专利默示许可制度的价值所在，其认定亦遵循信赖保护规则的内在构成。在法经济学视角下，专利默示许可既能够基于对合理信赖保护的追求有效规制专利实施中的机会主义行为，也能通过明确专利权行使的边界，有效减少交易成本，且能够在不减损专利权人利益的基础上促进专利的运用，因而有助于实现社会总体效用的最大化。

再次，明确指出专利默示许可制度的价值功能不仅体现在专利侵权抗辩的具体适用中，其在专利制度中一些关键问题的解决上亦存在着不可替代的独立价值：面对平行进口对专利制度的挑战，相比其他规制手段，适用既有原则性又有灵活性的专利默示许可既有助于实现相关当事人之间利益的平衡又符合我国现阶段作为发展中国家的政策取向；对于标准与专利的结合中诱发的标准必要专利挟持问题，适用专利默示许可进行规制，既存在理论上的正当性，又具有积极的实践意义：除了通过与相关标准专利政策的衔接有效规制标准必要专利"劫持"，还有助于实现专利权人和标准实施者之间的利益平衡；就专利默示许可在间接侵权抗辩中的适用而言，通过考察相关经验丰富的美国实践，指出美国法院的有关做法不合理地扩大了默示许可原则的适用，严重削弱了专利间接侵权制度的基础。为有效平衡各方利益，对于专利默示许可在间接侵权案件中的适用，应当在加强对专利权人合法利益考量的同时，着重分析第三方购买者的信赖利益范围。

之后，就专利默示许可制度在我国的构建，提出应当坚持立法与司法并行的二分模式，即在完善有关专利默示许可基础性规定的同时，仅将典型的专利默示许可上升为法律规定，而对于其他情形下的默示许可则留待司法解决。在具体的立法中，既要明确将有关专利默示许可规则上升为法律规定并不会与相关国际条约中的规定相抵触，也要注意与《中华人民共和国合同法》（以下简称《合同法》）等相关法律法规之间的协调。在相关法律法规的完善方面，应在《中华人民共和国民法总则》（以下简称《民法总则》）中增加信赖保护原则作为民法的基本原则，并完善有关默示意思表示及其解释的规定；在《专利法》中，除了第四次修改中明确的有关标准必要专利的默示许可规则外，还应当将基于产品销售的专利默示许可规则上升为具体的法律规定。

最后，就专利默示许可在司法实践中的适用，指出应跳出传统研究中通过借鉴民法中一般性默示行为的认定方法对专利默示许可进行认定的框架，根据专利默示许可的分类归纳出针对每一类型专利默示许可具有普适性的认定路径。其中，基于产品销售的专利默示许可的认定，应当从相关产品是否存在实质性非侵权用途和在销售产品时，是否存在明确性限制两个方面出发予以明确。基于行为的默示许可则需要从专利权人误导性行为的存在与否、被控侵权人的信赖是否合理及这一合理信赖是否应被保护三个方面入手进行认定。这两种认定路径在专利默示许可认定的适用上并不冲突，而是相互关联、相互补充的关系。

目　录

第1章 绪 论

1.1 研究背景和意义

1.1.1 研究背景

在这个科学技术日新月异、经济发展突飞猛进的时代，知识产权，尤其是专利权，已经成为国家间竞争的重要战略资源。美国、日本等经济、技术相对领先的国家和地区率先将其上升到战略高度。在专利应用领域，技术之间的阻隔与互补，对资金、专业技术人员的强烈依赖，专利技术转化为生产力的可能性等问题都是重要的制约因素，在实际操作过程中，许可他人使用是专利权人获得最大利益的重要途径。随着时代的发展，专利许可呈现规模大、数量多的增长趋势。由于各项专利技术彼此间有着错综复杂的联系，世界各个国家与地区的专利制度也存在相当大的差异，专利许可方面不断涌现出新的难题，促使着我们不断完善专利许可的相关制度，专利侵权方面的默示许可抗辩就是这样的一个新课题。

专利默示许可是指在一定情形之下，专利权人以其非明确许可的默示行为，让被控侵权人（专利使用人）产生了允许其使用专利的合理信赖从而成立的一种专利许可形态。专利默示许可制度具有独立的制度价值：专利默示许可在适用对象上具有普适性，因而能够广泛地适用于专利交易的诸多方面；专利默示许可相对于权利穷竭、法定许可、强制许可在适用上表现出极大的灵活性，能够充分体现当事人双方的意思自治；灵活性和有偿性使其拥有其他抗辩技术不具备的优势；专利默示许可既能够充分保护相对人的合理信赖利益，又具有有偿性，能够为权利人带来与明示许可相当的对价，不至于过分损害权利人的利益，因而有助于实现专利实施当事人之间的利益平衡。此外，在专利法上，专利默示许可可以被作为一种有效的平衡工具，既可以用来平衡发明创造者、专利实施者与社会公众之间的利益关系，规制专利实施中的机会主义行为，减少专利技术交易成本，从而实现经济效益最大化，实现私益与公益之间的动态平衡；也可以弥补现有制度的不足，利用专利默示许可本身的灵活性来化解本国与他国相关利益者之间的利益冲突，维护本国的相关利益。正因如此，在专利法相对成熟国家的实践中，专利默示许可业已发展成为一种成熟的专利侵权抗辩制度。

近年来，我国在司法实践中，要求确认专利默示许可的案件亦不断增多，实践中对专利默示许可的制度需求与日俱增。无论是在涉及技术标准推广的纠纷中还是涉及技术标准实施的纠纷中，无论是在涉及与专利实施相关产品销售的纠纷中，还是在其他与专利实施有关的合同纠纷中，都出现了适用专利默示许可进行侵权抗辩的案件。与此同时，由于我国专利法的发展起步较晚，相关实践的发展并不成熟，专利默示许可更是进入新世纪后专利法实践中的新兴事物，作为成文法国家，目前我国专利法对于专利默示许可并无明文规定，有关专利默示许可适用的实践经验也相对缺乏，严重影响着专利默示许可在司法实践中的合理适用。随着我国科学技术及经济活动的发展及专利司法制度的完善，实践中适用专利默示许可的需求与日俱增，因此，迫切需要建立有关专利默示许可的规则体系，以为专利默示许可在我国的适用提供明确的指导。

与此同时，随着因专利权而产生的纠纷层出不穷，专利产品的平行进口，标准必要专利的挟持，专利间接侵权等问题成为人们关注的焦点，而相关问题的解决也需要专利默示许可理论提供相应的理论支撑及制度间的协调。以专利实施相关产品为核心的商品交易市场的完善，也需要专利默示许可制度通过发挥其自身的积极作用来平衡专利权人与社会公众的利益，从而更好地促进商品的流通和经济的发展。同时，科技的发展使得专利权的许可使用方式多样化、复杂化，导致某些使用方式在订立许可合同时不能被当事人所预测，这些没有被预测的使用方式是否有可能归入默示许可的范围，就成为专利许可实践中无法回避的问题。此外，在国际专利许可中，处于弱势❶地位的我国亦需要完善专利侵权抗辩制度以应对侵权指控。以 DVD 播放设备专利侵权事件为例，我国许多生产企业指出，其制造的 DVD 装置的核心部件（如专用芯片等）均从国外合法购买，并且是专为制造 DVD 装置而设计制造的。此时，专利权人销售其核心部件的行为应当被认为隐含了允许下游企业用这些部件组装 DVD 整机并实施该专利的默示许可。这样的认定将有利于维护专利交易的合理秩序，不至于由于专利权的存在造成过多限制和经济损失。而且，面对我国专利实施效果的不理想，作为能够在一定程度上促进专利实施的专利权默示许可制度亦能为上述问题的解决提供一条出路。而这些亦为专利默示许可制度在我国的建立提供了充分的制度需求。

尽管对专利默示许可的适用，我国司法实践中已经形成了一定的适用标准，

---

❶ 尽管近年来随着华为等企业在国际通信行业地位的逐步上升，中国在一些国际专利战中处于主动地位，但是整体上仍不占优势。

相关部门就特定情形下专利默示许可的适用也提出了明确的指引❶，这些对专利默示许可在实践中的适用具有积极的指导意义。但是，由于相关实践经验的缺乏及理论研究的不充分，这些标准或者规则尚存在一定不合理之处。我们迫切需要在进行系统理论研究的基础上，基于我国司法实践中的需求，进行专利默示许可规则体系的构建。在此背景下，《专利法》第四次修改中提出的标准必要专利的默示许可，尽管尚存在一定的不足之处，但可谓是有关专利默示许可制度构建的一大进步。然而，由于缺乏充分的理论支撑，即使这一有益条款最终被此次专利法修改所采用，理论研究的缺乏将在一定程度上阻碍相关法律规定的实施。此外，由于专利默示许可的默示意思表示本质及其合同法属性，专利默示许可亦受到民事基本法乃至合同法的调整，所以，专利默示许可制度的构建不仅涉及专利法相关规则的完善，还需要进行相关法律间的协调乃至完善。而专利默示许可本身的特性及其衡平法传统，使专利默示许可制度的构建仅仅依靠相关法律规则的完善是不充分的，对相关司法裁判规则的完善也至关重要。所以，可以说专利默示许可制度的构建将是一项复杂的系统工程，而这项系统工程的构建需要充分的理论支撑，但目前学界的有关专门探讨并不充分，尤其

---

❶ 国家知识产权局在《专利侵权行为认定指南（试行）》第2章第1节第二部分中明确规定："对于专利产品，如果专利权人或其被许可人并非销售专利产品本身，而是销售专利产品的相关零部件，这些零部件只能用于制造该专利产品，不能用于其他任何用途，同时专利权人或其被许可人在销售这些零部件时没有明确提出限制性条件，此时应当认为购买者获得了利用这些零部件制造、组装专利产品的默示许可，其制造、组装行为不构成专利侵权行为。

对于方法专利，如果专利权人或其被许可人销售的设备或产品只能用于实施专利方法，同时专利权人或其被许可人在销售这些专利设备或产品时没有明确提出限制性条件，此时，应当认为购买者获得了实施专利方法的默示许可。

基于零部件或专用设备、产品的销售认定存在专利默示许可时应当满足两个条件：第一，专利权人或其被许可人销售的零部件、专用设备或产品除了用于实施专利技术外，没有其他任何用途；第二，专利权人或其被许可人在销售零部件、专用设备或产品时没有明确提出限制性条件。"

缺少对专利默示许可制度的深入研究。因此，系统、深入研究专利默示许可制度，借鉴域外有益经验，进而完善我国相关制度，既是完善我国专利制度的需要，也是司法实践的期许。

1.1.2　研究的意义

1.1.2.1　理论意义

首先，对专利默示许可制度的内涵及其与权利穷竭、强制许可、版权默示许可之间的区别与联系的论述，有助于明确专利默示许可自身的本质属性及其相对于其他专利制度的独立价值。

其次，对专利默示许可制度在法理上乃至经济上正当性的系统论证及对其在平行进口、标准必要专利挟持、间接侵权等制度中的功能的深入探讨等，不仅能够明晰专利默示许可制度的正当性基础，还能为相关专利默示许可规则的确立与完善及专利默示许可在相关领域的适用提供坚实的理论基础。

再次，考察专利默示许可制度在我国建立的实践乃至立法基础，明晰在我国建立专利默示许可制度的立法构造，厘清专利默示许可在司法实践中的适用规则，能够为专利默示许可制度在我国的立法构建和司法适用提供充分的理论支撑。

最后，专利制度需要兼顾专利权人和社会公共利益两个方面的利益，在两者之间寻求最佳平衡点，实现这个目标需要对专利权进行适当的限制，我国专利法限制手段在平衡专利权人利益和公共利益方面的作用还不够，专利默示许可制度则可以在一定程度上弥补原有限制手段在平衡以上利益时的不足。对专利默示许可制度的系统研究能够进一步明确该制度在平衡专利权人保护和促进专利实施上的重要意义。

1.1.2.2 实际应用价值

首先，对专利默示许可制度在我国构建的系统研究能够为我国专利默示许可法律制度的构建提供有益的参考。目前除了《专利法修订草案（送审稿）》中对标准专利的默示许可进行简单规定外，我国尚无有关专利默示许可的规定。基于司法实践中的裁判需要，我国有必要对专利默示许可进行相应的规定，以解决目前司法实践中遇到相关案件时"无法可依"的困境。

其次，有关专利默示许可适用的系统研究能够为实践中有关案件的司法裁判提供裁判思维。目前针对司法实践中的案件，法院在审理时并无可供参照的裁判思路，以致对于同种类型的案件，法院的裁判思路大相径庭，甚至司法适用的结果也并不一致，并由此导致专利默示许可制度在司法适用上的窘境。本书对专利默示许可的认定路径及在平行进口、标准必要专利和间接侵权等具体情形下如何进行具体适用的研究分析，为专利默示许可制度在司法实践中的适用提供裁判思路。

再次，为专利默示许可相关主体的行为提供参照。专利默示许可制度并不偏向于保护专利默示许可相关主体的一方利益，而是在双方利益平衡中形成专利权保护和专利实施的良性循环。专利默示许可制度在作为对专利权人权利的限制的同时，也可成为专利权人维护其自身利益的手段。本书对专利默示许可制度的研究，除了为专利实施人划定相应的行为边界外，同时对专利权人在专利默示许可制度觉醒的时代如何保护自己的权利亦有指导意义。

最后，在国际贸易环境下，尤其是涉及平行进口问题的解决时，专利默示许可制度的建立和适用对维护我国企业和消费者的利益更是具有不可替代的重要作用。因为目前我国的基本专利和重要技术大多处于外国专利权人的控制之下，在《与贸易有关的知识产权协定》（TRIPS 协议）并不反对默示许可的适用的条件下，不认可专利默示许可的立场将对我国产生不利影响。本书研究分析专利默示许可在相应情形下的具体适用，对我国企业和公民的利益维护具有指导意义。

1.2　国内外研究现状及评析

专利默示许可，是指专利权人以其非明确许可的默示行为，让被控侵权人（专利使用人）产生了允许使用其专利的合理信赖，从而成立的专利许可形态。目前，国内外关于专利默示许可制度的研究主要集中在五个方面：第一，专利默示许可与专利权穷竭的关系；第二，专利默示许可在解决专利平行进口问题中的功能及适用；第三，专利默示许可在规制标准必要专利挟持中的功能；第四，专利默示许可在专利间接侵权抗辩中的适用；第五，专利默示许可的认定。以下将从这几个方面对现有研究成果进行总结和评析。

1.2.1　关于专利默示许可及其与权利穷竭关系的研究成果及评述

1.2.1.1　专利默示许可

1. 域外研究现状

最早关于专利默示许可的分析出现在 1843 年美国麦克卢格诉金斯兰（McClurg v. Kingsland）案 ❶ 中，在该案中法官将专利默示许可作为雇员发明实施权原则 ❷

---

❶ See McClurg v. Kingsland，42 U.S. 202（U.S. 1843）.

❷ Shop Right Rule。根据该原则，雇主享有可以在其业务中免费使用雇员的发明的权利，这实际上是雇主以法律推定的方式从其雇员处得到的一种非独占性专利实施许可。参见：薛波，潘汉典 . 元照英美法词典 [G]. 北京：法律出版社，2003：1256.

的理论基础予以适用。然而学术界有关专利默示许可的研究则起步较晚，国外学者早期主要探讨在专利间接侵权、默许修理或者权利穷竭时将专利默示许可理论作为理论分析的基础，不过专门针对专利默示许可进行的探讨较少。埃德温·M.托马斯（Edwin M. Thomas）❶在研究专利间接侵权时指出，在出售专利产品时，卖方应意识到专利产品较长的使用寿命及买方获得了在专利产品损坏时进行修理、更换的默示许可。对于涉及专利间接侵权的案件，华盛顿大学法律季刊（*Washington University Law Quarterly*）❷中认为法院对于符合条件的专利间接侵权案件可以援用默示许可理论做出最终判决。詹姆斯·C.巴格曼（James C. Bageman）❸在讨论默许修理原则时指出默许修理原则的基础为专利默示许可理论。吉格·M.安曼（Jurg M. Ammann）❹在探讨权利穷竭原则时，认为权利穷竭原则的理论根源为默示许可理论。

　　随着司法实践中对专利默示许可理论运用的不断增多，国外学者对专利默示许可的研究也逐渐增多。迈克尔·J.斯沃普（Michael J. Swope）❺指出随着科学技术的不断发展，科技发明的表现形式越来越复杂，因而确定在专利产品流通的过程中附着其上的哪些专利权可以通过默许的方式转移也变得愈加复杂。而问题的复杂性不仅是因为购买者可能会因此承担侵权责任，更重要的是专利

---

❶ THOMAS E M .The law of contributory infringement [J]. Journal of the Patent Office Society, 1939, 21 (11): 811-841.

❷ Contributory infringement: the tort and its limitations [J]. Washington University Law Quarterly, 1961 (2): 169-186.

❸ BAGEMAN J C. Contributory infringement and the repair doctrine [J]. Southern California Law Review, 1965, 38 (2): 363-371.

❹ AMMANN J M. Intellectual property rights and parallel imports [J]. Legal Issues of European Integration, 1999, 26 : 91-122.

❺ SWOPE M J. Recent developments in patent law : implied license-an emerging threat to contributory infringement protection [J]. Temple Law Review, 1995, 68 (1): 281-306.

权人的竞争者会利用默示许可逃避侵权责任。同时基于专利默示许可造成专利
权的不确定性，为了能够明确默示许可的适用范围，建议专利权人可以采取一
些事前的保护性措施预防自己的专利权因为专利默示许可的存在被侵蚀。格雷
戈里·M. 乐琪（Gregory M. Luck）❶ 除了探讨专利默示许可的认定标准外，在
如何适用专利默示许可作为专利侵权抗辩时提出专利默示许可的适用主要包含
几个方面的内容：举证责任（需要区分不同的情形）、默示许可的范围（需要根
据默示许可双方的真实意图进行判定）。最后对专利权人来讲，建议可以通过
事前防御行为来防止专利默示许可抗辩侵蚀其专利权。克里斯蒂娜·M. 斯佩里
（Christina M. Sperry）❷ 指出默示许可可以被专利权人用作限制专利产品购买者
权利的工具，并探究如果专利权人在出售专利产品时做出了该产品仅能被使用
一次的默示许可，专利产品购买者改装该产品并再次出售的行为是否构成违法
的再造行为。雷切尔·克拉克·休伊（Rachel Clark Hughey）❸ 则认为，在专利
法领域，默示许可作为专利侵权的抗辩手段，已经发展成为一种事实上的默示
合同的一种。克里斯蒂·H. 纳丹（Christian H. Nadan）❹ 提出运用以法律禁止
反言为基础的默示许可来协调计算机开放软件的许可问题。一方面能够解释在
没有专利许可的情况下，公众能够使用计算机开放软件中存在的疑问，另一方

❶ LUCK G M. The implied license : an evolving defense to patent infringement [J]. IPL Newsletter，1997，16
（1）：3-30.

❷ SPERRY C M. Building a mystery : repair，reconstruction，implied licenses，and hewlett-packard co.
v. repeat-o-type stencil manufacturing corp. [J]. Boston University Journal of Science & Technology Law，
1999，15：193-225.

❸ HUGHEY R C. Implied licenses by legal estoppel[J]. Albany Law Journal of Science & Technology，2003，
14（1）：53-80.

❹ NADAN C H. Closing the loophole : open source licensing & the implied patent license[J].The Computer &
Internet Lawyer，2009，26（8）：1-6.

面也间接加快了计算机开放软件的研发和使用进程。

2. 国内研究现状

我国司法实践中运用专利默许可理论对案件进行分析的较少，较早的案例属 2001 年的武汉晶源环境工程有限公司与日本富士化水工业株式会社、华阳电业有限公司侵犯发明专利纠纷案。❶而理论上对专利默示许可理论的研究也起步较晚，近年来才出现专门针对专利默示许可进行的探讨：韦晓云❷简单论述了专利默示许可的法理基础，并结合实践中的案例归纳出专利默示许可的适用情形：涉及技术标准的；涉及专利产品的零部件销售的；涉及平行进口的。同时就专利默示许可在我国适用的必要性提出立法建议。董美根❸在研究专利默示许可在美国的发展的基础上，分析了在我国适用专利默示许可的依据，并提出如何对域外的成功经验进行借鉴。袁真富❹结合近年来国内外的司法实践总结了专利默示许可的发生情形，并探究了专利默示许可的适用条件及内容。叶挺舟❺和林贵苗亦探讨了专利默示许可的适用条件，此外林贵苗❻还就专利默示许可的理论基础、适用情形、专利默示许可的内容进行了分析。李建华和王国柱❼则重点探讨了专利默示许可的认定标准。而鹿海燕❽则在对专利默示许可的有关理论进行分析的基础上探讨在我国适用专利默示许

❶ 案例号：（2001）闽知初字第 4 号。

❷ 韦晓云. 专利的默认许可 [J]. 人民司法，2007（17）：93-97.

❸ 董美根. 论专利默示许可——以对专利产品合理期待使用为目标 [G] // 国家知识产权局条法司专利法研究（2010）. 北京：知识产权出版社，2011：484-501.

❹ 袁真富. 基于侵权抗辩之专利默示许可探究 [J]. 法学，2010（12）：108-119.

❺ 叶挺舟. 专利默示许可适用条件探析 [J]. 黑龙江省政法管理干部学院学报，2013（5）：73-76.

❻ 林贵苗. 专利默示许可探析 [J]. 哈尔滨学院学报，2013，34（10）：41-43.

❼ 李建华，王国柱. 论专利权默示许可的认定 [J]. 河南社会科学，2013（12）：42-45.

❽ 鹿海燕. 浅析专利默示许可制度 [J]. 社科纵横（新理论版），2013（2）：117-118.

可的必要性和可行性。李江、王津晶和熊延峰[1]等根据专利默示许可近年来在我国的实践情况列举了专利默示许可在我国的适用情形，并进一步分析了专利默示许可在我国适用的法律基础。陈瑜[2]将专利默示许可作为责任规则的一种新类型分析其存在的合理性及价值，并提出专利默示许可制度构建的立法司法二分类型。李文江[3]在我国《专利法》第四次修改明确提出标准必要专利的默示许可规制之际，就专利默示许可的概念、法律属性进行了分析，并在论述国内外有关专利默示许可的立法及实践经验的基础上，提出了我国有关专利默示许可规则的完善意见。杨德桥[4]则从合同的视角论证了专利默示许可的本质属性、成立要件，并在此基础上论述了我国司法机关在专利默示许可实践探索中的不足，并指出在专利默示许可制度的构建上，我国应在诚实信用原则的基础上，保持专利默示许可的案例法本色。

综上，专利默示许可制度在司法实践中具有积极意义，但目前的研究主要是结合司法实践中适用专利默示许可的案例探讨专利默示许可的适用情形、适用条件、在进行侵权抗辩时的注意事项等专利默示许可的具体适用问题，较少关注专利默示许可的理论基础。尽管部分学者将诚实信用原则、英美法上的衡平禁止反言原则等作为专利默示许可的理论基础进行了分析，但是现有研究并没有根据专利默示许可的属性及专利默示许可制度的功能价值深入全面地挖掘专利默示许可制度的理论依据，更缺乏关于专利默示许可制度价值的探究，因

---

[1] 李江，王津晶，熊延峰，等.中国专利默示许可实践探究 [J].中国专利与商标，2014（4）：67-78.

[2] 陈瑜.专利默示许可：责任规则的新类型 [C] // 中国知识产权法学研究会.中国知识产权法学研究会2015 年年会论文集.北京：中国人民大学知识产权学院，2015：22-29.

[3] 李文江.我国专利默示许可制度探析——兼论《专利法修订草案（送审稿）》第 85 条 [J].知识产权，2015（12）：78-82.

[4] 杨德桥.合同视角下的专利默示许可研究——以美中两国的司法实践为考察对象 [J].北方法学，2017（1）：56-70.

而缺乏对实践的指导意义。而对专利默示许可制度的研究有赖于对专利默示许可的缘起演进及其理论基础和制度价值进行系统梳理。

除此之外，国内外更多的研究是将专利默示许可与相关理论进行比较分析或者在探究诸如平行进口、标准必要专利和间接侵权时引入专利默示许可并对之进行分析及对专利默示许可认定标准的探讨。对此下文将一一进行论述。

1.2.1.2 专利默示许可与权利穷竭的关系

1. 域外研究现状

域外在探讨专利默示许可时通常会提到权利穷竭或者在探讨专利权穷竭时讨论专利默示许可，具体就专利默示许可与权利穷竭的关系的研究主要从以下几个方面展开：

其一，将专利默示许可理论作为权利穷竭原则的理论基础，而且多出现在关于专利平行进口的研究中。吉格·M. 安曼（Jurg M. Ammann）❶ 在探讨平行进口问题时将权利穷竭分为"自动穷竭"和"选择性穷竭"两种，其中后者的理论基础为默示许可。玛格丽特·巴雷特（Margreth Barret）❷ 将默示许可理论作为权利穷竭原则的理论基础进行分析，并指出作为权利穷竭原则的理论基础，默示许可理论与利益补偿论具有内在的一致性：专利权人在首次销售后即获得了足够的利益回报,应该推定专利权人默认后续的出售行为的合法性。布鲁斯·E. 摩根（Bruce E. Morgan）❸ 在探讨加拿大的平行进口时指出加拿大对于平行进口

❶ AMMANN J M. Intellectual property rights and parallel imports [J]. Legal Issues of European Integration, 1999, 26：91-122.

❷ BARRETT M. The United States' donctrine of exhaustion：parallel imports of patented goods [J]. Northern Kentucky Law Review, 2000, 27（5）：911-984.

❸ MORGAN B E. Exhaustion of IPRs in cases of recycling and repair of good [R]. Canadian Group of AIPPI, 2008.

的专利产品也基于默示许可理论适用权利穷竭，除非专利权人做出明确的限制。申创轮（Chung-Lun Shen）❶ 将默示许可理论作为国际权利穷竭的理论基础，并提倡用国际权利穷竭解决平行进口问题。

其二，在探讨专利默示许可的认定时，提出适用于权利穷竭型的默示许可的认定标准。迈克尔·J. 斯沃普（Michael J. Swope）❷ 提出的专利默示许可的权利穷竭标准——从授权销售商处购买专利产品的购买者获得了覆盖在专利产品上的权利要求及附带的权利要求的默示许可，从而其购买产品后的相关行为不构成侵权。丹尼尔·M. 莱克莱特（Daniel M. Lechleiter）❸ 将作为间接侵权的抗辩的专利默示许可分为三种，基于权利穷竭的默示许可为其中一种，认为其仅仅适用于受美国专利法第 271 条 C 款保护的专利组合的每个部件都是从专利权人处购买这一情形。

其三，将专利默示许可理论与权利穷竭原则进行比较分析。马克·D. 贾尼斯（Mark D. Janis）❹ 在探讨专利产品的修理重建问题时，将专利默示许可和权利穷竭作为解决这一问题两种不同路径进行探讨——相对于权利穷竭对专利权本身的考虑，适用默示许可时则首先审查与专利权人和专利产品购买者合理期

---

❶ SHEN C L. Intellectual property rights and international free trade : new jurisprudence of international exhaustion doctrine under the traditional legal system [J]. Journal of International Commercial Law and Technology, 2012, 7（3）: 176-211.

❷ SWOPE M J. Recent developments in patent law : implied license-an emerging threat to contributory infringement protection [J]. Temple Law Review, 1995, 68（1）: 281-306.

❸ LECHLEITER D M. Dividing the（statutory）baby under anton/bauer : using the doctrine of implied license to circumvent § 271（c）protection for components of a patented combination [J]. John Marshall Review of Intellectual Property Law, 2004, 3（2）: 355-396.

❹ JANIS M D. A tale of the apocryphal axe : repair, reconstruction, and the implied license in intellectual property law[J]. Maryland Law Review, 1999, 58（2）: 423-527.

待相关的证据。朱莉·E.科恩特 ❶ 和马克·A.莱姆利（Julie E. Cohent & Mark A. Lemley）❷ 指出法院适用默示许可原则得出的结论与适用权利穷竭原则得出的差不多——购买专利产品时买方获得了有权使用和再售该产品的默示许可，而法院也经常将其合并适用。但是，与权利穷竭源自专利权授予的固有限制不同，默示许可的认定依赖于对合同双方信赖和预期的探究。琥珀·哈特菲尔德·罗孚（Amber Hatfield Rovner）❸ 认为与权利穷竭原则适用于基于专利产品销售引发的纠纷不同，默示许可可以适用于基于专利权人或者专利被许可人的行为引发的纠纷。尽管默示许可的援引相对较难，而又容易被推翻，但默示许可拥有更大的适用空间，且实践中默示许可与权利穷竭的适用容易发生重叠。同时指出尽管与权利穷竭一样，默示许可是一种重要的专利侵权的抗辩手段，但其适用范围可能较小，因为默示许可的合同属性会使专利权人事先采取限制其适用的措施。约翰·W.奥斯本（John W. Osborne）❹ 认为权利穷竭适用于出售的产品本身包含着专利权的本质权利要求，且仅仅是专利权的这一权利要求的穷竭。但是这并不意味着权利穷竭在这一情形中可以无限制地适用，还需探寻专利权人的意图：如果专利权人意在获得双倍的专利使用费或者增加对专利产品的售后控制，则适用权利穷竭；如果专利权人是对专利产品附着的其他专利权权利

---

❶ COHEN J E, Lemley M A. Patent scope and innovation in the software industry [J]. California Law Review, 2001, 89（1）: 1-58.

❷ LEMLEY M A. Intellectual property rights and standard-setting organizations [J]. California Law Review, 2002, 90（6）: 1889-1980.

❸ ROVNER A H. Practical guide to application of（or defense against）product-based infringement immunities under the doctrines of patent exhaustion and implied license [J]. Texas Intellectual Property Law Journal, 2004, 12（2）: 227-286.

❹ OSBORNE J W. A coherent view of patent exhaustion : a standard based on patentable distinctiveness [J]. Santa Clara Computer & High Technology Law Journal, 2004, 20（3）: 643-694.

要求收取专利使用费，便不存在双倍专利使用费的问题，不过在此可以适用默示许可进行相应的侵权抗辩，但认定默示许可后，被控侵权人仍需支付必要的专利许可费。且权利穷竭和默示许可在适用上的区别为，权利穷竭的认定侧重涉诉专利产品是否附着相应的专利权要求；而被视为准合同的默示许可的认定则需要审查当事人交易行为的全过程。

2. 国内研究现状

在我国有关研究中，专门针对专利默示许可与权利穷竭的关系进行研究的文献相对较少，其中孔燕❶主要围绕两者的产生与发展、两者之间在效力、适用范围、适用条件上的不同、两者在司法适用上的冲突、限制性销售条件对两者产生的影响和两个原则产生效果的利益倾向等对专利默示许可与权利穷竭的关系进行了详尽的比较研究。并认为默示许可产生于一方当事人的客观行为，使得另一方当事人作为理性的人，将此理解为一种许可的暗示，则双方通过默示的方式达成了许可协议；而区别于"默示许可"的合同法律关系，"权利穷竭"是一种专利法上的强制性规定，其产生基础主要为：流通的保护和禁止专利权人取得双重利益。而陈瑜❷从两者的起源、功能、适用范围、适用要件上明确两种制度的趋同之处，并分析了两种制度在理论基础、逻辑前提、适用条件等方面存在的差异，进而指出，专利默示许可与权利穷竭原则并不等同，两者之间存在诸多差异，但同时两者并非相互排斥、非此即彼的关系，相反在适用上两者是可以互补的。

除此之外，国内的相关研究除了在探讨平行进口等问题时提出并简单介绍相关理论外，多数研究是在探讨专利默示许可时对两种制度的比较区分上：尹

---

❶ 孔燕. 专利法上默示许可与权利穷竭理论研究 [D]. 上海：华东政法大学，2013.

❷ 陈瑜. 专利默示许可与权利穷竭的比较分析——以社会政策背景为视角 [J]. 西南政法大学学报，2016
（2）：92-99.

新天❶认为默示许可与权利用尽的本质区别在于是否承认专利权人有权在销售其专利产品时对购买者使用或者处置其购买的专利产品的行为施加限制。闫宏❷从以下三个方面对两者的关系进行区分：其一，理论基础不同：权利穷竭是对专利权的一种本质性限定；而专利默示许可则是从合同的角度对专利权的行使予以限制。其二，适用范围不同：专利权用尽原则只适用于出售专利产品的情形，并且只能导致相关的产品专利权被穷尽；专利默示许可则在专利侵权抗辩领域有着更广泛的适用范围。其三，适用效力不同：根据专利权用尽理论，一旦首次出售专利产品的行为导致专利权人的独占权被用尽，专利权人在整个专利权有效期内都不能再依据专利权控制该产品；而一项默示许可的抗辩效力可能只是专利权人出售的非专利组件的使用期限，而不能及于整个专利权有效期。而严桂珍❸则从不同的视角分析了两种理论的不同：其一，理论依据不同：默示许可的理论基础是所有权转移理论；而穷尽原则的理论基础是"报酬论"；其二，两者适用的结果不一样：适用默示许可解决平行进口问题，其结果存在不确定性；而适用国际穷尽原则，其结果具有确定性；其三，合同限制的效力不一样：如果采默示许可原则，合同的限制就可以产生专利法上的效果，即进口商的平行进口行为构成侵权；而如果采国际穷尽原则，合同限制则不能产生专利法上的效力，只能产生合同法上的效力，权利人只能起诉合同相对方违约。董美根❹在探讨基于销售产生的普通法默示许可时认为，将专利权穷竭从默示许可中单列出来并上升为法律规定的原因主要是基于专利政策的考虑：促进商

❶ 尹新天. 专利权的保护 [M]. 2 版. 北京：知识产权出版社，2005.

❷ 闫宏. 专利默示许可规则探析 [D]. 北京：清华大学，2007.

❸ 严桂珍. 我国专利平行进口制度之选择——默示许可 [J]. 政治与法律，2009（4）：83-90.

❹ 董美根. 论专利默示许可——以对专利产品合理期待使用为目标 [G] // 国家知识产权局条法司专利法研究（2010）. 北京：知识产权出版社，2011：484-501.

品的流通与使用、防止专利权人两次收费、保护购买者的权利。但是，专利权穷竭上升为法律的规定后仍为一种默示许可，只不过这一默示许可是法定默示许可（implied-in-law），以区别于事实默示许可（implied-in-fact）。这样，专利权穷竭规则仍受制于许可规则，如果专利权人在销售专利产品时做出明示限制且为专利产品购买者所接受的，则排除专利权穷竭规则的适用。

综上，专利默示许可与权利穷竭关系紧密，且相互影响，甚至在适用上存在重合。同时无论是适用上还是效力上两者也有较大区别。而现有的关于专利默示许可与权利穷竭之间关系的研究主要是在探讨诸如平行进口、间接侵权等问题时将专利默示许可和权利穷竭作为解决相关问题的基础知识进行简单介绍，或者对这两个理论在解决相关问题的适用中的不同进行分析。而专门针对专利默示许可与权利穷竭两个理论的异同、每个理论的来源和理论基础及它们各自制度价值的研究相对匮乏——尽管已经有研究分析了两者的不同之处，但现有分析仅就两种理论的理论依据、适用范围及适用效力等作简单介绍，并没有进行深入的探讨，更没有深入分析两者在价值功能上的区别。然而对专利默示许可制度的研究需要首先区分其与相近的理论制度之间的差异，明确两者的理论渊源、制度价值等。因此，有必要进一步研究专利默示许可与权利穷竭之间的关系，以期在研究专利默示许可制度的功能及其具体适用时避免不必要的混淆，进而明确专利默示许可制度的积极意义及其具体适用。

1.2.2 关于专利平行进口的默示许可规制的研究成果及评述

1. 域外研究现状

域外从法学的角度研究平行进口问题时除了适用权利穷竭、反垄断规制进行分析外，亦援用专利默示许可理论分析平行进口的效力问题。而且每个国家在制定平行进口政策时会基于国家利益倾向，认可专利默示许可理论的积极作用或者否定其对于解决平行进口问题的价值。现有研究主要集中在以下两个方面：

其一，探讨某个或者几个国家的平行进口政策，并涉及默示许可在该国的适用：基于（新加坡）整体利益考量，魏司顺·乔治（Wei　Sze Shun　George）❶提倡将默示许可理论作为解决专利平行进口问题的最优选择，当然，前提是不能存在默示许可使用的限制条件，而且该限制性条件至少应该在达成交易时是明确的。玛格丽特·巴雷特（Margreth Barret）❷在探讨美国的平行进口实践时指出在现有判例中，美国法院倾向于使用权利穷竭原则来解决专利产品再售有关的问题，不过法院允许专利权人通过约定来限制该原则的适用。如此在无有效的限制性条款的情况下承认平行进口的合法性已经成为美国当前的普遍做法。布鲁斯·E.摩根（Bruce E. Morgan）❸认为加拿大承认国内权利穷尽，对于平行进口的专利产品也基于默示许可理论适用权利穷竭，除非专利权人做出明确的限制。克里斯托弗·斯托瑟斯（Christopher Stothers）❹指出，在英国对于在欧洲经济区内的专利平行进口通常适用专利权穷竭；涉及欧洲经济区范围外的平行进口则适用专利默示许可，除非专利权人明确提出不得将专利产品平行进口至

---

❶ WEI S G. Parallel imports and the intellectual property rights in Singapore [J]. Singapore Academy of Law Journal，1990，2（2）：286-324.

❷ BARRETT M. The United States' donctrine of exhaustion：parallel imports of patented goods [J]. Northern Kentucky Law Review，2000，27（5）：911-984.

❸ MORGAN B E. Exhaustion of IPRs in cases of recycling and repair of good [R]. [S. 1.]：Canadian Group of AIPPI，2008.

❹ STOTHERS C. Patent exhaustion：the UK perspective：16th annual conference on intellectual property law and policy [C]. Lodon：Fordham university school of law，2008.

英国的限制性条件。然而，对于被许可人销售的专利产品的平行进口，则不受该限制性条件的约束。申创轮（Chung-Lun Shen）❶ 在探讨英国的平行进口时指出，司法实践中默示许可理论更多地被用于解决专利产品的平行进口问题，在涉及著作权和商标权的平行进口中涉及较少。而默示许可理论在平行进口中的运用涉及个案中法院的解释，这将产生诸多不确定性，但也有助于法院在处理个案时更好地平衡平行进口和知识产权保护之间的关系。此外，其将默示许可理论作为国际权利穷竭的理论基础，并提倡用国际权利穷竭解决平行进口问题。黑瀬正志等人（Masashi Kurose）❷ 通过对日本司法实践的研究，认为专利默示许可的存在可以阻却专利平行进口侵犯专利权人的权利。除非存在以下限制性条件：第一，专利权人明确约定专利产品购买方不得将专利产品出口至日本境内；第二，前款限制性条款同时对专利产品的在后买主有效。当然，这一限制性条件必须以任何能够为公众认知的形式存在，如产品标签、包装印刷等，而不必为正式的合同条款。尽管澳大利亚 1990 年专利法第 13 章禁止未经过授权的专利产品的进口，但阿伦·杜克（Arlen Duke）❸ 认为事实上在大多数情况下专利产品可以在澳大利亚自由进口。这是因为在司法实践中法院认为专利产品的销售合同包含有一个默示许可：专利产品购买者有权以他认为适当的方式处理其购买的专利产品，包括在任何国家出卖该产品。当然除非该合同含有相应的限制性条款。

❶ SHEN C L. Intellectual property rights and international free trade : new jurisprudence of international exhaustion doctrine under the traditional legal system [J]. Journal of International Commercial Law and Technology，2012，7（3）：176-211.

❷ KUROSE M，Togawa N，Inoue T，et al. General information regarding parallel imported goods in japan : Japanese group anti-counterfeiting study committee [C]. 2012.

❸ DUKE A. The empire will strike back : the overlooked dimension to the parallel import debate[J]. Melbourne University Law Review，2014，37：585-619.

其二，分析专利默示许可在解决平行进口问题的适用及存在的问题：阿卜杜勒卡维·A.优素福和安德烈·蒙卡约·冯·哈斯（Abdulqawi A. Yusuf & Andrés Moncayo von Hase）❶指出专利默示许可原则适用中可能存在的问题：知识产权人自由裁量权的加强可能会导致相反的结果——在知识产品流转的过程中知识产权人专有权的强化和扩张；第三购买方权利的不确定性，而这也是一些国家不愿接受该理论的原因所在。沃里克·A.罗斯尼（Warwick A. Rothnie）❷认为如果根据特定情形判定存在允许平行进口的明示或者默示的许可，应当认可相应的平行进口行为的合法有效。如果经利益平衡之后相应的平行进口行为与其预期利益相悖，可以运用反垄断政策进行干预。吉格·M.阿曼（Jurg M. Ammann）❸在探讨解决平行进口问题中的权利穷竭时提出的选择性穷竭的基础为专利默示许可，且主要为英美法系国家。并指出部分日本法院在处理涉及平行进口的案件时会用默示许可理论来辨明相关权利是否穷竭，而美国对于平行进口则区别对待：仅对于专利平行进口采用"选择性权利穷竭"。并认为在当前国际形势下英国和日本等国针对平行进口采用的以默示许可理论为基础的"选择性权利穷竭"不会成为今后国际通行的模式。

2. 国内研究现状

国内有关研究中，仅严桂珍和王新华专门针对专利默示许可制度在专利平行进口中的适用进行探讨：严桂珍❹在提倡将专利默示许可作为解决平行进口

❶ YUSUF A, VAN HASE A M. Intellectual property protection and international trade - exhaustion of rights revisited [J]. World Competition, 1992, 16（1）: 115-132.

❷ ROTHNIE W A. Parallel imports-smokescreen or brushfire smoke [J]. International Intellectual Property Law & Policy, 1996, 1: 311-332.

❸ AMMANN J M. Intellectual property rights and parallel imports [J]. Legal Issues of European Integration, 1999, 26: 91-122.

❹ 严桂珍. 我国专利平行进口制度之选择——默示许可 [J]. 政治与法律, 2009（4）: 83-90.

问题时的最佳选择时指出，之所以选择适用默示许可规制平行进口行为，是因
为与国际权利穷尽原则的绝对性相比，采用普通法上的默示许可原则，既可以
开启平行进口的大门，又没有完全剥夺专利权人阻止平行进口的权利，虽然我
国在专利平行进口问题上应当采取允许平行进口的态度，但对一些涉及我国重
大利益领域的专利保护也至关重要。所以，在允许平行进口的前提下，也应当
留有余地，而选择默示许可，正可以达到这一目的。而是否存在默示许可，又
是由法院个案认定，最终由法院掌握规制专利平行进口的主动权，从而达到原
则性与灵活性相结合的效果。王新华❶ 则认为默示许可理论是民法上"诚实信
用"这一"帝王"条款在专利领域的具体应用，概念和理论基础比较坚实，并
且默示许可制度在专利产品平行进口适用中的灵活性，更能适应我国的现实国
情，最大限度地维护我国利益，与合同等法律制度也能保持良好的协调性，所
以我国应采用默示许可制度规制专利产品的平行进口。

除此之外，相关方面的研究主要是在研究平行进口法律规制问题时将专利
默示许可制度作为规制平行进口的路径之一进行分析：曲三强❷ 认为对"平行
进口"的评价必须平衡制造商、经销商、进口商、消费者和公众利益等相互关系，
保证交易安全，促进商品流通，造福社会民众。中国的知识产权法律在对待"平
行进口"的问题上应采取一种宽容的态度，即有条件地允许甚至鼓励那些对国家、
知识产权所有人和消费者利益有利的"平行进口"。张玲❸ 通过对各国平行进口
政策选择的探讨认为在专利法赋予专利权人以进口权，又没有附加限制的情况

---

❶ 王新华. 试论默认许可制度在专利产品平行进口中的适用 [G] // 中华全国专利代理人协会. 全面实施
  国家知识产权战略，加快提升专利代理服务能力—2011 年中华全国专利代理人协会年会暨第二届知
  识产权论坛论文集. 北京：知识产权出版社，2011：542-556.

❷ 曲三强. 平行进口与我国知识产权保护 [J]. 法学，2002（8）：72-75.

❸ 张玲. 论专利产品平行进口的法律调控 [J]. 南开学报，2003（3）：72-79.

下，任何进口，包括真品的平行进口都应该得到专利权人的明示许可。且我国的专利法中并不包含默示许可原则，因此应禁止专利产品平行进口，以便保护国家、专利权人和消费者的利益。尹新天❶指出从我国的商品价格和新技术的产生两方面的现实国情来看，我国现在使用专利权国际穷尽原则的立场是与国情相适应的，但就产品的零部件而言，仅仅将零部件进口进来还不够，还要将这些零部件制造成有关产品，这就需要默示许可原则来支持，所以对于我国的专利产品平行进口，需要将专利权国际穷尽原则和默示许可原则结合起来运用。徐进峰❷认为相对权利的国际用尽原则的绝对性，"默示许可"理论主张有条件地允许平行进口。平行进口合法性判定以双方当事人之间签订的具体合同内容为依据，依据《合同法》予以辅助解决，不失为一条可取的途径。马乐❸通过对权利穷竭与默示许可关系的分析，亦提倡将默示许可运用于平行进口：并指出用默示许可规制平行进口也存在不确定性等缺陷。秦臻❹论述了权利国际穷竭原则、默示许可制度与平行进口之间的关系，并分析了各国的平行进口政策，进而提出在我国经济发展的过程中可根据自身实际情况对平行进口的法律规制不断做出调整，以更好地推动我国的阶段性发展。

综上，现有研究中，多数学者集中分析了各国的平行进口政策，并提出所在国家应该选择的平行进口规制路径。且对于平行进口问题，更多的学者提倡用国际权利穷竭原则来解决（其中部分学者认为国际权利穷竭原则的理论基础为默示许可理论），然而到目前为止，鲜有完全采用国际权利穷竭原则的国家。尽管国际权利穷竭原则可能是将来国际上的通用模式，但就当下而言，每个国

---

❶ 尹新天. 专利权的保护 [M]. 2 版. 北京：知识产权出版社，2005.

❷ 徐进峰. 专利平行进口的基本问题研究 [J]. 法制与社会，2008（22）：82.

❸ 马乐. 国际知识产权贸易中平行进口法律规制研究 [D]. 长春：吉林大学，2010.

❹ 秦臻. 专利产品平行进口问题研究 [D]. 北京：中国社会科学院研究生院，2014.

家都倾向于基于其国家的整体利益选择不同的平行进口政策。此外，有学者专门探讨了专利默示许可在规制平行进口方面的意义及其适用，但其中多数仅从专利默示许可制度本身相对于其他制度的灵活性出发进行探讨，而较少从专利制度的价值及利益平衡视角出发分析专利默示许可制度在规制平行进口方面的意义。另有学者指出了在适用专利默示许可规制平行进口问题时应注意的问题，但并没有探讨专利默示许可在规制平行进口方面的具体适用。因此有必要探究现有规制手段在规制平行进口方面的局限性，进而深入研究专利默示许可理论在解决平行进口问题方面的价值，结合我国的国家整体利益，探寻一条适合我国的路径。

1.2.3 关于标准必要专利挟持的默示许可规制的研究成果及评述

1. 域外研究现状

目前域外尚无专门探讨专利默示许可制度在规制标准必要专利挟持方面功能的研究，仅有的少数研究均是在研究标准必要专利挟持问题时提出专利默示许可这一规制方法，并进行简单的分析。马克·A.莱姆利（Mark A. Lemley）❶指出对于参与标准组织相关标准制定的专利权人不遵守标准组织有关规定的情形，被诉侵权人倾向于运用专利法有关原则进行抗辩：衡平法的禁止反言和默示许可——具体选择哪一种抗辩手段，主要取决于专利权人应该承担的义务：事前披露抑或合理且无歧视许可。其中对于专利权人已经对相关专利进行披露且承诺进行合理无歧视许可的情形应适用专利默示许可原则进行抗辩。同时，

---

❶ LEMLEY M A. Intellectual property rights and standard-setting organizations [J]. California Law Review, 2002，90（6）：1889-1980.

其认为合同抗辩和专利默示许可抗辩在权利救济上存在重大的区别：对于前者，法院不能进行司法强制许可，只能根据专利权人违反合同的行为责令赔偿被控侵权人遭受到的损失，而这样的救济至少对于禁止使用公开标准的被控侵权人来讲是远远不够的；相反，违背默示许可的专利权人的行为，法院则可以判决执行强制许可，留待解决的问题则主要集中在许可的范围和许可费的多少上。专利法上的默示许可不失为一个良好的政策选择：一方面可以保证所有标准使用者均可获得相应的许可；另一方面也可以缩小该类诉讼的范围，有助于标准制定组织在事前解决相关问题；此外，默示许可理论的运用也有助于减少标准专利权人的机会主义行为。道格利·希特曼（Doug Lichtman）[1] 在探讨 RAND 承诺时，指出一些法院会将 RAND 承诺视为专利权人的默示许可，如此，在确定标准必要专利许可使用费，可以排除禁令救济和惩罚性赔偿的适用。但其强调，不管运用何种手段进行抗辩，目标均在于完善专利法的专利权损害赔偿制度：专利权人最终获得的专利权使用费应当等于假定事前专利许可双方约定的费用加上事后解决纠纷的不确定性所导致的风险补偿费。

除此之外，在解决因转基因种子再种引发的专利侵权问题时，本杰明·M. 科尔等人（Benjamin M. Cole）[2] 提出可以运用标准必要专利挟持的专利默示许可规制手段来解决相关问题，并对其进行分析。其中，其指出近年来美国法院倾向于判定默示许可存在的行为与欧洲各国的做法趋向一致：当一项专利技术成为事实上的工业标准后，应当保证这项标准尽量公开且能够以公平、合理、无歧视的方式进行许可，一旦专利权人滥用其事实上的标准控制地位，被控侵权人可依据默示许可理论进行抗辩，当然支付合理的许可使用费是必要的。

---

[1] LICHTMAN D. Understanding the rand commitment [J]. Houston Law Review, 2010, 47（4）: 1023-1050.

[2] COLE B M, HORTON B J, VACCA R. Food for thought : genetically modified seeds as de facto standard-essential patents [J]. University of Colorado Law Review, 2014, 85（2）: 313-376.

2. 国内研究现状

鉴于我国司法实践有关标准必要专利案件中，存在运用专利默示许可进行侵权抗辩的案例，我国有关方面的研究相对较多。尤其是我国《专利法修订草案（送审稿）》中提出了关于运用专利默示许可规制标准必要专利挟持的规定，有关适用专利默示许可规制标准必要专利挟持的研究与日俱增。

尽管张伟君❶在分析关于标准必要专利权人违反披露义务的不同规章制度及国内外的相关实践的基础上，提出了我国《专利法》修改草案所构建的"标准必要专利默示许可制度"存在的问题：可能违反TRIPS协议关于非授权许可的规定、外国法中尚无先例可循、标准必要专利披露义务的范围具有不确定性等，并主张对于标准必要专利权人违反披露义务行为构成的专利默示许可，应当坚持个案判定的原则。但是，对于标准必要专利的默示许可规制，国内多数学者都采取了支持的态度，不过就我国有关的专利默示许可实践和立法，学者们亦提出了不同的意见，具体如下。

张平❷认为在标准专利实施的过程中如何协调各方利益的冲突是个值得研究的问题，同时指出在运用默示许可对其限制时应考虑以下因素：首先，对专利权人"参与"标准的制定中的"参与"应做出合理界定；其次，对适用默示许可的技术标准涵盖的范围应做出界定；再次，对默示许可情形下的专利使用行为是何种性质的行为要有准确的说明；最后，对支付的数额应"明显"低于正常的许可使用费中的"明显"应做出合理解释。

---

❶ 张伟君. 默示许可抑或法定许可论——《专利法》修订草案有关标准必要专利披露制度的完善 [J]. 同济大学学报（社会科学版），2016（3）：103-116.

❷ 张平. 技术标准中的专利权限制——兼评最高法院就实施标准中专利的行为是否构成侵权问题的函 [J]. 电子知识产权，2009（2）：15-17.

袁真富 ❶ 在探讨基于技术标准而产生的专利默示许可时主张，为减少因专利许可问题而阻碍标准制定和实施的机会，应在规制标准必要专利的手段中引入默示许可制度，如果专利权人参与标准制定时，并未向标准化组织充分披露其专利，而该专利又被纳入了标准化组织发布的技术标准之中，专利权人进入标准中的专利就很可能受到默示许可的限制。

刘重阳 ❷ 在研究技术标准中专利权滥用问题时认为，为了弥补 RAND 原则的缺陷，完善技术标准中信息披露制度，可以确立默示许可原则：如果技术标准制定参与人隐瞒或未披露技术标准所设专利信息，将被认为此专利默示许可他人使用。

邓志伟和黄姝 ❸ 则运用"财产权劳动学说"论述了在标准中运用专利默示许可规则的正当性，且明确了专利默示许可在标准必要专利中的具体适用条件：形式上，专利权人的默示包括专利权人通过自己积极的行为来表明其不反对他人来使用自己的专利；从实质要件上看是技术标准实施者对相关专利权人的"沉默"产生的合理信赖；而程序上被控侵权人必须举证证明自己的行为是依国家标准或行业标准所为，而专利权人不仅明知该标准的内容，且在标准制定之时故意"沉默"，甚至主动参与制定、推广该技术标准。法院只能依据被控侵权人的抗辩与举证来判断该案是否适用默示许可规则，而不能主动适用。

对于美国等国家大多从反垄断规制角度出发进行标准必要专利挟持规制的实践，高亦鹏 ❹ 认为因现在我国没有出台知识产权反垄断指南，如果用禁令救济规制标准专利挟持则需要考虑通过中国特色的最高法院批复、司法解释和案

❶ 袁真富. 基于侵权抗辩之专利默示许可探究 [J]. 法学，2010（12）：108-119.

❷ 刘重阳. 技术标准中专利权滥用问题研究 [D]. 大连：大连海事大学，2012.

❸ 邓志伟，黄姝. 论技术标准中的专利默示许可抗辩规则之适用 [J]. 法律适用，2013（3）：74-77.

❹ 高亦鹏. 技术标准专利许可的困境与出路 [J]. 社会科学战线，2014（7）：263-265.

例指导制度进行应对。同时认为在标准制定的过程中应明确各方义务。对标准制定和技术推广应用过程中专利权人没有相反意思表示的情形可以适用默示许可原则以规制专利权人的权利滥用行为，但默示许可并不意味着等同于低价许可甚至免费许可。

对标准必要专利挟持，章坚 ❶ 认为合理运用专利默示许可规则可以有效平衡专利权人权利与维护社会公众的利益，并且目前我国参与标准竞争的能力依然较弱，如若在专利技术标准化情形下国内法律层面承认专利默示许可理论，可以较好地保护我国企业的自身利益。其论文还分析了专利技术标准化的默示许可的适用条件：在形式上，一方面要求相对人能够合理相信专利权人已经赋予其实施某一特定专利的权利，另一方面要求权利人没有提出各种限制性条件来排除规则适用；在实质要件方面，默示许可在于维护相对人的信赖利益。但需要被告承担举证责任，法院在抗辩与举证的基础上依据个案进行判断。

李丹 ❷ 指出，在我国的司法实践中，有关标准必要专利默示许可的判决并不统一。其认为，标准必要专利默示许可能有效限制标准必要专利权人滥用专利权，推动专利技术推广运用，实现专利法的最终价值。且需要满足两个要件：专利权人或通过不作为的"沉默"允许专利纳入技术标准或通过作为发出"公平、合理、无歧视"的许可声明；实施者已支付合理专利使用费，如此法院方能依请求适用标准必要专利默示许可制度。

袁真富 ❸ 在分析我国专利信息不披露的默示许可规制有关实践和立法的基

❶ 章坚 . 专利技术标准化的默示许可研究 [D]. 重庆：西南政法大学，2015.

❷ 李丹 . 标准必要专利默示许可制度的探析——以《专利法》第四次修改为视角 [C] // 中国知识产权法学研究会 . 中国知识产权法学研究会 2015 年年会论文集 . 北京：中国人民大学知识产权学院，2015：104-109.

❸ 袁真富 . 标准涉及的专利默示许可问题研究 [J]. 知识产权，2016（9）：81-87.

础上，论述了我国《专利法》第四次修改中相关规则的正当性：有利于保护标准实施者的信赖利益、激励专利权人的信息披露、减少标准制定或实施成本，而限制专利权人许可的后果并不严重，同时也可以作为我国对外输出知识产权制度文化的尝试等。并在此基础上提出了完善我国相关规则的建议。

张勇和赵剑男 ❶ 则在明确我国《专利法》第四次修改中相关规则存在的制度意义的基础上，从制度经济学的视角分析了有关专利默示许可制度的实施对标准中专利质量、包含专利标准质量可能产生的影响，并提出了相关的完善建议。

综上，域外运用默示许可理论解决标准必要专利挟持问题的现有研究较少，且主要将默示许可理论作为解决标准必要专利挟持问题的理论依据或者在特定情形下运用其进行侵权抗辩，但现有研究并没有对专利默示许可在规制标准必要专利挟持中的意义和价值进行深入的探究，亦没有分析专利默示许可在规制标准必要专利挟持方面的具体适用，相反，有关标准必要专利挟持问题的研究多集中在反垄断规制方法或者事先披露规则和 Frand 原则上。国内运用默示许可理论解决标准必要专利挟持问题的研究相对较多，但是，现有研究多集中在结合我国现有案例，在探讨专利默示许可的理论基础上分析专利默示许可在司法实践中的适用条件。部分研究则是在探讨标准必要专利挟持问题中将专利默示许可作为对专利权人的一种限制手段进行分析。有关专利默示许可制度在解决标准必要专利挟持问题方面的正当性及功能意义的研究相对较少，更没有专门就专利默示许可相对于标准必要专利挟持的其他规制手段的优越性及专利默示许可与相关规则在具体适用中的协调和融合进行分析。而援用专利默示许可理论解决标准必要专利挟持问题，必须首先探究专利默示许可制度相对于反垄

---

❶ 张勇，赵剑男. 我国专利默示许可制度经济学效应 [J]. 标准科学，2016（10）：87-89.

断等规制手段的独立价值，进而厘清专利默示许可制度在规制标准必要专利挟持中的适用。

1.2.4　关于专利间接侵权的默示许可抗辩的研究成果及评述

1. 域外研究现状

域外关于专利间接侵权的研究相对丰富，但是在专利间接侵权抗辩中援用专利默示许可的探讨则较少，尽管司法实践中相关案例并不少见。而现有研究主要集中在两个方面。

其一，探讨专利默示许可在专利间接侵权抗辩中的适用：华盛顿大学法律季刊 ❶（*Washington University Law Quarterly*）的研究指出对于涉及专利间接侵权的案件，法院对符合条件的情形会基于反不正当竞争的考虑而拒绝颁发禁止令，并援用默示许可理论做出最终的判决：基于专利产品购买者的购买意图，其理应从专利权人处获得一个以适当的方式维持该产品的价值的默示许可，当然不能构成对专利产品的再造。且认为专利权人的专利权仅及于产品附着专利发明的部分，他人对非专利部分的制造、销售和使用并不构成侵权。迈克尔·J.斯沃普（Michael J. Swope）❷ 认为专利默示许可可作为专利间接侵权的抗辩，并在探讨其具体适用时明确指出，地区法院援用默示许可作为对间接侵权抗辩的势头不断增强，挑战立法赋予专利权人的权利，如果联邦法院有机会审理此类

---

❶ Contributory infringement : the tort and its limitations [J]. Washington University Law Quarterly，1961，1961（2）：169-186.

❷ SWOPE M J. Recent developments in patent law : implied license-an emerging threat to contributory infringement protection [J]. Temple Law Review，1995，68（1）：281-306.

案例应明确默示许可在此类案件中的适用条件。丹尼尔·M. 莱克莱特（Daniel M. Lechleiter）❶ 将作为间接侵权抗辩的专利默示许可分为三种：基于权利穷竭的默示许可、基于衡平法上禁止反言的默示许可和容许修理默示许可，并分析它们适用的不同情形。其在结合美国专利法第 271 条 C 款和 D 款的规定对一些运用默示许可进行间接侵权抗辩的关键判例进行评析后指出，作为专利间接侵权抗辩的专利默示许可的适用应建立在理解专利法关于专利间接侵权的这两款规定的基础上，且在对是否能够适用默示许可进行抗辩时需要考虑到第 271 条这两款赋予专利权人的垄断权，而不应盲目地利用默示许可理论对第 271 条中专利权人的垄断权进行分割，尽管美国专利法的这一规定是专利权滥用和间接侵权原则与美国的竞争政策相妥协的产物。并提出在分析专利间接侵权案件时，如何既能援用专利默示许可理论进行抗辩，又能够符合美国专利法第 271 条有关条款的法定意旨：对于因销售专利组合的非专利部件而被控间接侵权人主张因为默示许可的存在其不受美国专利法第 271 条 C 款限制的情形，首先应分析该非专利部件是否有实质性非侵权用途；如果没有非侵权用途，则需进一步判定其行为是否受美国专利法第 271 条 C 款提供的保护；最后再判断根据专利组合购买者购买该专利组合的相关情形是否包含可以从被控间接侵权人处购买该非专利部件的许可。

其二，专利默示许可被作为专利产品修理、再造中的默许修理原则的理论基础进行分析：詹姆斯·巴格曼（James C. Bageman）❷ 认为默许修理原则可以

❶ LECHLEITER D M. Dividing the（statutory）baby under anton/bauer：using the doctrine of implied license to circumvent § 271（c）protection for components of a patented combination [J]. John Marshall Review of Intellectual Property Law，2004，3（2）：355-396.

❷ BAGEMAN J C. Contributory infringement and the repair doctrine [J]. Southern California Law Review，1965，38（2）：363-371.

作为专利间接侵权抗辩的一种，且仅适用于专利产品的非专利部件的生产销售者明知其生产的部件将被用于专利产品的默许修理，而默许修理原则的基础为专利默示许可理论。其认为专利制度的最终受益者是社会公众而非专利权人，应该秉着这一理念解决相关问题，平衡好专利权人的垄断利益与社会公共利益。马克·贾尼斯（Mark D. Janis）❶主张援用默示许可理论解决修理重建问题：可以说，专利产品的购买人应当获得使用和在售的默示许可，但不能进行重建。如此，修理重建问题将演化成探究默示许可范围的问题。

2. 国内研究现状

我国亦有不少关于专利间接侵权的研究，但专门针对专利默示许可在专利间接侵权抗辩中的适用进行的研究比较缺乏。尽管《专利法》第四次修改中明确提出在我国建立专利间接侵权制度，但由于目前我国尚未确立专利间接侵权制度，而司法实践中的案例也相对较少，多数研究都是在分析域外制度的基础上进行的。

尹新天❷认为间接侵权的成立的必要条件是有直接侵权行为的存在，而默示许可的认定与间接侵权行为是否成立之间也存在关联性，专利权人销售有关非专利产品的行为有可能被认为构成默示许可，从而导致其专利权用尽，但条件是：专利权人销售的产品除了用于实施专利权人的专利技术之外没有别的用途。

康添雄和田晓玲❸明确指出，对专利权间接侵权的抗辩可用专利权滥用进行抗辩，也可以用专利默示许可原则进行抗辩，而默示许可的抗辩思路在于证

❶ JANIS M D. A tale of the apocryphal axe：repair，reconstruction，and the implied license in intellectual property law [J]. Maryland Law Review，1999，58（2）：423-527.

❷ 尹新天. 专利权的保护 [M]. 2 版. 北京：知识产权出版社，2005.

❸ 康添雄，田晓玲. 美国专利间接侵权的判定与抗辩 [J]. 知识产权，2006（6）：86-90.

明被告人的行为获得了原告的许可，具备合法性和正当性。这种默示许可不是原告明示的告知或授权，而是从专利权人行为的具体情形和相应产生的法律效果推论而得的，因此，默示许可的举证着重在于对专利权人行为法律性质和法律效果的分析。

李佳俊[1]在分析间接侵权制度建立的必要性及制度构建的注意事项的基础上，也提出了默示许可是一种可采用的抗辩事由，且默示许可是否存在的举证责任由被控侵权人承担，如果被控侵权人能够证明其从专利权人那里获得了默示许可，则专利权人就无权追究被控侵权人提供间接侵权行为的保护客体的侵权责任。

董美根[2]在探讨维修与再造的区分标准时认为权利穷竭规则作为主要适用但非唯一标准，而默示许可应成为区分产品的维修与再造之间的真正标准，并将权利穷竭视为法定的默示许可，同时指出在确定是否存在默示许可及其范围时，需要考虑当事人双方的意图。

石磊[3]在研究修理行为适用专利默示许可的条件时认为，修理具有与专利间接侵权中的销售行为所不同的特点，当更换的零件是专利产品的重要零部件且不具有实质性非侵权用途，则构成专利间接侵权。虽然该种修理行为构成专利间接侵权，但其有利于资源的再利用，节省资源，则应适用专利默示许可阻却专利间接侵权。

张耕和陈瑜[4]则专门就美国实践中专利默示许可在间接侵权中的适用进行

[1] 李佳俊.间接侵权不"间接"对我国专利间接侵权制度的若干立法建议 [J]. 中国发明与专利，2010（2）：94-97.

[2] 董美根.论专利默示许可——以对专利产品合理期待使用为目标 [G] // 国家知识产权局条法司专利法研究（2010）.北京：知识产权出版社，2011：484-501.

[3] 石磊.论专利默示许可的适用 [D].北京：北京化工大学，2013.

[4] 张耕，陈瑜.美国专利默示许可与间接侵权：冲突中的平衡 [J].政法论丛，2016（5）：69-76.

了论述：其主要论述了专利默示许可与间接侵权在具体适用上存在的冲突，分析了这一冲突存在的原因，并在此基础上提出了这一冲突的化解之道，进而就我国有关制度间的平衡提出建议。

综上，现有国内外研究主要集中于介绍专利默示许可在专利间接侵权抗辩中的适用必要，或者将专利默示许可作为默许修理的理论依据进行简单分析，且现有研究多在探讨专利间接侵权时涉及专利默示许可或者在探讨专利默示许可的适用时将作为专利间接侵权的抗辩作为其功能之一或适用情形的一种进行分析，对专利默示许可的适用也只是做简单分析，缺少更深层次的理论探讨，因而缺少深厚的理论支撑。探究专利默示许可制度在解决专利间接侵权问题中的功能及价值需要首先明晰专利间接侵权制度内在的价值取向以及专利默示许可制度在相关制度中的功能定位，此外，还需结合我国有关立法和司法实践在对待专利间接侵权问题上的态度进行分析。因而有必要在研究专利默示许与间接侵权之间关系的基础上厘清专利默示许可在间接侵权抗辩中的适用逻辑，并结合我国的制度需求进一步明确专利间接侵权默示许可抗辩在我国的具体适用。

1.2.5 关于专利默示许可认定标准的研究成果及评述

1. 域外研究现状

域外有关专利默示许可认定的研究主要分为两种。

其一，结合实践中专利默示许可适用的具体情形归纳专利默示许可适用的标准。迈克尔·J.斯沃普（Michael J. Swope）❶根据专利默示许可发生的不同

---

❶ SWOPE M J. Recent developments in patent law : implied license - an emerging threat to contributory infringement protection [J].Temple Law Review, 1995, 68（1）: 281-306.

情形归纳出专利默示许可的三个认定标准：专利权穷竭标准——从授权销售商处购买专利产品的购买者获得了覆盖在专利产品上的权利要求及附带的权利要求的默示许可，从而其购买产品后的相关行为不构成侵权；衡平法禁止反言标准——购买者依赖于专利权人的相关行为购买产品后，基于对专利权人行为的信赖获得相应的默示许可；非侵权用途标准——购买的产品没有附着相应专利权，但根据具体情形，购买者应当获得相关专利权的默示许可。乔治·M. 乐琪（Gregory M. Luck）❶，雷切尔·克拉克·休伊（Rachel Clark Hughey）❷，安珀·哈特菲尔德·罗夫纳（Amber Hatfield Rovner）❸ 和克里斯蒂安·H. 纳丹（Christian H. Nadan）❹ 均根据专利默示许可的发生情形将其认定标准归纳为四种：法定禁止反言、衡平禁止反言、行为和默许。法定禁止反言的适用标准：专利权人进行了一项专利权许可，并已经获得相应的对价，却妨碍被许可人对该权利的行使。法院通常会将公平性作为援用该标准的首要考虑因素。建议该标准的适用依赖于对两个主要因素的考量：其后申请专利获得的可预见性和对有关许可主要条款的细致解释。衡平禁止反言的适用条件：①权利人通过言语或者行为做出一个同意或者允许被控侵权人制造、使用或者出售相应产品的明确授权；②被控侵权人信赖专利权人的言语或行为；③如果支持专利权人

---

❶ LUCK G M. The implied license：an evolving defense to patent infringement [J]. IPL Newsletter，1997，16（1）：3-30.

❷ HUGHEY R C. Implied licenses by legal estoppel[J].Albany Law Journal of Science & Technology，2003，14（1）：53-80.

❸ ROVNER A H. Practical guide to application of（or defense against）product-based infringement immunities under the doctrines of patent exhaustion and implied license[J]. Texas Intellectual Property Law Journal，2004，12（2）：227-286.

❹ NADAN C H. Closing the loophole：open source licensing & the implied patent license[J]. The Computer & Internet Lawyer，2009，26（8）：1-6.

的诉求对被控侵权人明显不公平。默许的适用情形：对于被控侵权人制造、使用或者出售专利产品的行为，专利权人没有表示反对，且专利权人也从被控侵权人的相关行为里获得了相应的对价，除非有其他相反的证据。行为的适用情形：专利权人通过言语或行为使他人认为专利权人允许其制造、使用或者出售相关专利产品。

其二，专利默示许可的认定中需要注意的具体问题。布伦达·M.西蒙（Brenda M. Simon）❶认为默示许可作为一种准合同，其认定需考虑在交易中合同双方的信赖和期望。并指出只要涉及的许可项目对于实施被授予的权利是必要的，法院应当认定默示许可的存在。W. 莱斯（W. Lesser）❷在探讨植物种子复制侵权问题中专利默示许可的适用时指出，只运用默示许可进行分析的案件相对较少，联邦法院在审理植物种子复制侵权案件中认为使用非专利设备实施专利发明案件中默示许可的认定需要满足 Bandag 案中确定的条件。默示许可的认定有多种途径，不过都需要从交易双方的全部行为中进行推定，认定默示许可需要注意的另外一个问题是需要证明非侵权用途不必要是可以获得利益的用途，只要这一用途是"合理的"即可。

2. 国内研究现状

国内关于专利默示许可认定的研究亦分为以下几种。

其一，基于专利默示许可的合同属性从形式要件和实质要件进行分析。袁真富❸认为对于专利默示许可的判定，首先在形式上应当排除任何明示的书面、口头或其他形式的许可行为；其次是专利权人默示形式的行为让被控侵权人产

---

❶ SIMON B M. Patent cover-up[J]. Houston Law Review，2011，47（5）：1299-1356.

❷ LESSER W. Bowman v. Monsanto and self-replicating seeds；David v. Goliath or Don Quixote v. Windmills[J]. Journal of High Technology Law，2013，13（2）：508-573.

❸ 袁真富. 基于侵权抗辩之专利默示许可探究 [J]. 法学，2010（12）：108-119.

生了允许使用其专利的合理信赖，并且不存在专利权人自己设定的限制性条件时，才能适用专利默示许可的规则。刘守国❶亦提出从形式条件和实质条件两个方面进行专利默示许可的认定，并指出了认定专利默示许可的例外情形：首先，默示许可的合理信赖可能被权利人的规制条件所限制甚至完全消除；其次，默示许可的合理信赖还有可能因权利人遵从法律的行为所限制甚至完全消除。叶挺舟❷在探讨专利默示许可的适用时指出，专利默示许可的形式要件需要根据不同的适用情形进行归纳，但实质要件则是一致的：是否符合诚实信用原则；是否符合国家的政策导向。董春晓❸对专利默示许可的适用，除了从形式条件和实质条件两个方面进行认定外，指出作为被控侵权人的抗辩理由应由其提出，法院并无权主动适用。

其二，根据专利默示许可的发生情形分别进行判断。李建华和王国柱❹则从行为和沉默两个方面去判定专利默示许可的成立，其中，基于行为推断的专利权默示许可的认定包括专利权人的行为和被控侵权人的合理信赖两个方面；基于沉默的专利权默示许可的认定包括专利权人明知存在着未授权使用的行为而保持沉默，被控侵权人信赖专利权人的沉默，权利人怠于行使权利的期间超过法定诉讼时效期间三个方面。

其三，结合合同法一般理论和事实合同特有理论为基础明确专利默示许可成立的一般条件。杨德桥❺提出专利默示许可的成立需要具备如下三个方面的一般性条件：在主体上，默示许可的双方当事人都必须是特定的；在成

---

❶ 刘守国.专利默示许可制度研究 [D].重庆：西南政法大学，2013.

❷ 叶挺舟.专利默示许可适用条件探析 [J].黑龙江省政法管理干部学院学报，2013（5）：73-76.

❸ 董春晓.论我国专利默示许可规则的构建 [D].北京：中国政法大学，2014.

❹ 李建华，王国柱.论专利权默示许可的认定 [J].河南社会科学，2013（12）：42-45.

❺ 杨德桥.合同视角下的专利默示许可研究——以美中两国的司法实践为考察对象 [J].北方法学，2017
（1）：56-70.

立方式上，专利权人必须实施了一定的行为，该行为能够让相对方产生获得专利使用许可的合理信赖；在权利义务架构上，默示许可必须有某种形式的对价存在。

此外，亦有研究对专利默示许可认定时需注意的问题进行分析探讨。林贵苗 ❶ 则认为，专利默示许可的一般标准就是以一个理性人的眼光去审视某种行为表现或者书面合同中的隐含条款等。根据这个标准，默示许可是依据各种情况而得出的，包括当事人的行为、可适用的书面协议或信件中的条款或内容、当事人的合理期待、公正与平等的指示及知识产权制度赖以建立的各种政策。只有当这些内容是合同关系所必须涉及的，对未订入书面合同的条款做出司法上的默示才是合理的。

综上，域外有关研究多从专利默示许可发生的情形出发进行其认定标准的归纳，较多考虑不同情形下专利默示许可适用的差异及其背后的价值取向，并指出了专利默示许可在具体认定中应该注意的问题，而较少从专利默示许可的合同属性出发进行分析。相反，国内的研究多从专利默示许可的合同属性角度进行分析并在此基础上确定专利默示许可认定的形式标准和实质标准，尽管亦有研究结合专利默示许可的发生情形进行分析，但其分析主要结合实践中可能发生的具体情形，并没有对这些情形做出进一步的分析、归纳，因而所得出的认定标准太过具体，而缺少普适性。而对专利默示许可的认定，有必要在对其具体适用情形进行分类归纳的基础上，将专利默示许可的发生类型及其在该类情形中的适用特点与专利默示许可自身的合同属性结合起来确定相对具有普适性的认定标准。

---

❶ 林贵苗．专利默示许可探析 [J].哈尔滨学院学报，2013，34（10）：41-43.

1.3 本书的研究内容和主要创新点

1.3.1 主要研究内容

本书首先对与专利默示许可有关的基本问题进行考察和分析，然后论证了专利默示许可在法理上的正当性，并从法经济学的视角对专利默示许可制度的价值进行了分析。进而着重研究专利默示许可在专利平行进口问题的解决、标准必要专利的规制及专利间接侵权的抗辩等方面的价值功能及其具体适用。在此基础上最后对专利默示许可制度在我国的建立进行分析并提出构建和完善建议。

1. 与专利默示许可有关的基本问题研究

基本问题的厘清、制度发展的考察与展望是一切研究的前提，区别与相关制度的独立意义亦是相关制度的价值所在。为此，本书首先从专利默示许可的内涵与外延入手，探究专利默示许可的内在本质及其外在分类。比较研究专利默示许可与权利穷竭、强制许可、当然许可及其他知识产权默示许可之间的区别与联系，厘清专利默示许可相对于其他制度的独立价值。然后考察分析专利默示许可的缘起与发展及其在新技术经济背景下的功能拓展。

2. 专利默示许可制度的理论正当性

专利默示许可制度的建立与完善乃至其在具体实践中的适用都需要厘清该制度的理论依据。本书首先从专利默示许可的默示意思表示本质入手，论证专利默示许可在意思表示理论上的正当性，并从专利默示许可保护当事人信赖利益宗旨出发论证专利默示许可在信赖保护理论上的正当性。而对专利默示许可制度的价值追求抑或说其价值正当性的考察分析能够明晰该制度的价值所在，并有助于与该制度相关问题的解决。本书运用经济学的方法从专利默示许可对机会主义行为的规制及其对社会总体效用最大化的追求出发考察专利默示许可制度的正当性。

3. 专利默示许可制度的功能价值

明确专利默示许可制度在解决相关问题上的独立价值，是进行相关制度构建的必要性前提，也有助于专利默示许可在解决具体问题上的具体适用。本书首先研究专利默示许可相对于国内权利穷竭原则和国际权利穷竭原则在解决平行进口问题方面的独立价值，并通过比较研究的方法论证在我国采用默示许可原则解决专利平行进口问题的意义。然后在《专利法》第四次修改明确规定标准必要专利权人违反披露义务的默示许可责任之际，本书通过分析专利默示许可相对反垄断法规制及合同法规制在解决相关问题上的意义、考察美国有关问题的解决实践及专利默示许可在解决相关问题上的合理性和正当性来论证专利默示许可原则在规制标准必要专利方面的独立价值。最后通过考察专利默示许可在美国间接侵权抗辩中的适用，分析其中存在的问题并提出完善建议，然后结合我国拟建立的专利间接侵权制度明确专利间接侵权的默示许可抗辩在我国的适用选择。

4. 专利默示许可制度的中国构建

在前面问题的研究基础上，本书从分析专利默示许可制度在我国构建的必要性与可行性出发，提出专利默示许可制度在我国构建的基本框架。然后就专利默示许可制度在我国的立法构建进行考察，并就其中存在的相关问题提出解决建议，进而就我国有关专利默示许可规范体系的完善提出意见建议。最后以专利默示许可的分类为基础提出专利默示许可在司法实践中的认定标准，并明确专利默示许可在具体适用中应当厘清的几个关键问题。

1.3.2　主要创新点

（1）在了解专利默示许可制度的发展演进并论证专利默示许可制度存在的正当性的基础上，结合专利默示许可制度在实践中的功能拓展，指出专利默示许可独立的制度价值：通过对专利默示许可与其他相关制度比较分析明确了专利默示许可相对于这些制度的独立价值；通过论证专利默示许可在意思表示理论上及信赖保护理论上合理性与正当性明确了专利默示许可制度的法理基础；通过法经济学的分析方法论证了专利默示许可制度在规制机会主义行为和实现社会总体效用最大化上的积极意义；通过对专利默示许可在解决平行进口、标准必要专利挟持及间接侵权抗辩等相关问题上功能价值的探讨，明确了该制度在解决相应问题时存在的不可替代的独立价值。而对专利默示许可制度正当性的深入系统论证，能够为专利默示许可制度有关问题的研究及司法实践提供坚实的理论基础和实践指导。

（2）通过分析专利默示许可在实践中的具体适用情形，归纳出专利默示许可的类型及其在该类情形中的适用特点，在此基础上确定一个新的更合理的认定标准。首先，本书通过归纳分析根据不同类型专利默示许可的共同特点将专利默示许可分为基于产品销售的默示许可和基于行为的默示许可两种类型。并在此基础上跳出传统研究中通过借鉴民法中一般性默示行为的认定方法对专利默示许可进行认定的框架，归纳出针对每一类型专利默示许可具有普适性的认定路径。而且这两种认定路径在专利默示许可认定的适用上并不冲突，而是相互关联、相互补充的关系。

（3）在我国专利默示许可制度的构建方面，通过分析我国建立专利默示许可制度的必要性和可行性，明确在我国构建专利默示许可制度的立法司法二分模式。并在厘清我国进行专利默示许可立法可能面临问题的基础上，提出了建立及完善我国专利默示许可相关规范的具体建议，为完善我国专利默示许可的相关立法提供参考。

1.4　研究方法

1.4.1　概念分析法

判断和论证的逻辑起点就是概念。对于规范之学的法学来说概念界定是研究的核心和基础。要全面系统地分析法学问题，一般都是从概念开始。本书的研究将从专利默示许可这一概念的基本法律要素的分析入手，对其概念和内涵进行界定，以为本书的论述奠定基础。

1.4.2　法学价值分析方法

专利默示许可属于一项专利法原则，该原则的存在必然具有一定的法理基础，通过对其法理基础的分析论证，能够明确该原则在法理上的正当与否，而本书所采用的法学价值分析方法即主要用于论证专利默示许可制度在法学上的理论基础。

1.4.3　法经济学分析方法

专利权是一种财产权，因而无论是对其进行正当性分析，还是对它的限制性分析，都需要经济分析的视角。而专利默示许可既是限制专利权的一种限制制度，又能在一定程度上促进专利权的运用，所以本书以机会主义行为理论和社会成本理论为视角对专利默示许可的正当性进行分析。

1.4.4　比较分析法

为了更好地把握专利默示许可的制度的本质和属性，就需要运用比较的研究方法，比较欧洲、美国、日本等国家和地区的立法、司法案例和学者研究成果，结合我国目前的立法和司法实践，进一步丰富专利默示许可的理论研究，为我国立法和司法提供理论参考。

第 2 章　专利默示许可制度概述

2.1　专利默示许可的内涵与外延

2.1.1　专利默示许可的内涵

对于专利默示许可的概念，国外的研究者一般没有给予直接的论述，往往是通过将其与明示许可或者权利穷竭原则的对比中加以说明和描述，且侧重于探讨专利默示许可的适用要件。如美国的迈克尔·J. 斯沃普（Michael J. Swope）[1] 教授阐述道：“明示的许可往往通过专利权人和产品购买者之间书面的或者口头的约定产生，但是，在不存在明示许可的前提下，依旧可以从销售的具体情形中判断是否存在默示的许可，一旦证明默示许可的成立，购买者将得到专利侵权豁免。”杰伊·德拉特勒（Jay Dratler）[2] 教授也试图从同样的角度介绍默示许可：“并非所有的许可都采用明示和做成文件记录的书面协议方式，

---

[1] SWOPE M J. Recent developments in patent law : implied license-an emerging threat to contributory infringement protection [J]. Temple Law Review, 1995, 68（1）: 281-306.

[2] 德雷特勒. 知识产权许可（上）[M]. 王春燕，译. 清华大学出版社，2003: 183.

许可可以是默示的。默示的许可可以仅根据书面文件中的条款或者当时的情形而产生，也可以根据当时情形与明示条款相结合而产生。"雷切尔·克拉克·休伊（Rachel Clark Hughey）❶ 教授在论述禁止反言默示许可时指出："在专利法领域，默示许可作为专利侵权的抗辩手段，已经发展成为一种事实上的默示合同的一种。而默示许可的认定是一个由法院主导的法律问题，其认定有赖于对专利权人行为的分析"。克里斯蒂娜·M. 斯佩里（Christina M. Sperry）❷ 教授则在探讨"修理"与"再造"的区分依据时将权利穷竭原则与默示许可原则进行了对比分析，并明确应该适用默示许可原则作为区分"修理"与"再造"的依据，因为，相对于权利穷竭，默示许可原则通过对双方当事人合理期待的保护或限制，更有利于实现专利权人和专利产品使用者之间的利益平衡。安珀·哈特菲尔德·罗夫纳（Amber Hatfield Rovner）❸ 教授在解释专利默示许可时，也是从默示许可与权利穷竭的区别上入手进行论述，但侧重于从两者的适用范围上进行辨别。

　　相对于理论上对专利默示许可内涵的模糊界定，国外司法实践对专利默示许可内涵的阐述则相对清晰，尤其是美国最高法院在 1927 年做出的一份判决中，对专利默示许可的内涵进行较为明确的阐述："并非必须正式授予许可才能达到许可使用的目的。对于专利权人使用的任何语言或者采取的任何行动，如果他人可以由此正当地推定专利权人已经同意他实施其专利，进行制造、使用、销

---

❶ HUGHEY R C. Implied licenses by legal estoppel[J]. Albany Law Journal of Science & Technology，2003，14（1）：53-80.

❷ SPERRY C M. Building a mystery：repair，reconstruction，implied licenses，and hewlett-packard co. v. repeat-o-type stencil manufacturing corp. [J]. Boston University Journal of Science & Technology Law，1999，15：193-225.

❸ ROVNER A H. Practical guide to application of（or defense against）product-based infringement immunities under the doctrines of patent exhaustion and implied license[J]. Texas Intellectual Property Law Journal，2004，12（2）：227-286.

售行为，并且据此实施这些行为，则构成一种许可，可以再专利侵权诉讼中进行抗辩。至于所构成的许可是免费的，还是应当支付费用的，应当取决于当时的具体情况。但是无论如何，此后就当事人之间的关系及由此而产生的任何诉讼而言，都必须认定为合同关系，而非侵权关系。"❶

与国外的研究现状相比，虽然我国理论上对于专利默示许可内涵的认识尚不一致，但已有不少学者就专利默示许可的概念及内涵进行了简单梳理。例如，袁真富教授在探讨默示许可的内涵时明确："专利默示许可，也称隐含许可，有别于以书面合同等方式确立的明示许可，它是指在一定情形之下，专利权人以其非明确许可的默示行为，让被控侵权人产生了允许使用其专利的合理信赖从而成立的一种专利许可形态。"❷ 并认为，专利默示许可在本质上只是默示合同的一种形式，且认定默示许可的根本目的在于保护专利使用人的信赖利益。李文江 ❸ 在探讨专利默示许可的内涵时也明确阐明："专利默示许可是相对于专利明示许可的一种专利许可形态，即专利权人针对实施专利技术表现出来的一种默示，使实施者产生信赖，使他人从专利权人的行为中推出了默示。这种许可方式虽然不同于签订书面合同等明示行为，但依然是一种合法的许可形态。"房鹏 ❹ 在界定专利默示许可时则认为："专利默示许可是对专利权的一种限制，属于专利侵权案件中一种新的抗辩理由。"王超和罗凯中 ❺ 则从机会主义行为规制的视角对专利默示许可进行了重新解读，"专利默示许可是指：基于事实、习

---

❶ De Forest Radio Tel. Co. v. United States，273 U.S. 236（U.S. 1927）.

❷ 袁真富 . 基于侵权抗辩之专利默示许可探究 [J]. 法学，2010（12）：108-119.

❸ 李文江 . 我国专利默示许可制度探析——兼论《专利法修订草案（送审稿）》第 85 条 [J]. 知识产权，2015（12）：78-82.

❹ 房鹏 . 论建立我国专利诉讼的默示许可制度 [J]. 山东审判，2010（6）：68-71.

❺ 王超，罗凯中 . 专利默示许可研究——以机会主义行为规制为视角 [J]. 邵阳学院学报（社会科学版），2015（3）：31-40.

惯或法律的规定，专利权人外观上不作为的行为让专利实施人产生了专利许可的合理信赖，并产生了信赖利益，从而法律上推定专利许可成立的专利许可形态。其也称隐含许可，它在外观上、进而在合同的内容、履行上有别于以书面合同等方式确立的明示许可。"同时认为，专利默示许可制度对利害关系人机会主义行为的抑制，不仅仅是一种道德谴责，更有一种深刻的经济背景与利益考量。而韦晓云 ❶ 则仅从专利产品销售的视角对专利默示许可进行定义，"专利默示许可是指专利产品第一次合法售出时，如果专利权人或者其被许可人没有明确提出限制性条件，则意味着购买者获得了任意使用或者转售该专利产品的默示许可，专利权人不得对合法售出的专利产品再行使权利。"

国内学者对专利默示许可内涵的阐释，尽管与国外有关研究相比已相对明确，但也存在诸多不足之处：多数学者仅就专利默示许可的概念进行了界定，并没有触及专利默示许可的本质，即使部分研究论及专利默示许可的本质属性，但并没有展开论述。因此，本书将在现有研究的基础上从以下三个方面出发明确专利默示许可的内涵。

2.1.1.1　专利默示许可在性质上属于合同的一种

从性质上讲，专利默示许可是一种合同关系，属于合同的范畴，即默示合同的一种。首先，默示许可并非专利法体系的专有现象，可以称之为一种特殊的民事行为。因为，从民法学来看，默示许可其实就是不作为的默认的意思表示，延伸至合同法范畴，也叫作合同中的默示条款，或者默示合同。所谓合同中的默示条款，是在合同中未予规定的情况下，根据当事人的默示意图或推定意图，通过当事人的特定行为、合同中的明示条款、法律规定及习惯等因素判断，不言自明，

---

❶ 韦晓云. 专利的默认许可 [J]. 人民司法，2007（17）：93-97.

理应存在于合同之中，却未被当事人于合同中写明的条款。❶其次，因为专利许可是专利权人或其授权的人作为许可方许可他人在一定范围内实施其专利，被许可方支付约定使用费的一种法律行为，从其行为性质上讲，属于民法上合同的一种。所以，追根溯源，作为专利许可的一种，专利默示许可亦属于民法上的合同范畴。

针对专利默示许可的合同属性，早在 1895 年的凯斯诉尤里卡合并矿业公司案（Keyes v. Eureka Consolidated Mining Company.）案❷中，美国最高法院明确："一旦判定专利默示许可的成立，原被告之间关于许可费的争议应为一般争议，不再属于专利侵权诉讼的范畴。"❸这一观点间接地承认了专利默示许可的合同属性，即，一旦明确专利默示许可的成立，当事人之间的关系即为一般的合同关系，而非侵权关系，因而不属于专利侵权诉讼的范畴。而在 1927 年德福斯特无线电话电报公司诉美国案（De Forest Radio Telephone & Telegraph Co. v. United States）案❹（以下简称 De Forest 案）中，美国最高法院更是直接明确，在默示许可成立之后，"就当事人之间的关系及由此而产生的任何诉讼而言，都必须认定为合同关系，而非侵权关系。"❺自此，无论是理论上还是实践中，专利默示许可的合同属性已经得到了一致的认可。

专利默示许可合同属性的明确意味着：首先，合同理论的首要原则是意思自治。根据意思自治原则，合同是否成立及合同当事人的权利义务，应由当事人的自由意志所决定。因此，在认定是否存在专利默示许可时，法院应最大限度地探寻当事人的真实意思。探寻当事人的真实意思可能产生这样的结果，一

---

❶ 胡林龙 . 合同条款初探——一个被遗忘问题的思考 [J]. 河北法学，2004（3）：46-47.

❷ Keyes v. Eureka Consol. Mining Co.，158 U.S. 150（U.S. 1895）.

❸ 同❷.

❹ De Forest Radio Tel. Co. v. United States，273 U.S. 236（U.S. 1927）.

❺ 同❹.

方面，因为在判定是否存在专利默示许可及专利默示许可的内容时应当最大限度地追寻当事人的真实意思表示，因而能够最大限度实现当事人之间的意思自治,也将最大限度地满足当事人的合理期待。另一方面,与明示的许可条款相反,与任何其他的默示合同一样，专利默示许可行为当事人真实意思的判定来自于对各种情况的综合分析，包括当事人的行为、可适用的书面协议或信件中的条款或内容、当事人的合理期待、法律规定、公共政策、交易习惯等。因此，要想在诉讼结束之前肯定地预测是否存在默示许可通常是很困难的。其次，由于合同中默示条款的产生并非当事人主观意志的直接产物，而是来源于法律规定、政策考量、公共利益、交易习惯或惯例、公平正义及诚实信用等因素，这些默示条款产生的直接依据具有偏离合同当事人主观意愿，反映社会特定价值观念的特点。因此，相对于明示条款，合同法上默示条款的显著特征是突破了当事人双方绝对意思自治的束缚和限制，表现在合同条款内容与合同当事人意志的一定偏离性。作为默示合同的一种，专利默示许可亦具备这一特征。具体表现，在司法实践中法院决定是否可以从当时情况或文件中得到默示许可时，除了当事人的合理期待外，还会考虑公平因素，而且必要时还将结合法律规定、公共政策、交易习惯等对可能涉及的公共利益加以考量。最后，在专利侵权诉讼中，一旦判定默示许可的成立，诉讼双方当事人的关系应为合同关系，诉讼中剩下的就是许可的范围大小以及是否支付许可使用费等问题了。专利权人无权在这一诉讼中提起诸如要求停止侵权、损害赔偿等专利侵权的诉讼请求。

2.1.1.2 专利默示许可旨在保护当事人的合理信赖

民法上的意思表示分为明示的意思表示和默示的意思表示，专利法上的默示许可属于民法上默示的意思表示的范畴。因此，专利默示许可的认定，其实质是对专利权人默示的意思表示的认定，也即对专利权人默示的意思表示的解释。但是，由于明示意思表示的"内心真意"往往以客观载体的形式而存在，例如合同等，可以据此而试图探究当事人的内心真意，保证当事人的意思自治，所以明示意思表示的解释主要遵循探求真意原则。而默示的意思表示则具有"表意之间接性"的特征，行为人是否为意思表示的问题尚不明确。在对默示的意思表示进行解释时，由于缺乏明示的客观证据证明意思表示的存在，而"深藏于内心的意思是无法解释的，因为内在的意思无法作为法律认识的对象"，❶行为人的心理观念可能永远不能得到确证。此时，如果遵循探求真意原则将产生这样的结果：解释的结果完全取决于行为人的一念之间，而这对于相对人而言，很可能是不公正的，并且使得默示意思表示之解释丧失了客观依据，使得解释结果的可预见性降低。因此，在对默示意思表示进行解释时，对于行为人是否做出意思表示通常需要依据一定的法律原则和规则，推定行为人是否进行了意思表示，默示意思表示属于推定的意思表示。而根据法律推定的基本原理，凡推定必须依据一定的推定基础，进而得出结论，默示意思表示之解释必须寻找到合适的推定依据，且所谓的推定依据又必须符合默示意思表示的特点及价值立场。

相对于明示意思表示的解释关注当事人的意思自治，默示意思表示则侧重对行为人"可归责性"和行为相对方"合理信赖"的明确。所谓"可归责性"，来源于拉伦茨的"可归责性"学说，系指表意人如尽必要之注意，本来能够认识到他的行为会被他人做出这样的理解。❷具体而言，可归责性可以理解为，在交易中，对于相对人对行为人相关行为的信赖，行为人是否存在过错，如果存在过错，并造成了相对人信赖利益的损害，行为人将因此承担不利益的后果。这里的过错具体表现为：对于相对人因信赖行为人从事的行为，行为人应当预

---

❶ 梅迪库斯. 德国民法总论 [M]. 邵建东，译. 北京：法律出版社，2001：233.

❷ 同 ❶：484.

见而没有预见或者行为人预见后没有适时地提出异议。而可归责性本身只是判断默示意思表示是否成立的一个方面，因为行为人的可归责性支撑着其责任承担，而仅有这样的可归责性，尚不足以导致其权利的消灭或其他义务的负担，承担损害赔偿可能是一个更合理的选择。❶默示意思表示成立与否的关键还在于相对人是否因为行为人的行为产生了合理信赖。只有相对人对行为人行为产生的信赖足够正当、合理，才能够突破私法自治，进而使行为人承担责任，使相对人实现其交易目的。这里信赖的合理性可以从两个方面去理解。首先，相对人的信赖不等于单方期待，不是相对人对行为人将来行为的单方面期待，而必须是可归责于行为人特定行为的期待或信赖；其次，相对人的信赖必须是合理的，这里的合理与否需要有一个相对客观公正的评判标准。对此，理论上和实践中已经形成了相对一致的标准——理性人标准，即将理性的一般人置于相对人的立场，从而确定相对人的信赖是否合理。而究其本质，无论是对交易行为人可归责性还是对相对人合理信赖的判断，其目的都在于确保在充分尊重交易当事人意思自治的前提下使交易相对人的合理信赖能够得到充分的保护。

专利默示许可作为默示意思表示的一种，其是否成立既关系到专利实施中的公正性和专利实施人的合理信赖，也关系到专利实施中的意思自治。只有在专利实施人对可归责于专利权人的行为产生合理信赖的情况下才能成立。所以专利默示许可制度首要的功能应在于对专利实施人"合理"信赖的充分保护，在实践中判定是否成立专利默示许可的重点也应在于明确对专利权人的特定行为，专利实施人是否产生了信赖，这一信赖合理与否，这一信赖的产生能否归责于专利权人的特定行为。

---

❶ 吴国喆. 可归责性与信赖合理性的比较权衡弹性化机制的应用 [J]. 甘肃政法学院学报，2006（6）：22-28.

2.1.1.3　专利默示许可是对专利权的一种限制

在专利侵权诉讼中，专利默示许可对于被控侵权人来讲是一种侵权抗辩手段，但对专利权人而言，则是对其专利权的限制。尽管专利制度的初衷是通过赋予专利权人一定的垄断权利，也即专利权，使其获得由专利发明产生的收益，为发明人的发明创造提供动力，并以赋予专利权人垄断权利为代价使发明创造公布于众，进而促进科学技术的发展进步。但专利制度的终极目的在于通过推动科学技术的进步促进社会的发展与进步，发明创造本身并不能直接带来社会的发展和进步，专利制度还应有利于发明创造的推广利用，将专利技术转化为现实的生产力，促进经济发展和社会整体福利的提高。因为专利权的保护客体是科学技术上的发明创造，一项发明创造被实践证明有价值后，从国家、社会和广大民众的利益出发，应当鼓励其推广应用，用得越快越好，越广泛越好。❶但是，专利权是一种典型的垄断权，其关键效力在于禁止任何人未经专利权人的许可实施使用受到保护的发明创造。因此，专利发明是否被推广利用，完全取决于专利权人的态度。如果不对专利权人这一权利的行使加以限制，专利权极易被权利人所滥用，进而影响社会的发展和进步，损害社会公共利益。正因如此，为寻求专利权人利益和社会公共利益之间的平衡，各国在建立专利制度时，均在保护专利权的同时对专利权的实施进行一定的限制，并形成了一些专利权限制制度，如专利强制许可、先用权例外制度、权利穷竭等。

从功能上讲，专利默示许可也可以认为是专利权限制的一种形式。如前文所述，专利默示许可在性质上属于合同的一种，一旦在实践中认定专利默示许可的成立，便肯定了专利权人默示授权的前提，许可合同中权利相对人

---

❶ 尹新天. 如何发挥知识产权制度的作用（上）——评英国知识产权委员会的报告 [J]. 知识产权，2003（4）：26-30.

的部分法律负担即转移给了权利方，因此必然会对权利人产生一定的限制。但是不同于专利强制许可等法定限制，专利默示许可作为一种侵权抗辩手段，是在当事人之间的权利义务关系不明确、依据专利法相关规定无法解决时，诉诸处于私法普通法地位的民法，依据其中的意思表示理论和信赖保护理论，对专利权的行使施以一定程度的限制，从而发挥在特定情况下的漏洞补充作用和协调作用。同时，基于专利默示许可的合同属性，其与传统的专利权限制有所不同，是一种弹性化的权利限制。传统的专利权限制一般指的是对专利权权能的限制，就其作用来讲，是将本属于侵犯他人权利的行为从法律上视为侵权的"例外"，从而不再属于侵权，故也可以称之为"专有权所控制的行为之例外"，❶ 主要包括专利权的例外、专利强制许可等，其显著特征是在法律规定的情况下，可以不经权利人同意而使用专利发明。这就决定了传统的专利权限制采取的是一种隔离于专利权内容之外的权利限制样态。而专利权默示许可作为许可合同的一种特殊样态，其合同的本质属性决定了与传统专利权限制制度的不同。由于专利默示许可发源于民法中的合同制度，与其他默示合同一样，专利默示许可产生于当事人的客观行为，当事人双方依此形成了一个许可合同的合意。❷ 通过纳入双方当事人的合意，专利默示许可不再一味采取权利之外的限制样态，专利权人的权利是否受到专利默示许可的限制，关键在于专利默示许可是否存在，而默示许可成立与否、默示许可内容等的确定则需对专利权人、专利实施人等当事人的行为进行综合考量。抑或说，专利权人对于其专利权是否受到限制拥有自主决定权，例如，专利权人可以通过明确的合同条款来限制专利默示许可的适用。因此，专利默示许可在限制专利权方面更多地体现了专利权人的意思自治。

---

❶ 管育鹰. 知识产权法学的新发展 [M]. 北京：中国社会科学出版社，2013：233.

❷ 郭威. 版权默示许可制度研究 [M]. 北京：中国法制出版社，2014：40.

2.1.2 专利默示许可的外延和类型

作为一种非明示的许可类型，在实践中，专利默示许可的适用范围相对宽泛，一切存在专利利用的领域都有专利默示许可存在的空间。根据其产生根源，可以将专利默示许可分为两大类：基于产品销售的默示许可与基于行为的默示许可。

2.1.2.1 基于产品销售的默示许可

垄断性是知识产权的内在本性，知识产品的无形性和对实体物的依附性决定了对知识产权的保护必须延及知识产权的有形载体，赋予知识产权所有人在控制该载体时的"专有性"和"独占性"。专利权作为知识产权的一种，亦不例外。或者说，相对于著作权和商标权，专利权更被称为一项垄断特权。尽管这种垄断性有其存在的正当性，但是，作为一种私权，其天然的扩张性，极易使其内在的垄断性膨胀。❶ 具体而言，在专利产品被转移至他人的控制范围之后，专利权人往往企图通过行使该产品之上的专利权对专利产品的流向乃至具体使用进行干涉，以最大限度地实现自身的垄断利益。与此同时，专利产品作为承载特定专利技术的物品，经过买卖等方式转入他人之手后，购买者真正的目的并不仅仅在于获得普通的物品，而是会通过占有该物来"使用"其中蕴含的知识产品，这里的"使用"当然指向物权法上的使用，也即依据专利产品的性质使用该物品及维持该物品的使用性能。此时，可能产生这样一种矛盾：专利权人垄断利益的实现与专利产品购买者就专利产品所享有的物权权益的实现之间的矛盾，具体如何解决这一矛盾是专利法实践中不可回避的问题。对此，各国实践中乃至立法上均做出了一定程度的回应。而权利穷竭型默示许可、默许修理类默示许可及涉及非专利产品的默示许可认定中的"非侵权用途"标准

---

❶ 马强，王燕. 论知识产权穷竭原则的正当性基础 [J]. 知识产权，2011（1）：89-93.

莫不源于对这一矛盾的解决。而该类默示许可的共通之处在于，面对这一矛盾的客观存在，其优先确保专利产品（或者特定条件下非专利产品）所有者对其物权权益的实现，进而保障专利产品的自由流通，同时确保专利产品（或者特定条件下非专利产品）所有者物权权益的实现不会危及专利权人的法定权益。而且，正是因为这一共同的理论基础，该类专利默示许可在具体的认定中存在一个共同特点，即侧重于对专利产品（或特定情形下的非专利产品）本身的性质和涉及专利发明的实施之间关系的分析。

其中，权利穷竭型默示许可是指专利权人在销售专利产品（或用于实施专利方法的非专利产品）之后，除非专利权人做出明确的限制，附着在专利产品（或用于实施专利方法的非专利产品）上的专利权随之穷尽，专利产品（或用于实施专利方法的非专利产品）购买者随之获得了利用专利产品实施专利发明的默示许可。其具体包括三种情形：一是基于专利产品的销售产生的默示许可；二是基于只能且仅需这一产品实施专利方法的非专利产品的销售产生的默示许可。前者通常被称作专利权穷竭，并被许多国家作为一项明确的法律原则规定在专利法中；后者常见于美国的司法实践中，又被理论上称作扩张的专利权穷竭。默许修理类默示许可，是指专利权人在销售专利产品时，如果没有做出明确的限制，则购买人获得了使用并维持该产品使用功能的默示许可，购买者可以使用并修理该专利产品，但这里的修理不能构成再造。涉及非专利产品的默示许可认定中的"非侵权用途"标准主要被适用于专利间接侵权的默示许可抗辩的司法实践中。所谓非侵权用途，系指某一非专利产品除了实施专利发明外没有实质性的侵权用途。

2.1.2.2　基于行为的默示许可

如果说基于产品销售的默示许可是由于专利产品（或者特定条件下非专利

产品）自身的性质应推定产品购买者应获得一个实施专利发明的默示许可，则基于行为的默示许可则源于两种主要情形：从专利权人的行为中能够推出专利权人做出的关于许可的意思表示或者在特定背景下专利权人的行为被视为包含一个默示的专利许可。前者主要强调隐含的许可本身的存在，因为事实上存在一个默示的许可，所以相关责任人只需举出证据予以证明。例如，基于先前使用而产生的专利默示许可、基于原有协议而产生的专利默示许可，在认定时均侧重于对是否存在专利权人允许被控侵权人实施相关专利发明的意思表示的明确。后者则是在特定背景下，出于对专利权人特定行为的否定，通过明确专利默示许可的存在以使专利权人承担相应的责任，例如，在基于技术标准而产生的专利默示许可、基于技术推广而产生的专利默示许可、基于违约行为而产生的专利默示许可等的情形下，专利权人本身并不一定存在许可被控侵权人实施专利发明的意思，但是，在特定背景下，应当将专利权人的相关行为视为默示许可。否则可能产生不公平的后果，甚至危及社会公共利益。

　　然而，无论基于其中哪一情形产生的默示许可，相对于基于产品销售的默示许可侧重于对相关专利产品（或者特定情形下的非专利产品）本身性能及其与相关专利发明的实施之间关系的分析，基于行为的默示许可在认定时均侧重于对专利权人相应行为的分析，且该类专利默示许可存在的法律基础源于衡平法上的禁止反言原则，所谓禁止反言，系指禁止一个人试图否认司法或者立法机关已经认定的事实，或者试图否认通过他自己的行为以明示或者暗示方式所承认的事实。❶ 基于禁止反言原则，不允许一个人后来否认其先前授予的财产权或者有关利益，或者背弃其先前做出的使他人对之产生依赖作用的承诺。所以基于行为的默示许可重在通过明确默示许可的存在保护被控侵权人的信赖利益。

---

❶ GIFIS S H. Law dictionary [G]. Third Edition. Barron's Educational Series Inc., 1985. 转引自尹新天 . 知识产权法教程 [M]. 北京：知识产权出版社，2005：76.

2.2 专利默示许可与相关概念的比较研究

2.2.1 专利默示许可与权利穷竭的关系分析

权利穷竭原则，也即专利权用尽原则，即公众中的任何人在购买了合法出售的专利产品，也就是专利权人自己出售的专利产品或者经专利权人许可的被许可人售出的专利产品之后，应当享有自由处置该产品的权利，此后无论该购买者以何种方式使用该产品，或者进一步转卖、出让、捐赠该产品，均不应当构成侵犯该项专利权的行为。❶ 在专利侵权实践中，尤其是在产品销售引起的专利侵权纠纷中，作为专利侵权抗辩事由，其与专利默示许可发挥的作用不可小觑，两者之间的关系也最为密切。但是由于这两种制度之间在理论基础上的交织乃至适用上存在的部分重合，其在具体的适用上容易出现混淆。所以本节着重通过明辨两种制度之间的异同以明晰专利默示许可与权利穷竭这一相近制度之间的差异，进而确保在研究专利默示许可制度的功能及其具体适用时避免不必要的混淆。

2.2.1.1 理论基础上的异同

专利默示许可与权利穷竭并非两个相互独立的制度，尽管一些国家在专利法立法中确立了独立于专利默示许可原则的权利穷竭原则，但是无论是起源上还是两项制度的理论基础均存在一定程度的重合，尤其是在解决产品售后权利冲突问题方面。

作为专利制度起源的英国，早在 1871 年的贝茨诉威尔莫特案（Betts v.

---

❶ 尹新天. 专利权的保护 [M]. 2 版. 北京：知识产权出版社, 2005：63.

Wilmott）案 ❶ 中即面临了专利产品售后的权利冲突问题，而审理该案的法官试图通过专利默示许可原则解决这一问题。在买受人购买了其预期能够支配的物品的情形下，除非存在与这种预期相反的清楚而明确的约定，否则依据英国法，即使买受人不能够对抗专利被许可人，但是可以对抗专利权人，或者通过买卖对专利物品享有完整授权的人。此后的英国专利司法实践在面临类似问题时也以该案形成的原则为基础予以解决，并由此形成了以专利默示许可理论为基础的权利穷竭原则：专利产品在第一次合法售出时，如果专利权人或者其被许可人没有明确提出限制性条件，则意味着购买者获得了任意使用或者转售该专利产品的默示许可，专利权人不得对合法售出后的专利产品再行使其权利。同时，专利权人所拥有的控制权并不仅仅限于针对一件专利产品的制造和首次销售行为，可以一直延伸到该专利产品首次销售后的任何使用和后续销售行为。如果专利权人对其售出的或者经其被许可人售出的专利产品的使用和转售提出限制性条件，不论是专利产品的直接购买者，还是随后转卖已售出专利产品的购买者，只要他明知有这样的限制性条件而又予以违反，就会构成侵犯专利权的行为。当然，专利权人附加的条件不得违反有关法律规定。❷ 并以该原则为基础解决与平行进口有关的问题。与此同时，受到英国的影响，普通法系的澳大利亚、加拿大及新西兰均采用了以默示许可理论为基础的权利穷竭原则。❸ 例如，在加拿大，尽管相关法律没有做出明确的规定，但实践中通常认为专利产品购买者在购买专利产品后能够获得自由使用、再售该产品的权利。不过专利权人可以就专利产品的使用和再售做出限制，但这种限制必须以能够为买家所知悉

---

❶ Betts v. Wilmott，[1871] 6 Ch App. 239，245.

❷ 尹新天. 专利权的保护 [M]. 2 版. 北京：知识产权出版社，2005：65.

❸ BENYAMINI A. Patent infringement in the european community（IIC studies）[M]. New York：John Wiley & Sons Ltd，1993：290.

的方式做出，否则将适用默示许可，相应的权利随之穷尽。❶

在同为普通法系的美国，专利权穷竭原则由"首次出售穷竭"和"默示许可"两种理论交织而成。所谓首次出售穷竭原则，即经过专利权人同意而售出专利产品的行为已经使专利权人获得了足够的回报，专利权人对该产品的独占权由此穷尽。❷ 此后，购买者可以自由使用或者再次销售该产品，不受该专利权人的控制。而以默示许可理论为基础的权利穷竭原则主要适用于这些情形：专利权人或其被许可人销售的产品不是专利产品，而是专利产品的部件；或者专利权人获得的是一项方法专利，专利权人或者其被许可人销售用于实施该专利方法的专用设备。在这些情形下，要免除专利侵权责任，被控侵权人不能依赖于首次出售穷竭原则，因此只能够主张该产品的销售隐含了制造、使用、销售专利产品或者使用专利方法的默示许可。尽管在美国法上关于权利穷竭原则存在这两种区分，但是除了在具体适用上存在区别外，两者之间存在更多的是一致性。首先，无论是以首次出售穷竭原则为基础的权利穷竭还是以默示许可原则为基础的权利穷竭，均源于在涉及产品销售案件中对产品售后权利冲突问题的解决。尽管以首次出售穷竭原则为基础的权利穷竭的形成主要依据利益补偿论——专利制度建立的目的是为了鼓励做出发明创造，进而促进科学技术的发展，因而对专利权人将其做出的发明公布于众给予一定的奖励是合适的，但是应当提供何种程度的奖励和补偿却需要仔细掂量。就专利产品的销售而言，为专利权人提供的奖励和补偿只需在首次售出其专利产品之前给专利权人提供控制权就足够了，通过专利产品的销售价格或者通过订立专利许可合同所获得

❶ MORGAN B E. Exhaustion of IPRs in cases of recycling and repair of good [R]. [S. l.] : Canadian Group of AIPPI，2008 : 1.

❷ OSBORNE J W. A coherent view of patent exhaustion : a standard based on patentable distinctiveness [J]. Santa Clara Computer & High Technology Law Journal，2004，20（3）：643-694.

的提成费，专利权人已经获得了他期望获得的回报，除此之外不需要更多。但是，默示许可理论与利益补偿论具有内在的一致性：专利权人在首次销售后即获得了足够的利益回报，应该推定专利权人默认后续的出售行为的合法性。其次，在此类案件的解决过程中，无论是认定首次售出穷竭原则的成立还是对专利默示许可的认定均需涉及一个基本的问题：对专利产品（或特定情形下的非专利产品）本身的性质和涉及专利发明的实施之间关系的分析。此外，在美国司法实践中，首次出售穷竭原则的适用并非没有限制，相反专利权人在销售专利产品时附加的明示限制性条件通常会被法院认可并予以维持；以默示许可原则为基础的权利穷竭在具体的适用中也受到同样的限制。

作为大陆法系的德国有关权利穷竭的理论与英美两国有较大不同。尽管在19 世纪，德国对于专利权人对自己销售的或者其被许可人销售的专利产品的使用或者转售进行控制而引起的问题也是通过默示许可理论来解决，即如果专利权人或者其被许可人在首次销售其专利产品时如果没有附加限制性条件，则推定该销售行为包含了允许购买者任意使用或者处置该专利产品的默示许可。进入 20 世纪以后，为了更好地维护购买者的利益，促进商品的自由流通，德国认为有必要找出一种对专利本身所赋予权利进行限制的更为彻底的解决方案，并由此提出了区别于专利默示许可的权利穷竭原则：该原则是对专利权的一种本质限定，不论专利权人在售出其专利产品时是否提出限制性条件，这样的限定都是存在的。专利产品购买者违反专利权人提出的限制性条件属于合同违约问题，而不是侵犯专利权的问题。当然专利权人提出的限制性条件不能超越专利权的范围，违背权利穷竭原则的宗旨，否则将构成滥用专利权的行为，因而不具有法律效力，甚至会构成违法行为，例如触犯反垄断法等。在德国，权利穷竭原则的基础在于：第一，专利权人在不需要与第三方竞争的情况下售出受专利权保护的产品，就已经获得了通过专利独占权获利的机会，从而使其独占权被用尽；第二，专利权穷竭原则能够防止专利权人分割国内市场，阻碍商品的自由流动，保障公众在专利产品自由贸易中的利益。❶ 采用德国理论的主要是成文法体系国家，如荷兰、奥地利、意大利等。而我国《专利法》第 69 条（一）亦明确了专利穷竭制度，即专利产品或者依照专利方法直接获得的产品，由专利权人或者经其许可的单位、个人售出后，使用、许诺销售、销售、进口该产品的，不视为侵犯专利权。尽管在成文法系国家，权利穷竭原则已经上升为一种独立的专利权限制原则，但是，权利穷竭原则并不完全独立于专利默示许可理论。相反就专利产品售后权利冲突问题的解决而言，两者之间存在内在的一致性：无论是权利穷竭原则还是专利默示许可原则，其适用的目的均在于实现专利权人基于专利权享有的垄断利益和专利产品购买者就专利产品所享有的物权权益之间的平衡，既不无端剥夺专利权人的垄断利益，也不妨碍专利产品购买者对其物权权益的实现。至于成文法系国家将专利权穷竭从默示许可中单列出来并发展成独立的法律原则或上升为法律规定的原因，更多地应是基于专利政策的考虑：促进商品的流通与使用、防止专利权人两次收费、保护购买者的权利等。因此也可以认为，专利权穷竭上升为法律规定后仍为一种默示许可，只不过这一默示许可是法定默示许可（implied-in-law），以区别于事实默示许可（implied-in-fact）。❷

当然，专利默示许可原则与权利穷竭原则在涉及专利产品售后权利冲突问题的解决方面具有的内在一致性并不意味着专利默示许可原则与权利穷竭原则在理论基础上的相同。相反，默示许可原则的适用范围相对宽泛，基于产品销售的默示许可只是专利默示许可原则的类型之一，基于行为的默示许可与权利

---

❶ 51 RGZ 139，140-141 30 IIC 495，497（1999）. 转引自：王春燕. 贸易中知识产权与物权冲突之解决原则——权利穷竭的含义、理论基础及效力范围 [J]. 中国人民大学学报，2003（1）：120-127.

❷ 董美根. 论专利默示许可——以对专利产品合理期待使用为目标 [G] // 国家知识产权局条法司专利法研究（2010）. 北京：知识产权出版社，2011：484-501.

穷竭原则在理论基础上并不一致。相对于权利穷竭原则源于专利权与物权冲突下基于专利产品的物权属性对专利权的本质性限定，基于行为的默示许可则源于衡平法上的禁止反言原则。禁止反言原则均源自公平、正义的自然法理念和诚实信用原则，在英美法上有着丰富的规则体系，其基本功能在于保护相对人信赖利益，核心理念在于禁止曾做出某种表示（无论该表示是明示抑或默示、积极抑或消极）的人在相对人已给予信赖并因此受到损害的情况下，对先前做出的表示予以否认，而无论该表示是否与事实相符。❶

2.2.1.2 适用范围上的不同

对于权利穷竭原则和专利默示许可原则的适用范围，既有明确的区分，也存在重叠的可能。首先，与权利穷竭原则只能适用于基于专利产品销售引发的纠纷不同，默示许可还可以适用于基于专利权人或者专利被许可人的行为引发的纠纷。尽管专利权穷竭原则的适用范围还存在争议，但是可以确定的是专利权穷竭只能适用于涉及产品（这里的产品可能包括专利产品、能够实施专利方法的非专利产品及有关专利产品组合）销售的纠纷中。而默示许可原则除了适用于涉及产品（这里的产品包括专利产品、能够实施专利方法的非专利产品及有关专利产品组合）销售的纠纷外，还能够适用于基于专利权人行为的纠纷中。这里的行为包含明确的声明、行为、不作为或在有义务明确说明时的沉默等。在基于行为的专利默示许可纠纷中，并不一定涉及专利产品的销售，只要专利权人及被控侵权人的行为符合一定的条件，即可判定专利默示许可的成立。所以，尽管默示许可的援引相对较难，而又容易被推翻，但其拥有更大的适用空间，而这也正是其制度优势之一。

---

❶ 陈瑜. 专利默示许可与权利穷竭的比较分析——以社会政策背景为视角 [J]. 西南政法大学学报，2016（2）：92-99.

其次，在涉及产品（这里的产品可能包括专利产品、能够实施专利方法的非专利产品及有关专利产品组合）销售的纠纷中，默示许可与权利穷竭的适用容易发生重叠。此外，在具体的纠纷解决中，两者的适用是否会发生重叠乃至冲突，还要视不同国家有关两者区分的态度抑或政策而定。在英国，由于权利穷竭原则和默示许可原则之间没有明确的划分，所以在实践中，英国的司法机关即是以默示许可原则而不是穷竭原则来解决受知识产权保护的产品的销售问题。❶ 而在美国，无论是联邦最高法院还是联邦巡回上诉法院及其他联邦法院，在一些涉及专利产品销售的纠纷中也会适用默示许可原则解决相关问题，不过，默示许可原则更多地被用来作为购买专利产品后的后续使用和修理行为的正当性的理论支撑，而较少探讨其作为后续转售行为的理论支撑的合理性。❷ 而在涉及专用于实施专利方法的产品销售的纠纷中，究竟适用权利穷竭原则还是专利默示许可原则解决，在美国司法实践中依旧存在争议。在 1942 年的美国诉优力威镜头公司案(United States v. Univis Lens Co.)案 ❸(以下简称 Univis Lens 案)中，美国联邦最高法院肯定了首次售出穷竭原则在涉及专利方法的产品销售纠纷中的适用。其认为，不管是专利产品还是非专利产品，消费者购买之后应当获得使用和再售的权利，基于相同的道理，只能实施方法专利的非专利产品的授权销售意味着专利权人对与该产品有关的专利权的放弃。但是美国联邦巡回上诉法院在 1984 年的邦德公司诉艾尔布尔瑟轮胎商贸公司案（Bandag，Inc. v. Al Bolser's Tire Stores，Inc. ）案 ❹（以下称 Bandag 案）和 1999 年的玻璃设备开

❶ 董桂文 . 贸易自由化下的平行进口法律规制研究 [D]. 北京 : 对外经济贸易大学，2006 : 132.

❷ BARRETT M. The United States' donctrine of exhaustion : parallel imports of patented goods [J]. Northern Kentucky Law Review，2000，27（5）: 911-984.

❸ United States v. Univis Lens Co.，316 U.S. 241（U.S. 1942）.

❹ Bandag，Inc. v. Al Bolser's Tire Stores，Inc.，750 F.2d 903，924（Fed. Cir. 1984）.

发公司诉贝斯滕公司案（Glass Equip. Dev. Inc. v. Besten，Inc.）案 ❶（以下简称 Glass Equip. 案）中，则认为首次售出穷竭原则不适用于涉及专利方法的产品销售纠纷中。不过，纵观美国有关司法实践，在涉及专利方法的产品销售纠纷中，首次售出穷竭原则具有一定的适用空间，只不过其适用条件相对严格：有关产品除了实施专利方法外没有其他实质性用途，且专利方法的实施仅需这一件关键产品即可。亦即这一产品承载着专利方法实施的全部使命，购买者购买这一产品后即可实施相关专利方法，无须另行购买其他配套产品。否则只能适用默示许可原则或者其他原则来明确用于实施专利方法的产品购买者适用这一产品实施专利方法的正当性。此外，在涉及专利间接侵权的侵权抗辩中，美国司法实践中主要适用默示许可原则进行侵权抗辩，权利穷竭原则并不适用。德国作为最早在其专利制度中建立独立的权利穷竭原则的国家，在涉及专利产品销售的纠纷中主要适用权利穷竭原则。不过，对于涉及实施专利方法的产品销售的纠纷，德国依然适用默示许可原则予以解决：如果购买者购买的产品的唯一用途是实施专利方法，除非专利权人在销售该产品时提出明确的限制性条件，否则就意味着购买者获得了实施其方法独立权利要求或者其方法专利的默示许可。

综上所述，相对于权利穷竭原则只适用于涉及产品（这里的产品可能包括专利产品、能够实施专利方法的非专利产品及有关专利产品组合）销售的纠纷中，尽管默示许可的援引相对较难，而又容易被推翻，但其拥有更大的适用空间。不过，在具体的司法实践中，专利默示许可的适用范围也可能较小，因为默示许可的合同属性会使专利权人事先采取限制其适用的措施。❷

---

❶ Glass Equip. Dev. Inc. v. Besten，Inc.，174 F.3d 1337，1342 n.1（Fed. Cir. 1999）.

❷ ROVNER A H. Practical guide to application of（or defense against）product-based infringement immunities under the doctrines of patent exhaustion and implied license[J]. Texas Intellectual Property Law Journal，2004，12（2）：227-286.

2.2.1.3 适用条件上的不同

权利穷竭的适用通常要满足两个条件。

（1）相关产品须为专利权人或其被许可人合法售出。因为权利穷竭原则存在的目的之一即为防止专利权人对同一产品主张两次权利：一旦权利人独占实施了将受专利权保护的产品投放市场，则独占权的合理目标已经实现，即权利人已经得到了应得的报偿。此时，任何进一步利用专利权限制商品在市场上的流通的行为都将构成对权利的滥用或对权利的不正当使用。所以"权利穷竭只能由专利权人授权的销售引起"。❶ 侵权产品的销售则不能产生权利穷竭的效果。

（2）专利权人或者其被许可人销售的产品必须为承载专利权本质权利要求的产品。这里需满足两个方面的条件：首先，销售的产品除了实施专利发明外没有其他实质性用途；其次，销售的产品系实施专利发明的唯一主要载体。而销售的产品之所以必须为承载专利权的产品，是因为只有包含专利权的产品才与专利权人专利权实现有关，只有包含专利权的产品首次进入流通领域才需由专利权人控制。在实践中明确权利穷竭原则的适用时，除了对这些条件的审查之外，必要时还需探寻专利权人的意图：如果专利权人意在获得双倍的专利使用费或者增加对专利产品的售后控制，则适用权利穷竭原则；如果专利权人是对专利产品附着的其他专利权权利要求收取专利使用费，便不存在双倍专利使用费的问题。不过在此可以适用默示许可进行相应的侵权抗辩，但认定默示许可后，被控侵权人仍需支付必要的专利许可费。这是因为，权利穷竭原则的概念和宗旨表明，权利穷竭穷尽的只是专利权中的一部分权利，而不是全部。而且，它涉及的只是附载知识产权的有形产品的使用与销售问题，即被穷竭的权

---

❶ United States v. Univis Lens Co., 316 U.S. 241（U.S. 1942）.

利是法律规定的与包含知识产权的商品流通和购买者使用相关的特定范围的权利，就专利权而言主要是销售权和使用权。❶

相对于权利穷竭原则在适用时对专利权本身的考虑，默示许可的认定则依赖于对合同双方信赖和预期的探究，因而需要审查当事人交易行为的全过程，❷ 也因此，在判断是否存在专利默示许可时，法院重点审查与专利权人和被控侵权人合理期待相关的证据。❸ 在实践中，专利默示许可作为专利侵权的抗辩手段，其认定是一个由法院主导的法律问题，法院在审理案件时并没有统一的标准，❹ 不过，就同一类别案件也形成了一定的适用标准。其中，就涉及产品销售的案件而言，要明确专利默示许可的成立需要满足以下条件：①从专利权人或者其被许可人处购买的相关产品除了实施专利发明外没有实质性非侵权用途。②销售的具体情况能够清楚推出默示许可的存在。❺ 就涉及行为的案件而言，明确专利默示许可的适用通常则需满足以下条件：①专利权人的行为使被控侵权人合理地认为专利权人允许其实施有关专利；②被控侵权人因信赖专利权人的这一行为而实施有关专利；③如果支持专利权人的主张对被控侵权人明显不公。❻

2.2.1.4　适用效果上的不同

权利穷竭原则和专利默示许可原则在适用效果上的差异主要表现在两个方面。

❶ 冯晓青. 知识产权的权利穷竭问题研究 [J]. 北京科技大学学报（社会科学版），2007（3）：54-58.

❷ COHEN J E, Lemley M A. Patent scope and innovation in the software industry [J]. California Law Review, 2001, 89（1）：1-58.

❸ JANIS M D. A tale of the apocryphal axe: repair, reconstruction, and the implied license in intellectual property law [J]. Maryland Law Review, 1999, 58（2）：423-527.

❹ Wang Labs., Inc. v. Mitsubishi Elecs. Am., Inc., 103 F.3d 1571（Fed. Cir. 1997）.

❺ Bandag, Inc. v. Al Bolser's Tire Stores, Inc., 750 F.2d 903（Fed. Cir. 1984）.

❻ AT&T Corp. v. Microsoft Corp., 70 U.S.P.Q.2D（BNA）1141（S.D.N.Y. Feb. 2, 2004）.

（1）限制性条件的效力不一样。

就权利穷竭原则而言，在具体的适用中能否为限制性销售条件所排除，各国的态度并不一致。前文已述，英国允许专利权人对其售出的或者经其被许可人售出的专利产品的使用或者转售提出限制性条件，不过，这里的限制性条件不得构成不合理的垄断和对贸易的不合理阻碍。❶ 在美国，明示的限制性条件亦能够排除权利穷竭原则的适用，只不过在实践中，法官对于限制性条件的态度较为慎重，除了对限制性条件的标准提出了明确的要求外——首先，该限制性条件必须是明示的；其次，该限制性条件必须至迟在销售专利产品的同时提出；最后，该限制性条件本身必须是明确的。还明确这种限制性条件具有合同约定的性质，要受反垄断法、合同法、专利法等相关法律及诸如防止专利权滥用之类的衡平原则的制约。这意味着，一方面，违反相关法律和衡平原则的限制性条件是不可实施的，另一方面，对违背法律上有效的限制性条件的行为，专利权人有权获得侵犯专利权或者违反合同约定的救济。❷ 在德国，专利穷竭原则是对专利权的一种本质性限定，不论专利权人在售出其专利产品时是否提出了限制性条件，这样的限定都是存在的。不过法律并不排斥专利权人在销售专利产品时提出限制性条件，但是，在专利权人提出有效的限制性条件的情况下，专利权专利产品的购买者违反专利权人提出的限制性条件属于合同违约问题，而不是侵犯专利权的问题。如果专利权人提出的限制性条件本身违背了权利穷竭原则，则超越了专利权的范围，构成了滥用专利权的问题，因而不具有法律效力。就我国而言，尽管《专利法》第 69 条第一款明确规定："专利产品或者依照专利方法直接获得的产品，由专利权人或者经其许可的单位、个人售出后，使用、许诺销售、销售、进口该产品的，不视为侵犯专利权。"但是，对于专利

---

❶ 徐飞. 经济一体化下的知识产权平行进口的法律规制 [J]. 电子知识产权，2003（1）：48-51.

❷ Mallinckrodt, Inc. v. Medipart, Inc., 976 F.2d 700（Fed. Cir. 1992）.

权人能否在销售时提出限制性条件及限制性条件的效力，无论是立法上还是司法实践中均没有明确。不过理论上通常认为，当专利权人或其被许可人售出专利产品时，不论有没有附加限制性条件，都应当得出专利权被穷竭的结论。❶

就专利默示许可原则的适用而言，由于其本身的合同属性，通常情况下允许专利权人通过提出明确的限制性条件来排除默示许可的适用，而这也是各国实践众所公认的。因此，在涉及产品销售的专利默示纠纷中，如果专利权人能够证明其在产品销售之初就对产品的使用抑或转售提出了明确的限制性条件，那么就可以排除相关的默示许可。

如此，就限制性条件的效力而言，权利穷竭和默示许可之间并不是泾渭分明。相反，无论在哪一个国家，其都并非一个事实判断问题，而是一个受公共政策考量、多方利益权衡的价值判断问题。❷ 笔者认为，就我国而言，为了实现权利穷竭原则的制度价值，至少应当否认限制性条件排除权利穷竭适用的效力。

（2）适用结果的确定性不一样。

首先，适用默示许可的结果存在不确定性。因为默示许可的认定是一个由法院主导的法律问题，而法院对于适用默示许可的态度并不明确。❸ 与其他任何默示合同一样，实践中对专利默示许可的判定，只能根据具体情况做出，由法官个案认定，❹ 具体认定时需要对案件涉及的各种情况进行综合分析，包括当事人的行为、可适用的书面协议或信件中的条款或内容、当事人的合理期待、

---

❶ 李建华. 我国知识产权权利穷竭制度的立法设计——基于知识产权法典化的思考 [J]. 法学论坛，2011
（2）：113-118.

❷ 陈瑜. 专利默示许可与权利穷竭的比较分析——以社会政策背景为视角 [J]. 西南政法大学学报，2016
（2）：92-99.

❸ HUGHEY R C. Implied licenses by legal estoppel [J]. Albany Law Journal of Science & Technology，2003，
14（1）：53-80.

❹ 鹿海燕. 浅析专利默示许可制度 [J]. 社科纵横（新理论版），2013（2）：117-118.

法律规定、公共政策、交易习惯等，因此，要想在诉讼结束之前肯定地预测是否存在默示许可通常是很困难的。

而适用权利穷竭原则，尤其是在将权利穷竭原则上升为法律规定的国家，其结果具有确定性。不管专利权人是否提出了限制性条件，专利产品首次销售后专利权人的相关权利即告穷尽。❶ 不过，在因英美法系国家，适用结果上的这种区别则相对较小。因为一方面，专利权人做出的限制性条件可能排除权利穷竭的适用；另一方面，在这些国家，权利穷竭原则并非作为一个普通法原则被遵循，在具体的司法实践中，是否适用权利穷竭，如何适用及适用结果如何，仍旧交由法官个案认定。

2.2.1.5　制度功能上的异同

前文已述，在衡平法上，权利穷竭与默示许可在一定程度存在内在的一致性，之所以将专利权穷竭单列出来发展成为独立的法律原则的原因，更多的是基于专利政策的考虑，而实现这些政策目标，正是权利穷竭原则的制度价值所在。具体而言，权利穷竭原则的首要目标在于，通过协调知识产权与物权之间冲突促进商品的流通与使用。权利穷竭原则划分了智力创造性成果的所有人和智力创造性成果的有形表达的所有人，并在附载知识产权的产品首次进入流通后将知识产权人的权利限制于生产领域。体现了知识产权人对知识产品的垄断权与社会公众对物的充分利用之间寻求的平衡。❷ 如果没有权利穷竭原则的这一限制，专利权人不仅对专利产品市场享有绝对的控制，还可控制随后的购买者，这将购买者遭受侵权指控的情况面临很大的不确定性，进而影响专利产品的使

---

❶ 严桂珍.我国专利平行进口制度之选择默示许可 [J].政治与法律，2009（4）：83-90.

❷ 冯晓青.知识产权的权利穷竭问题研究 [J].北京科技大学学报（社会科学版），2007（3）：54-58.

用和流通。❶ 其次，权利穷竭原则能够有效防止专利权人滥用专利权，对附着专利权的产品进行两次收费。一般情况下，对购买者而言，购买专利产品之目的即为使用该产品，使用是购买的必然结果。如果允许专利权人对具有实质性技术特征相同的不同专利上的权利要求分别收取使用费，实质上就产生了专利权人对同一发明创造收取两次费用，进而实现产品的售后控制。❷ 尽管默示许可原则在促进商品流通和防止专利权人两次收费方面发挥一定的作用，但是囿于其在适用上的不确定性，默示许可原则难以发挥与权利穷竭原则同样的作用。

专利默示许可的制度功能则体现在两个方面。首先，基于其自身的合同属性，默示许可原则具有与合同默示条款同样的制度功能：确保合同公正且合理履行。合同的订立是当事人双方合意的体现，旨在实现当事人愿望和需求，但由于当事人相关经验及合同知识欠缺、地位不均等因素，合同的完备性与公平性难以完全满足，合同的目的难以全面实现，而默示条款在尊重和保护合同双方意思自治的前提下，充分实现公正与诚信，通过将习惯上的合理性、事实上的必要性及法律上的强制性融入合同内容的推断过程中，确保合同上的权利义务关系能够更加符合公平正义之要求。❸ 其次，源于禁止反言原则的专利默示许可原则符合诚实信用原则和衡平法的价值理念，因而更有利于实现对相对人信赖利益的保护。禁止反言原则禁止一个人试图否认其先前授予的财产或者有关利益，或者背弃其先前做出的使他人对之产生信赖作用的承诺，专利默示许可原则同样贯彻着禁止反言原则之精神，专利权人一方如果以某种行为（尽管

---

❶ BIRDWELL W A. Exhaustion of rights and patent licensing market restrictions [J]. Journal of the Patent Office Society, 1978, 60（4）: 203-229.

❷ OSBORNE J W. A coherent view of patent exhaustion: a standard based on patentable distinctiveness [J]. Santa Clara Computer & High Technology Law Journal, 2004, 20（3）: 643-694.

❸ 齐恩平. 合同的默示条款 [J]. 当代法学, 2000（2）: 64-65.

没有明示）表示其将许可他人实施专利，并导致他人而为此种信赖，那么基于诚实信用原则和衡平法之禁止反言原则，则不允许权利人出尔反尔，推定其授予了实施专利之默示许可，哪怕此种推定与事实有违。❶此外，专利默示许可作为一项专利法原则，有利于发明创造的推广利用。对保护客体存在一种"推广利用"的需要，是专利权与其他知识产权之间十分重要的区别点，专利权的保护客体是科学技术发明创造，一项发明创造被实践证明有价值后，从国家、社会和广大民众的利益出发，应当鼓励其推广应用，一般而言，发明创造总是用得越快越好，越广泛越好。默示许可原则在推动发明创造的推广利用方面具有独立的价值：不同于强制许可等法定许可，专利默示许可在促进专利实施的同时，既保护专利实施人的信赖利益，也对专利权人的合理期待予以充分考虑，因而更能实现专利实施各方当事人的利益平衡。

除了在制度功能上的不同之外，专利默示许可原则与权利穷竭原则之间在制度功能上亦存在相同之处。首先，作为侵权抗辩手段，无论在英美法系还是在大陆法系，在专利侵权实践中，赋予被告抗辩权是权利穷竭和默示许可原则的最基本功能。其次，默示许可和权利穷竭对于被控侵权人而言是一种侵权抗辩，而对于专利权人而言，则是对其权利的限制。因此对于防止专利权滥用而言，两者均具有权利限制功能。❷

2.2.2　专利默示许可与相关专利许可之间的比较分析

专利许可是专利制度中促进专利技术实施和运用的主要手段，我国最常见

---

❶ 陈瑜.专利默示许可：责任规则的新类型 [C] // 中国知识产权法学研究会.中国知识产权法学研究会 2015 年年会论文集.北京：中国人民大学知识产权学院，2015：22-29.

❷ 陈瑜.专利默示许可与权利穷竭的比较分析以社会政策背景为视角 [J].西南政法大学学报，2016（2）：92-99.

的专利许可方式是普通许可，即专利权人与被许可人之间通过签订专利许可使用合同来实现专利技术的实施和运用。除此以外，还包括国家从公共利益角度出发，所制定的具有明显强制性特点的强制许可制度；❶ 既尊重专利权人的意思自治，也为专利交易提供了信用保障的专利当然许可；及通常作为一种专利侵权抗辩手段，既体现当事人的意思自治，又在一定程度上体现公平原则和诚信原则的专利默示许可。本节将专利默示许可与强制许可和当然许可进行比较，进而加深对专利默示许可制度的理解。

2.2.2.1　专利默示许可与专利强制许可

专利强制许可，系国家机关在特定情形下依法定条件和程序直接批准专利权人之外的其他人使用该专利，而无须经过专利权人的同意，但是获得批准的使用人应当支付一定的许可使用费。与专利默示许可相比，尽管都属于对专利权的限制，且均属于专利许可范畴，但是两者存在明显的区别。

1. 适用情形上的不同

在何种情况下可以颁发专利强制许可是整个专利强制许可制度的核心问题，如果规定过于宽泛的颁发事由，将会导致强制许可制度被滥用，严重损害专利权人的利益，进而削弱专利法的激励创新的作用。如果规定过于严格，则不能充分发挥强制许可制度的作用，不利于专利发明的利用和传播，最终损害社会公共利益。因此，专利强制许可的适用事由具有法定性，通常由各国参照 TRIPS 协议相关规定在各国专利法中做出明确的规定。TRIPS 协议第 31 条则提出颁发强制许可的数项事由，如拒绝许可、国家紧急状态和极其紧急情势、非商业性的公共使用、依赖性专利等，但是，该协议并没有限制成员规定使用强制许可制度

---

❶ 刘倩倩. 我国专利当然许可制度之构建研究 [D]. 北京：中国政法大学，2016：1.

的理由，❶因此，只要在遵守 TRIPS 协议要求的条件下，WTO 成员可以灵活地规定启动强制许可制度的理由。作为 WTO 成员方，我国《专利法》明确规定了可以申请专利强制许可的六种具体事由：对知识产权人未实施或未充分实施其知识产品、国家出现紧急状态或者非常情况、非商业性公共使用、纠正反竞争行为的需要、存在依赖性专利和公共利益需要等六大强制许可事由。与专利强制许可的适用情形具有法定性不同，专利默示许可存在的范围似乎难以界定，一切存在专利利用的领域或许都有专利默示许可存在的空间，而且法律对专利默示许可的适用没有明确限制，在具体的实践中只要符合特定的适用条件即可构成专利默示许可。不过，经过多年的实践发展，专利默示许可的主要适用情形已相对明确：基于技术标准或技术推广而产生的专利默示许可、基于产品销售而产生的专利默示许可、基于产品修理而产生的专利默示许可、基于先前使用而产生的专利默示许可、基于原有协议而产生的专利默示许可等。

2. 许可的范围不同

首先，专利强制许可实际上许可的是完整的专利实施权，包括制造权、使用权、许诺销售权、销售权和进口权。在这些权利中，前四项权利的关系非常密切，具有很高的关联度，所以无论是自愿许可还是强制许可，往往会一并许可使用这四项权利或全部五项权利。因此，专利强制许可的实施范围已涵盖专利实施权的全部内容。而默示许可的许可范围并不确定，而且在不同类型的专利默示许可中，其许可范围存在较大区别。例如，在基于技术标准或技术推广而产生的专利默示许可中，许可的范围与强制许可相同，通常情况下应为完整的专利实施权；而在基于产品销售而产生的专利默示许可中，许可的范围则主要包括销售权和使用权。

---

❶ 林秀芹. 中国专利强制许可制度的完善 [J]. 法学研究，2006（6）：30-38.

其次，实施强制许可生产的产品应主要供应国内市场。尽管近年来 WTO 在某些方面适当放宽了对产品主要供应国内市场的要求，但是由于颁发强制许可证的目的，是为了解决知识产权保护与颁发强制许可的国家或地区社会公共利益的冲突，保障广大公众接触受知识产权保护的知识产品的权利，尤其是《伯尔尼公约》及 TRIPS 协议等国际公约有关强制许可的规定，主要是给予发展中国家的特殊优惠待遇。因此，有必要要求被许可人将生产的产品主要供应颁发强制许可证的国家国内市场。对此，TRIPS 协议第 31 条（f）款也做了原则性规定："任何这类使用，均应主要为了供应该许可成员的国内市场需要。"而专利默示许可的许可范围是否限制在国内市场，到目前为止并无定论，尤其是在适用基于产品销售和使用而产生的专利默示许可时，由于专利产品作为商品的一种，其流通性不能被无端限制，当专利产品流向国外市场时，是否能够基于对专利产品的使用而产生实施专利发明的默示许可则主要取决于各国专利法实践中的态度。

3. 许可成立和终止上的不同

正是由于专利强制许可制度的特殊意义及其法定性，各国法律在专利强制许可的成立和终止上均规定了复杂的程序，只有经过法定的程序并经主管机关的审查决定专利强制许可方可成立或者终止。此外，专利强制许可的实施中还存在一个特别终止事由，即当专利权人实施其专利权或者自愿许可他人实施其专利权，导致强制许可的事由不复存在，强制许可证即应终止。作为一种侵权抗辩手段，专利默示许可如何成立及何时成立，通常由司法机关或者相关行政主管机关在具体的案件中通过考察当事人的行为及其他因素综合判定，因而并不存在特定的程序性要求。至于已经成立的专利默示许可何时终止，司法机关或相关行政主管机关通常并不干涉，由相关当事人通过协商确定，抑或在相关纠纷中由司法机关或相关行政主管机关通过判决或决定的形式明确。

4. 制度功能上的不同

专利强制许可制度的实质在于对知识产权这种私权的保护和包括知识产权人的竞争者在内的社会公众对以知识产权为基础的知识和信息接近的利益平衡。因此，知识产权法在充分保障知识产权人的私权利的同时，能够兼顾社会公众的公权利需要，最终达至促进整个社会经济文化进步的目标。根据强制许可的事由，其价值涉及促进专利技术的传播和使用、反对垄断维护公平竞争秩序及对于人类基本健康权的尊重等，❶ 因此专利强制许可制度系为了实现这些目标对专利权人权利的一种法定限制。此外，强制许可制度还具有强大的威慑和劝阻作用，即使实践中真正颁发强制许可证的情况不多，但是由于有强制许可制度的存在，知识产权人知道如果自己滥用知识产权，可能会导致强制许可证的颁发，一般就会比较主动合作达成自愿许可，从而实现知识产权人的权利得到完整保护和其他人对知识产品合理需要得到满足的双赢结果。尽管专利默示许可作为专利权限制的一种，在防止专利权人滥用专利权，促进专利技术的使用和传播方面亦具有重要价值，但是，专利默示许可制度更多的是将诚实信用原则、禁止反言原则融入基本的事实判断中，因而更加注重对公平原则、诚信原则乃至衡平原则的遵循。此外，相对于专利强制许可，专利默示许可在利益平衡的同时更加注意对相关当事人真实意思的尊重。

除却这些不同之处，专利默示许可和专利强制许可两种制度在某些方面亦存在相同之处。首先，两种制度均在一定程度上防止和限制专利权人滥用其专利权，促进发明创造的实施和推广应用，同时有利于实现专利权人利益与社会公众利益之间的平衡。其次，尽管两者在不同程度上限制了专利权人权利的行使，但是均保留了专利权人获取专利许可使用费的权利。此外，两者的法律形

---

❶ 陈瑜. 专利默示许可：责任规则的新类型 [C] // 中国知识产权法学研究会. 中国知识产权法学研究会 2015 年年会论文集. 北京：中国人民大学知识产权学院，2015：22-29.

式后果相同。就专利强制许可而言，尽管许可合同作为强制许可程序在法律关系上的最终结果，并没有在现有法律规则中体现出来，但是无论是强制许可的决定还是许可费的裁定，最终都应具化为专利技术的实施，就专利强制许可的成立及具体实施内容明确之后的许可实施而言，专利权人与强制许可申请者（实施者）之间已不再涉及行政关系，相反应过渡为民事关系，由合同法进行调整，所以，强制许可的法律形式后果是协议或合同。❶ 就专利默示许可而言，无论是理论上还是实践中，其合同属性已经得到了一致的认可——一旦明确专利默示许可的存在，就当事人之间的关系及由此而产生的任何诉讼而言，都必须认定为合同关系，而非侵权关系。❷

2.2.2.2　专利默示许可与专利当然许可

所谓专利当然许可，是指专利权人向专利局申请并经批准后，由专利局进行当然许可公告，允许任何第三人在支付相应的许可使用费及满足其他实施条件后使用该专利，专利权人不得以其他理由拒绝许可。❸ 相对于专利强制许可和专利默示许可，其系由专利权人主动声明做出的许可，因而被看作是一种自愿许可。与专利默示许可相比，两者亦存在诸多不同之处。

1. 性质上的不同

首先，当然许可是在专利权人意思自治的基础上实行的许可，专利权人可以基于自身利益、专利的性质、专利的市场价值等因素考虑，自由选择是否对专利进行当然许可，具有相当大的自由度。同时，专利权人也可以选择撤回当

---

❶ 康添雄 . 专利强制许可的公共政策研究 [J]. 科技进步与对策，2013（6）：103-107.

❷ De Forest Radio Tel. Co. v. United States，273 U.S. 236（U.S. 1927）.

❸ 李文江 . 我国专利当然许可制度分析——兼评《专利法（修订草案送审稿）》第 82、83、84 条 [J]. 知识产权，2016（6）：91-95.

然许可，不过许可的撤回不能影响到在先被许可人的权益。专利默示许可则不必然体现专利权人的意思自治，甚至在某些情况下，专利默示许可被视为对专利权人特定行为的惩罚。其次，专利权人获得当然许可后，任何个人或企业均可以获得当然许可，因此具有一定的开放性。专利默示许可成立后，在通常情况下只有被许可人有权实施专利。此外，专利当然许可在一定程度上体现了专利实施的公平性。因为专利具有专有性和排他性，专利权人可以凭借其智力成果就某种产品或销售取得市场优势地位，甚至是垄断地位，专利权人有可能滥用这种市场优势地位或垄断地位，在进行专利许可的时候，刻意将许可费提高到极不合理程度，以限制和排除竞争对手的市场进入。而在当然许可的情形下，被许可人都是以相同的价格获得许可，不存在不同被许可人具有不同的许可费，保证了市场的有公平竞争。❶专利默示许可则不能体现这种公平性，其所实现的公平仅为民法意义上相关当事方之间的公平对待。总的来讲，专利当然许可是在国家层面上进行的，其体现了更多的公共利益需求，因而在其成立、实施直至终止的过程中，均离不开公权力的介入。而专利默示许可则属于纯粹私法领域的问题，因此更多地受到私法原则的指导。

2.许可产生与终止的机制和程序不同

专利当然许可具有一定的法定性，其成立、实施乃至终止均需满足相关法律规定。具体而言，首先，专利权人申请当然许可必须以书面方式提出，并应事先明确许可使用费率，然后经国家专利行政主管部门的审查批准方可生效。同时，作为当然许可客体的专利不得有法律上的瑕疵，不得已授予他人独占许可。专利权人就该专利已授予他人普通许可的，在提交当然许可请求前应征得所有

---

❶ 曾莉，张菊.第四次专利法修改背景下当然许可制度研究 [J].中国发明与专利，2016（5）：59-64.

相关被许可人的同意。❶ 其次，第三人按照公告要求提交许可费并满足相关条件的，专利权人不得以任何理由拒绝许可，且在当然许可期间，专利权人不得就该专利给予独占或者排他许可。再者，尽管专利权人可以撤回当然许可，但是其撤回申请应经过国家专利行政主管部门的审查批准，且撤回后不得影响在先给予的当然许可的效力。最后，基于当然许可的宗旨，有当然许可的专利权被侵害时，专利权人或利益相关人提起侵权诉讼时，只要被告答应接受当然许可，法院不得签发临时或永久禁令，而只能要求侵权人进行赔偿。❷ 法律对专利默示许可的成立及终止并没有做出明确的要求。

3. 制度功能上的不同

尽管在当然许可制度中，被许可人是有意愿实施专利、能够支付专利使用费的任何人，这样的制度架构，使得专利权人丧失了选择被许可人的权利。但是，专利当然许可制度是在国家层面上进行的，专利权人通过申请，由国家知识产权局统一公布当然许可的相关信息，为潜在的被许可人提供全国范围内的专利信息，从而在最大范围内实现专利当然许可的信息交流和共享，解决以往交易平台在信息交流方面的缺陷。同时借助国家专利行政部门的公信力，为专利交易提供更有力的保障。❸ 此外，当然许可能够使需求方以公平、合理、无歧视的许可费和便捷的方式获得专利许可，降低双方许可的谈判难度，大幅降低了专利许可谈判的难度和交易成本。❹ 对社会公众而言，专利权实施成本降低就意味着市场可以提

---

❶ 文希凯 . 当然许可制度与促进专利技术运用 [G]. 专利法研究（2011）：国家知识产权局条法司，2012：232-243.

❷ 吴艳 . 专利当然许可制度构建中的相关问题研究——兼评《专利法修订草案（送审稿）》[J]. 中国发明与专利，2016（5）：65-67.

❸ 唐蕾 . 我国建立专利当然许可制度的相关问题分析——以《专利法》第四次修改草案为基础 [J]. 电子知识产权，2015（11）：26-33.

❹ 胡建新 . 我国专利当然许可制度的构建 [J]. 知识产权，2016（6）：86-90.

供更多价廉物美的新产品或新技术，社会公众也能从中获益。❶ 而相对于专利当然许可制度所彰显的潜在的公共利益价值，尽管专利默示许可制度在促进专利实施方面功不可没，但其更多的是在私法自治的范围内，通过将诚实信用原则、禁止反言原则融入基本的事实判断中，维护具体许可当事人之间的利益平衡。

2.2.3 专利默示许可与其他知识产权默示许可的区别和联系

专利权是知识产权中独一无二的一种权利保护形式，只有它提供的权利保护包括了禁止他人就同一主题或内容完成的真正独立创造，与此同时，专利权的保护要有利于其客体也就是发明创造的推广利用。所以，其他形式知识产权的默示许可与专利默示许可有着重大区别。在法院可能认定存在专利默示许可的情况下，对专利以外的其他知识产权可能并不产生默示许可。一则是因为这些知识产权的特征导致默示许可并无必要，二则因为在此情况下，对其他知识产权的默示许可毫无意义。❷ 但是默示许可原则并非仅仅适用于专利侵权案件中，在其他知识产权侵权案件中默示许可原则也均有一定的适用空间。为了进一步研究专利默示许可，有必要探讨专利默示许可及其他类型知识产权默示许可（这里主要探讨专利默示许可与版权默示许可、商标权默示许可）的区别与联系。

2.2.3.1 专利默示许可与版权默示许可的区别与联系

1. 适用范围上的区别与联系

专利法上的实施在内容上十分丰富，仅从商品流通的角度看，专利实施包

---

❶ 马碧玉. 专利实施许可制度比较考察 [J]. 云南大学学报（法学版），2015（4）：13-18.

❷ 德雷特勒. 知识产权许可（上）[M]. 王春燕，译. 清华大学出版社，2003:188-189.

括了整个流通领域（制造、使用、销售、进口等）的每个环节。与此同时，专利产品不仅仅是专利的载体，专利产品本身的构造、性质、功能直接体现着专利的创造性、实用性和新颖性，其销售、使用直接关系到对专利的实施。❶ 因此，在涉及专利产品销售的情形中，从满足一定条件的行为中可以推出使用、再售或者对专利产品进行修理的默示许可；在涉及实施专利方法的非专利产品的销售中，从满足特定条件的行为中可以推出实施专利方法的默示许可。而默示许可通常不能从版权产品的销售本身产生，原因有二：第一，版权的所有权，或者根据版权所产生的任何专有权，均与体现作品的物质载体的所有权相区别，任何物质载体的销售行为本身并不包含对实施体现在该载体中的任何权利的默示许可；第二，版权法中的权利穷竭原则只是穷尽了版权法上的发行权及公共展览权的特定方面，而复制权、作品演绎权等则完全保留。此外，对损坏的版权载体的修理本身并不影响到版权人的任何权利，因此，也不存在版权默许修理的适用空间。

而且，在专利法司法实践中，如果专利权人先前存在允许他人使用专利的行为，他人基于先前使用行为而主张对事后取得的专利获得默示许可，将得到法院的支持。而在有关版权的司法实践中，并不存在类似的情形。因为，每一种版权作品都是各自独立的，作品的版权保护仅仅涉及由作者所赋予的表达特色，❷ 先前使用作品者无法获得版权人后续创作作品的默示许可，因为作者的后续创作行为（如演绎行为）同样体现了独创性，属于新创作的作品，原作品的使用者如果想使用作者新创作的作品，必须向著作权人提出单独的许可请求。

尽管在一些能够适用专利默示许可的情形下并不能推出版权默示许可，但版权默示许可与专利默示许可也存在诸多类似的适用情形，尤其是在依据禁止

---

❶ 王国柱.知识产权默示许可制度研究 [D].长春：吉林大学，2013：72.

❷ 德雷特勒.知识产权许可（上）[M].王春燕，译.清华大学出版社，2003：189.

反言理论推出的默示许可方面，只要符合具体的适用条件，版权默示许可与专利默示许可拥有同样的适用空间，其适用的具体条件也存在相通之处，且依据禁止反言理论判定默示许可的存在时，都重点考察当事人的合理期待，而适用的目的在于保护相关当事人的信赖利益。

2. 适用功能上的区别与联系

根据《专利法》第 1 条的规定，制定专利法的宗旨之一即为"有利于发明创造的推广利用"，因为，就专利制度存在的终极目的——推动科学技术的进步而言，单纯的技术进步和创新并不能保证此目的的实现，必须通过技术的社会应用才能实现。因此，在对专利权提供保护的同时，应当秉持有利于其保护客体，也就是发明创造的"推广利用"的宗旨。❶ 而默示许可原则在推动发明创造的推广利用方面具有独立的价值：不同于强制许可等法定许可，专利默示许可在促进专利实施的同时，既保护专利实施人的信赖利益，也对专利权人的合理期待予以充分考虑，因而更能实现专利实施各方当事人的利益平衡。因此，在专利法司法实践中，在判定是否适用默示许可时，基于促进专利实施的考虑，法院在充分考察案件各方当事人合理期待的基础上，倾向于判定默示许可的成立。随着专利密集型产业的不断发展，专利的标准化已经成为知识经济时代的必然趋势，当某一标准的制定无法回避受到专利权保护的技术时，专利标准化中公共利益与私有权益之间的博弈不可避免，并对市场竞争和创新活动带来了一系列问题，此时默示许可原则的适用既能保障专利权人利益，又能兼顾标准实施中公共利益的实现，因而对专利标准化下保障标准的实施，促进专利技术的推广应用具有积极意义。

在版权法发展史上，默示许可原则最初的制度价值主要在于平衡具体许可

---

❶ 尹新天 . 专利权的保护 [M]. 2 版 . 北京 : 知识产权出版社，2005 : 3.

当事人的利益关系，但随着科学技术的不断发展，传播技术的不断进步，版权得到了极大的扩张，尤其是进入数字技术网络时代以来，版权的大幅扩张已引起社会公众的普遍关注。当版权人企图将数字技术下的临时复制也纳入著作权中的控制范围时，原有的利益平衡岌岌可危，版权法的正当性危机也迫在眉睫。而此时，版权默示许可制度特殊的许可推定机制，既能够给社会公众利益划拨一定的制度空间，也为版权人的利益维护留下了制度窗口。相对于默示许可原则在促进专利技术的推广应用中的独有功能，版权默示许可的适用更侧重于在新技术条件造成版权不断扩张的背景下，通过遏制版权限制制度的萎缩恢复版权法上业已失衡的利益平衡机制。❶

当然，无论是专利默示许可，还是版权默示许可，其最基本的功能在于确保合同公正且合理履行。默示许可来源于合同法上的"默示条款"，其在尊重与保护合同双方意思自治的前提下，充分实现公正与诚信，通过将习惯上的合理性、事实上的必要性及法律上的强制性融入合同内容的推断过程，确保合同上的权利义务关系更加符合公平正义之要求，达到利益平衡的目的。❷ 除此之外，默示许可最重要的价值之一在于，默示许可原则通过推定许可的成立排除了侵权规则的适用，但许可的存在保留了权利人获取对价的权利，同时也不会剥夺权利人意思表示的真实表达，因而也最大限度地维护了知识产权人的利益。

2.2.3.2　专利默示许可与商标默示许可的区别与联系

商标法的保护对象与专利法和版权法不同，后二者保护的是基于智力成果的创造而产生的专有权，而商标法保护的是商标所代表的提供该种商品或者服务的企业商家的商业信誉识。商标法的立法目的在于通过将商标与特定

---

❶ 郭威. 版权默示许可制度研究 [M]. 北京：中国法制出版社，2014：49.

❷ 齐恩平. 合同的默示条款 [J]. 当代法学，2000（2）：64-65.

商品建立联系，防止消费者混淆，在保护商品生产者利益的同时保障以消费者为基础的社会公共利益。在近代商标法上，尽管许可使用已经成为商标权利用的一种重要方式，但是，商标法的基本原则要求商标适用许可人对被许可人根据该商标生产的产品或提供的服务在种类和质量上进行控制。如果没有进行控制，那么商标许可就可能是一种未保护商誉的"单纯许可"，这可能导致商标权利的丧失。因此，为了使许可人对根据许可商标生产的产品或提供的服务在种类和质量上进行必要的控制，法院在判决认定商标权默示许可的同时，还会为当事人起草一份合同。因此，除非存在某种基础，诸如事先存在的合同或长期稳定的商业关系，以加强该种合同义务，否则，商标的默示许可是大有疑问的。因此，相对于专利默示许可相对宽泛的适用范围，商标默示许可的适用范围相对狭窄。

与此同时，商标作为一种彰显商业信誉的标记，商业信誉由诸多因素决定，包括产品或服务的质量、经营管理的方式、宣传广告的普及程度、产品或服务的发展历史等，这些因素与商品标记本身的设计并没有什么直接关联，商标的属性决定了它就是要突出个性，形成区别。无论对商标标记本身而言，还是对其代表的商业信誉而言，都没有推广使用的要求。因而，在相关商标侵权案件中，如果没有足够充分的理由，法院通常不会判定商标默示许可的成立。❶

此外，尽管在涉及产品销售的情形中，存在适用商标默示许可的可能，但相对于专利默示许可的内容包含使用、再售乃至修理专利产品，这里的默示许可的内容仅限于在特定情形下对商标权的使用，例如，通常情况下允许标注商标的产品的购买者再售时在其为该产品所做的广告中使用生产商的商标。且基于商标的主要功能之一即为彰显商品的质量，因此，在标注商标的产品销售后，不允许购买者对损坏的商品进行维修后在再售时使用该商标。

❶ Arthur Murray, Inc. v. Horst, 110 F. Supp. 678（D. Mass. 1953）.

2.3　专利默示许可制度的缘起与发展

专利默示许可作为一种专利侵权抗辩手段，起源于 1843 年的美国，最初主要在涉及雇员发明实施权的案件中作为雇员发明实施权原则的理论基础被法院适用。19 世纪后期，基于销售形成的默示许可开始进入英美国家专利侵权抗辩的视野中，❶ 并以此为理论基础形成了专利权权利穷竭原则。与此同时，在涉及维修、再造的专利侵权案件中，法院在解释默许修理的合法性及对维修与再造进行区分时亦不断援用默示许可理论进行分析，❷ 而默示许可理论也成为默许修理原则的重要理论支撑。随着司法实践的发展，在 20 世纪初，以禁止反言原则为基础的专利默示许可开始出现，❸ 经过一个世纪的发展和丰富，如今已经成为实践中专利默示许可的主要适用类型。

2.3.1　专利默示许可作为雇员发明实施权理论依据的产生与发展

专利默示许可作为证明雇主实施雇员发明正当性的理论依据，源于 1843 年美国的麦克卢格诉金斯兰案（McClurg v. Kingsland）案❹，在该案中，哈利（Harley）作为被告的原雇员，是一项关于冷却辊和其他金属缸的铸造方式的发明的专利权人，该项专利技术系其在被告处工作期间利用被告的物质设备进行的发明，该发明被用于被告的铸造车间，哈利的工资因此增加。期间哈利曾提议被告应该通过购买其手中相应权利的方式取得专利权，但遭到了被告的拒绝，

---

❶ Betts v. Wilmott，[1871] 6 Ch App. 239，245；Adams v. Burke，84 U.S. 453（U.S. 1873）.

❷ Aro Mfg. Co. v. Convertible Top Replacement Co.，365 U.S. 336（U.S. 1961）.

❸ See De Forest Radio Tel. Co. v. United States，273 U.S. 236（U.S. 1927）.

❹ McClurg v. Kingsland，42 U.S. 202（U.S. 1843）.

然而哈利并没有因此要求被告另行支付使用其发明的报酬，也没有通知他们不能使用该发明，而是继续在被告的铸造车间工作，直到因为其他问题双方之间发生了误解导致哈利离开铸造车间。此后哈利将专利权转让给了原告，但被告在生产轧辊的过程中并没有停止使用相关专利发明，直至 1835 年 10 月，在没有任何通知的前提下，原告起诉被告侵犯其专利权。在该案的一审中，尽管依据相关法案❶的规定——如果在申请专利技术前，该技术已经被公开使用，专利本身是无效的，但巡回法院并没有遵循这一逻辑，相反根据案件事实认为："本案当事人行为的结果相当于对被告使用专利技术的许可，因此被告的行为不构成对专利权的侵犯，许可的推定也将赋予被告继续使用专利技术的权利，但这一权利仅及于被告而不能扩张至一般社会公众。"在二审中，美国联邦法院对这一观点予以了认可："这一解释一方面能够保护通过合法途径在先使用专利技术的人得到专利侵权豁免；另一方面，能够有效保护专利权人的权利，使其专利权免受其他人的侵害。"

而在 1886 年的哈普古德诉休伊特（Hapgood v. Hewitt）案❷ 中，美国联邦法院直接将雇主对雇员专利发明的实施权解释为默示许可。此后，在类似案件中，默示许可作为证明雇主实施雇员专利发明正当性的重要理论支撑，不断地被美国联邦法院及其他法院所适用,❸ 并以此为基础形成了美国普通法上的雇员发明实施权原则——这一默示许可或者说雇员发明实施权，能够使雇主在雇员离开之后依据雇员离开前的方式继续使用相关发明时免于被专利权人起诉侵权，

---

❶ Harley 申请专利之前的 1793、1800、1832、1836 法案。

❷ Hapgood v. Hewitt, 119 U.S. 226（U.S. 1886）.

❸ Gill v. United States, 160 U.S. 426（U.S. 1896）; Am. Circular Loom Co. v. Wilson, 198 Mass. 182（Mass. 1908）; Hazen Mfg. Co. v. Wareham, 242 F. 642（6th Cir. Mich. 1917）; Hutton v. Omaha, 111 Neb. 850（Neb. 1924）; United States v. Dubilier Condenser Corp., 289 U.S. 706（U.S. 1933）; Wommack v. Durham Pecan Co., 715 F.2d 962（5th Cir. Tex. 1983）, etc.

法院无须对专利权的归属做出裁判，雇主可以基于其付出获得继续使用发明的权利，同时确保雇员享有的专利权的完整性。● 不过作为雇员发明实施权的理论依据，这里的默示许可是一种针对特定主体的、不可转移的许可，因而对于高校等不具备发明实施条件的主体来讲，这一默示许可并没有什么意义——他们并不能将这一许可转让给其他具有实施条件的主体来获得利益。●

2.3.2　专利默示许可作为权利穷竭原则理论依据的产生与发展

专利默示许可作为权利穷竭原则的理论依据，最早出现在英国 1871 年的贝茨诉威尔莫特（Betts v. Wilmott）案：在该案中，专利权人贝茨（Betts）拥有一项关于将锡金属膜和压缩在一起的铅覆盖的软木塞和颈瓶的专利，其在英国和法国分别申请专利的同时，在这两个国家及比利时开设工厂生产相关专利产品。被告威尔莫特（W. Willmott）系一个零售药店，因其销售的厕所清洗剂所使用的密封瓶子与原告制造的密封瓶子类似，被指控侵犯了贝茨的专利权。依据英国相关法律，专利权人可以将专利产品在国内销售也可以销售至国外，且可以将在这一国家销售的产品进口至其他国家使用或再售，但如果专利权人在这一国家就专利权的实施进行了许可，则不允许相应的平行进口，否则会损害相关被许可人的利益。在该案中，贝茨虽然其能证明被告销售的专利产品不是来自其在英国设立工厂，但没有证据证明是否来自于其在法国设立的工厂。而

● TAKENAKA T. Serious flaw of employee invention ownership under the bayh-dole act in Stanford v. Roche: finding the missing piece of the puzzle in the german employee invention act [J]. Texas Intellectual Property Law Journal，2012，20（2）：281-326.

● SIMMONS J L. Inventions made for hire [J]. New York University Journal of Intellectual Property & Entertainment Law，2012，2（1）：1-50.

被告指出，原告在法国也销售类似的瓶子，且两种瓶子之间没有明显的区别标识，其使用的瓶子应为原告生产的。对此，法院认为："尽管依据英国法律，如果专利权人在法国进行了专利许可，则为了保护被许可人的利益，不允许专利权人将专利产品进口至法国。但该案不存在需要'保护被许可人的利益'的情形，因为无论是法国的工厂还是英国的工厂均为专利权人所有，那么除非专利权人能够证明在其与专利产品购买者之间存在明确的相反约定（而非其向代理商发出的指示），不然，因为其有权在法国、英国、比利时或者地球上的任何国家销售其专利产品，产品购买者在产品购买的同时即获得了在购买者希望的任何地方使用的许可。所以，在买受人购买了其预期能够支配的物品的情形下，除非存在与这种预期相反的清楚而明确的约定，以证明销售者的下述主张具有正当理由：其并未给予买受人出售该物品，或者以任何购买者愿意的方式使用该物品的许可。否则依据英国法，即使买受人不能够对抗专利被许可人，但是可以对抗专利权人，或者通过买卖对专利物品享有完整授权的人。"该案作为英国专利侵权抗辩史上的一个里程碑，其确立的原则成为现代权利穷竭尤其是国际权利穷竭原则的理论基础。❶ 而在此后英国的专利法实践中，也倾向于使用默示许可理论来解决专利权穷竭问题：英国允许专利权人对其销售的或者经其被许可人销售的专利产品的使用和转售提出限制性条件。一旦专利产品的销售不存在限制性条件，则意味着从专利权人的行为中推出专利产品购买者获得了任意使用和转售该专利产品的默示许可。

与此同时，尽管德国有关权利穷竭原则的理论与英国有较大的不同，但在19 世纪，专利权人对自己销售的或者其被许可人销售的专利产品的使用或者转售进行控制或引起的问题的解决在德国也是通过默示许可理论来解决的，即如

---

❶ MOLE P. United Wire and the ship of Theseus [R]. 2003 : 1-3.

果专利权人或其被许可人在首次销售专利产品时没有附加限制性条件，则推定该销售行为包含了允许购买者任意使用或处置该专利产品的默示许可。

在 19 世纪的美国司法实践中，法院也倾向于适用默示许可理论来解释权利穷竭原则，早在 1873 年的亚当斯诉伯克（Adams v. Burke）案❶ 中，美国联邦最高法院针对专利权人的侵权指控指出："因为专利权人没有就专利产品的使用或者再售做出限制，一旦专利权人将附带专利权的专利产品予以销售，购买者即获得了依据自己的需要使用或者再售该专利产品的权利。"而这一权利意味着专利权人基于该专利产品享有的权利的穷竭及购买者基于专利权人的无限制销售行为获得了使用或者再售的默示许可。❷

也正是基于权利穷竭原则的默示许可理论基础，美国司法实践中承认专利权人在首次销售时附加的限制性条件的效力，而标志性的案例则属美国联邦巡回上诉法院于 1992 年审理的马林克罗特公司诉麦迪帕公司（Mallinckrodt, Inc. v. Medipart, Inc.）案❸，在该案中，针对一审法院认为对合法销售出的专利产品的使用进行限制的做法是违法的这一主张，在对美国联邦最高法院的有关判例进行比较分析后，美国联邦巡回上诉法院最终明确："首次出售穷尽原则（权利穷竭原则）不适用于有明示限制性条件的销售或者许可。专利权人在销售专利产品时做出的限制性条件具有合同约定的性质，应当受到法律的保护，除非该限制性条件本身违反法律和衡平原则。"

在 20 世纪的美国，也正是由于对权利穷竭原则的默示许可理论来源的认可，司法实践中出现了一种与权利穷竭原则极为类似的默示许可类型，即所谓的权

❶ Adams v. Burke，84 U.S. 453（U.S. 1873）.

❷ JANIS M D. A tale of the apocryphal axe: repair, reconstruction, and the implied license in intellectual property law [J]. Maryland Law Review, 1999, 58（2）: 423-527.

❸ Mallinckrodt, Inc. v. Medipart, Inc. 976 F. 2d 700（Fed Cir. 1992）.

利穷竭型默示许可。这一类型默示许可源于 1942 年美国联邦最高法院审理的尤尼魏斯·连斯（Univis Lens）案，该案涉及实施专利方法的产品部件的销售是否蕴含了购买者能够依据该镜片毛坯唯一的用途即实施专利方法使用该镜片毛坯的默示许可。在该案中，因为专利权人出售的镜片毛坯是实施相关方法专利的唯一核心部件。美国联邦最高法院认为，"当尤尼魏斯·连斯公司将镜片毛坯卖给批发商时，镜片毛坯的所有权已经发生转移，且镜片毛坯的购买者获得了利用镜片毛坯实施剩余专利方法步骤的许可。因为不管是专利产品还是非专利产品，消费者购买之后应当获得使用和再售的权利，基于相同的道理，只能实施专利方法的非专利产品的授权销售意味着专利权人对与该产品有关的专利权的放弃。"在这一案件中，美国联邦最高法院运用默示许可理论弥补了传统专利权穷竭原则的不足，有效地解决了司法实践中的相关问题，其在该案中的态度对此后美国专利司法实践中相关案件的解决产生的重大影响，无论是联邦法院还是地方法院，在审理涉及非专利产品的销售的案件中，都倾向于适用美国联邦最高法院在该案中的逻辑。

2.3.3　默许修理类默示许可的产生与发展

专利权人在销售专利产品时，如果没有做出明确的限制，则购买人获得了使用并维持该产品使用功能的默示许可，购买者可以使用、再售、修理该专利产品，但这里的修理不能构成再造。在美国 1850 年的威尔逊诉辛普森（Wilson v. Simpson）案 ● 中，联邦最高法院首次提出了默许修理原则，不过，在早期的司法实践中，关于默许修理原则理论基础的讨论相对较少，相关的探讨主要出现在理论研究中，直至 1961 年的制造公司诉活顶更换公司（Manufacturing Co. v.

● Wilson v. Simpson, 50 U.S. 109（U.S. 1850）.

Convertible Top Replacement Co. ）案 ❶ （以下简称 Manufacturing Co. 案），美国
联邦法院才明确将默许修理原则解释为一种默示许可："默许修理原则实际上是
专利产品购买者在购买专利产品时获得了一种使用专利产品并按照专利产品的
使用目的维持其使用性能的默示许可，不过，这一许可不包含对专利产品的再
造。"尽管默许修理相关问题的解决涉及诸多复杂问题，但自该案后，在美国司
法实践中，法院倾向于利用默示许可理论来解决默许修理案件中涉及的诸如默
许修理原则的合理性、默许修理与再造的区分等问题。❷

　　而在默示许可理论基础深厚的英国，在司法实践中审理涉及默许修理的案
件时，法院也选择适用默示许可理论来解释默许修理原则并解决其中存在的问
题。例如在 1977 年英国高等法院大法官法庭审理的索拉汤姆森工程有限公司
诉巴顿（Solar Thomson Engineering Co. Ltd. and Another v. Barton）案 ❸ 中，法
院认为："购买者在购买专利产品时获得了维修该专利产品的默示许可，因此，
只要其行为不构成非法的再造，购买者有权对专利产品进行维修，而不用担心
其相应行为会构成专利侵权。而且，这里的默示许可能够随着专利产品所有权
的转移而转移，亦即，如果专利产品购买者将该专利产品进行再售，则最终购
买者也享有对专利产品进行维修的权利。"而在 2000 年的联合电线有限公司诉
丝网维修服务（苏格兰）有限公司（United Wire Ltd v. Screen Repair Services

---

❶ Manufacturing Co. v. Convertible Top Replacement Co. 365 U.S. 336（1961）

❷ See Aro Mfg. Co. v. Convertible Top Replacement Co.，377 U.S. 476（U.S. 1964）；Universal Electronics，
Inc. v. Zenith Electronics Corp，846 F. Supp.641（N.D. Ill. 1994）；Hew lett-Packard Co. v. Repeat-O-Type
Stencil Mfg. Corp. 123 F.3d 1445，（Fed. Cir.1997）；Husky Injection Molding Sys. v. R&D Tool & Eng'g
Co.，291 F.3d 780（Fed. Cir. 2002）；BorgWarner，Inc. v. Dorman Prods.，2009 U.S. Dist. LEXIS 115871（E.D.
Mich. Dec. 11，2009）；Dräger Med. GMBH v. Allied Healthcare Prods.，2015 U.S. Dist. LEXIS 38917（D.
Del. Mar. 27，2015）.

❸ Solar Thomson Engineering Co. Ltd. and Another v. Barton [1977] R.P.C. 537.

（Scotland）Ltd）案❶中，英国上议院明确指出："在专利法上，默示许可理论经常被用来解决涉及专利产品的各类问题，而其最重要的功能在于解释专利产品的购买者为什么能够使用或者以任何其愿意的方式处理专利产品，这里的处理当然包括为了维持专利产品的使用性能而对专利产品进行的维修。"

2.3.4 禁止反言类默示许可的产生与发展

禁止反言类默示许可源于衡平法上的禁止反言原则，禁止反言类默示许可主要源于衡平法上的禁止反言原则，依据禁止反言原则，如果被控侵权人是基于对专利权人行为的信赖而实施专利，专利权人不得据此声称被控侵权人侵犯其专利权，❷目的在于阻止许可人"在已获得对价的许可范围内部分收回许可"❸。不同于在涉及权利穷竭和默许修理案件中默示许可的适用逻辑，禁止反言类默示许可将判定默示许可的重心从对专利产品的销售的分析转移至对专利权人及专利实施人行为的分析。

禁止反言类默示许可在美国产生并随着司法实践的发展得到了极大的丰富。而其具有开创性的案件则属 1927 年美国联邦最高法院审理的德福莱斯特案（De Forest）。在该案中，原告德福莱斯特公司与美国电话电报（AT&T）公司签订了一项交叉许可协议，该协议约定每个公司授予对方一项专利许可，而该许可包含进行分许可的权利。在该协议中，德福莱斯特公司许可美国电话电报公司生产一种专利产品，即电子真空管。此后，美国电话电报公司基于美国政府的需要，允许美国政府指定的 General Electric 公司生产电子真空管，并为该公司提供一

---

❶ United Wire Ltd v. Screen Repair Services（Scotland）Ltd，[2000] E.N.P.R. 324.

❷ Stickle v. Heublein, Inc., 716 F.2d 1550, 1559（Fed. Cir. 1983）.

❸ AMP, Inc. v. United States, 182 Ct. Cl. 86（Ct. Cl. 1968）.

系列技术指导。而德福莱斯特公司以美国政府未经其许可使用附着其专利权的电子真空管为由，提起专利侵权诉讼。在该案中，法院在判断是否构成专利侵权的关键在于，美国政府生产并使用电子真空管的行为是否获得了专利权人的许可，而争议的重心则为美国电话电报公司是否授予美国政府使用德福莱斯特公司专利发明的分许可。美国联邦最高法院经过对案件事实的审查认为，美国电话电报公司的行为相当于授予了美国政府使用相关专利技术的分许可。并在该案中明确指出："并非只有正式的授权许可才能构成许可。专利权人的任何语言或行为，只要足以使他人正当地推定专利权人已经同意其从事制造、使用或销售等实施专利的行为，便构成一种许可，且这一许可可以作为专利侵权抗辩。"

在 1983 年的斯蒂克尔诉海布林公司（Stickle v. Heublein, Inc.）案❶中，美国联邦巡回上诉法院对禁止反言类默示许可进行了进一步的解释，并明确由购买者单方面的期待并不能推出默示许可。在该案中，原告 Stickle 作为玉米卷自动制造设备的产品和方法专利权人，与 Heublein 签订了一项由 Stickle 根据专利方法制造玉米卷自动制造设备，并将其中几台卖给 Heublein 的协议。在第一台设备卖给 Heublein 之后，问题出现了：首先是这台机器不能如说明书的指示一样运作，与此同时，由于专利权人 Stickle 重病而不能交付剩余的机器。对此，Heublein 指示另外一个制造商生产剩余的设备，且拒绝支付给 Stickle 协议约定的费用。在 Stickle 去世后，其继承人就 Heublein 的行为提起了侵权之诉。在争论案件当事人双方的行为是否构成默示许可时，针对 Heublein 提出的 "Stickle 支持其为了使相关项目运行而做的任何事情。"法院认为，与 De Forest 案并不相同的是，该案中，在问题出现时，剩余的设备尚在设计中，而且相关的协议并没有达成，关于 Heublein 如何支付许可费的条款也正在协商中，因此，从 Stickle 的行为中尚不足以推出其允许 Heublein 实施其专利的默示许可。而且法

---

❶ Stickle v. Heublein, Inc. 716 F.2d 1550（Fed. Cir. 1983）。

院明确指出："禁止反言类默示许可适用的一个关键在于，行为人必须是受专利权人相关行为的影响并由此产生一定的信赖而实施专利发明的，从其单方面的期待甚至是合理的希望尚不足以推出默示许可。

在王实验室公司诉三菱电气公司（Wang Labs., Inc. v. Mitsubishi Elecs. Am.）❶案（以下简称 Wang Labs. 案）中，美国联邦巡回上诉法院首先将禁止反言类默示许可与禁止反言原则本身进行了区分："在判定是否存在默示许可时，对专利权人'误导性行为'进行分析的目的应在于明确专利权人的行为是否包含一个同意或者允许相关行为人从事制造、使用或者销售等实施专利发明的行为的明确许可；而禁止反言原则本身侧重于对专利权人的使专利实施者认为其不再行使专利权的行为本身的认定。"同时在该案中归纳了禁止反言类默示许可的四种适用情形：法律禁止反言、衡平禁止反言、默示和行为。其中，法律禁止反言要求专利权人已就其专利技术进行了一项许可并获得了相应的对价，之后却妨碍被许可人实施该专利技术。衡平禁止反言的适用则需满足三个条件：①专利权人通过误导性的言语或行为使被控侵权人合理地认为专利权人允许其实施有关专利；②被控侵权人信赖该言语或行为；③如果支持专利权人的诉求对被控侵权人明显不公平。这里的"言语或者行为"包含明确的声明、行为、不作为或在有义务明确说明时的沉默等。"默许"的成立则需证明：对于被控侵权人制造、使用或者出售专利产品的行为，专利权人没有表示反对，且专利权人也从被控侵权人的相关行为里获得了部分补偿，除非有相反的证据。"行为"的成立则要求证明专利权人通过言语或行为使他人认为专利权人允许其制造、使用或者出售相关专利产品。尽管美国联邦巡回法院同时指出："这些标准并不是将默示许可本身分为不同的类别，只是将能够推出默示许可的行为进行分类并明确适用条件，因而法院在审理案件时参照但并不局限于这些标准。"但是，

---

❶ Wang Labs., Inc. v. Mitsubishi Elecs. Am., Inc., 103 F.3d 1571（Fed. Cir. 1997）.

在此后法院审理涉及禁止反言类默示许可的案件时，都倾向于依赖这些标准判断是否存在默示许可。

2.4　新技术经济背景下专利默示许可制度的发展

2.4.1　技术经济发展对专利制度的影响

专利制度是工业技术和商品经济发展的产物，其发展变革与技术和工业发展史上的每一次重大技术进步和发展变化密切关联。当今新技术革命中的网络信息技术、3D 打印技术等的迅速发展及技术标准化、经济全球化的不断深化，导致专利权保护范围的扩大和私益与公益的失衡，专利制度遭遇前所未有的冲击与挑战。因此，必须积极应对，以更好地发挥专利制度促进技术进步和经济发展的作用。

2.4.1.1　技术发展对专利制度的挑战

人类社会刚进入 21 世纪不到 20 年，工业与技术革命的脚步也已经日趋临近，生物技术、纳米技术、信息技术等将迅猛发展，并推动整个科技领域的革命性变革。[1] 技术的发展对专利制度的改革和发展带来了巨大的挑战。

一方面，因应新技术发展的需求，为了保障新技术所有者的利益，进而促进技术创新，亟须对技术创新的智力成果给予专利法的保护。但是，依照专利法的要求，任何一项智力成果欲寻求专利保护，首先其本身必须具备可专利性，具体而言：首先，申请专利的成果应属于专利法保护的主题；[2] 其次，该成果

---

[1] 毛克盾. 新技术发展与专利制度的应对 [J]. 武汉理工大学学报（社会科学版），2015（6）：1159-1165.

[2] 陈丽苹. 新技术对专利实质条件制度的影响及其评价 [J]. 政法论坛，2005（2）：156-162.

还应当具备专利法所要求的其他实质性条件。对于专利法保护的主题，各国普遍采用排除的方法界定，即通过规定不授予专利权的主题来确定可专利法保护主题。就我国而言，存在六种成果不得授予专利，●其中包括智力活动的规则和方法、动物和植物品种等。此外，在我国申请专利必须满足三个实质性要求，即新颖性、创造性和实用性。然而现实情况是，无论是在以基因技术为首的生物技术领域还是在以计算机及其网络为中心的信息技术领域，可专利的对象范围不断扩张，以至于商业方法、计算机软件、医疗方法乃至动植物新品种等都被列入可申请发明的对象中，且随着技术革命的进一步发展，可专利的对象范围具有进一步扩大的可能，而专利范围的扩大必然会带来公有领域的缩小，进而对现有的专利体系带来冲击，如果处理不当，将会因为过度保护新技术发明人的利益而损害公共利益。

另一方面，以 3D 打印为首的产业生产模式变革，不仅对传统制造模式产生了影响，也给专利权保护带来了困难，使建立在传统制造模式之上的专利法面临严峻的挑战：3D 打印技术有可能使工厂化生产转向社会化生产，大规模批量生产转向本地化、个性化定制生产，生产者或个人对复杂机器设备和特殊技艺的依赖性降低，可以在工厂或家中通过 3D 打印机将三维数字模型文件"打印"成产品实物。●而在 3D 打印中，如果打印者打印 CAD 文档得到的物体落入专利权保护范围，则构成专利侵权。因而，在 3D 打印技术背景下的专利侵权相对于传统专利侵权具有侵权成本少、专利侵权更隐蔽，专利侵权行为更分

● 依据我国《专利法》第 5 条及 25 条规定：（1）违反国家法律、社会公德或者妨害公共利益的发明；（2）科学发现；（3）智力活动的规则和方法；（4）疾病的诊断和治疗方法；（5）动物和植物品种；（6）用原子核变换方法获得的物质等不授予专利权。

● 伍春艳. 试论 3D 打印技术背景下专利间接侵权的认定 [J]. 华中科技大学学报（社会科学版），2014（5）：77-80.

散，权利人侵权举证更困难及大规模专利侵权风险大大增加的特点，❶ 并由此产生传统专利制度无法消解的难题——公众对 3D 打印技术领域软件、硬件和三维数字模型文件的开放性的需求与专利权人获得基于专利发明的投资回报需求之间的利益冲突，❷ 而如何缓解两者之间的紧张关系，则是新技术背景下专利制度面临的又一挑战。

此外，在知识经济时代，专利密集型产业的发展、标准对专利技术的采用及标准对产业发展的重要引导作用，使得标准与专利的结合不可避免，技术标准强势与专利权优势的"强强联合"，已经成为知识经济时代的必然趋势。然而，标准与专利，一个代表公共利益，一个代表私有权益，当某一标准的制定无法回避受到专利权保护的技术时，专利标准化中公共利益与私有权益之间的博弈由此而生，并对市场竞争和创新活动带来了一系列问题。如何解决这些问题，有效平衡专利标准化下的公共利益与专利权人的利益，亦是专利标准化面临的一大难题。

2.4.1.2　经济发展对专利制度的挑战

21 世纪互联网引领的大数据时代更进一步推进了经济的全球化，贸易全球化亦随着汹涌而来的电子商务浪潮不断发展，人们足不出户、轻点鼠标就可以在互联网上购买世界各地的商品和服务。❸ 根据中国电子商务研究中心发布的《2015 年度中国电商市场报告》显示，截止到 2015 年底，我国跨境电商交易规模为 5.4 万亿元，同比增长 28.6%，其中跨境进口交易规模达 9072 亿，相对于

---

❶ 吴广海 . 3D 打印中的专利权保护问题 [J]. 知识产权，2014（7）：17-22.

❷ 伍春艳，焦洪涛 . 3D 打印技术发展与专利法回应 [J]. 科技与法律，2014（4）：580-597.

❸ 王心阳 . 电商时代商标平行进口的合法性分析（上）[J]. 电子知识产权，2016（1）：82-88.

跨境出口交易规模增速出现逐年递增趋势。❶ 涉及化妆品、电子产品、服饰鞋包、珠宝手表等众多领域。据预计，未来几年交易规模会持续增长，并且向二、三线城市蔓延发展。尽管电子商务经营者在进口商品时多数都履行了合法的手续，但是，在各国对涉及平行进口的相关问题的解决没有清晰回应的情况下，依然有着巨大的专利侵权风险。与此同时，面对贸易国际化的大趋势，2015年初，中国国家工商总局发布了《关于在中国（上海）自由贸易试验区开展平行进口汽车试点的通知》（以下简称《通知》）公布，汽车平行进口试点在上海自贸区正式启动，这意味着我国在某些领域已经承认了平行进口行为本身的合法性。但是，平行进口问题的解决尚涉及一系列法律问题，国家政策在汽车平行进口方面的取向并不意味着我国已然承认平行进口本身的合法性。而在传统贸易中平行进口问题尚存在诸多争议的情况下，互联网本身的无地域性特点只会使平行进口的问题变得更为突出。❷

其中，就专利平行进口而言主要表现为两个层面的问题：从理论上讲，一方面，基于专利权的地域性，专利权人针对同一客体在不同国家取得的专利权是相互独立的，均只在授权国的地域范围内发生效力。而平行进口的进口商购得的商品在国外虽属合法取得，但并未取得商品输入国专利权人的许可，因而侵犯了该专利权人的权利，应予禁止；而另一方面，根据"权利穷竭"或者"默示许可"理论，在专利权人没有就相关产品的使用和转售做出明确限制的情况下，商品经专利权人许可售出后，该专利权人的权利即穷竭，其后对该产品的使用和转售行为均不构成侵犯其专利权，而平行进口的进口商系自专利权人手

---

❶ 中国电子商务研究中心. 2015年度中国电子商务市场数据检测报告 [EB/OL].（2015-01-05）[2016-11-25]. http：//www.100ec.cn/zt/upload_data/2015scsj.pdf.

❷ 王心阳. 电商时代商标平行进口的合法性分析（下）[J]. 电子知识产权，2016（2）：75-82.

中购得商品，因而平行进口是合法的，不构成侵权。❶因而，理论上专利平行进口涉及的主要矛盾，在于专利权人基于专利权的地域性而享有的禁止权与平行进口商品购买者基于"权利穷竭"或者"默示许可"原则，获得的抗辩权之间的矛盾。从促进社会经济发展上讲，平行进口的主要价值在于反垄断，也即创造有利于充分竞争的购买渠道环境，让消费者有保障地购买到有价格竞争力的进口商品，❷因而能够增加消费者的福祉,同时能够维护国际货物的自由贸易。但是，对于专利权人而言，其通过国际知识产权贸易支付了高额对价才获得在进口国销售知识产权产品的独占市场地位，同时在开拓区域市场时，往往要投入大量资金、人力和物力等成本用于广告、促销及售后服务等方面的营销活动，平行进口商的销售行为不仅挤占了专利权人的市场份额，并且在不付出成本的情况下搭了专利权人前期投入的"便车"。一旦肯定平行进口的合法性，必将影响到专利权人的垄断利益。❸因此，专利平行进口问题的解决有赖于对专利权人利益与自由贸易下消费者利益的平衡。

2.4.2　新技术经济背景下专利默示许可制度的功能拓展

经济发展离不开技术创新，技术的创新离不开良好的法律政策环境，而专利制度作为推动和保护技术创新的有效机制，其根本目标在于促进创新，推动技术发展，并同时有利于其技术创新的推广利用。为了实现这一目标，一方面，专利制度以公开技术发明为对价赋予专利权人在一定时期内的垄断特权，并建

---

❶ 孟祥娟.论专利权保护与平行进口问题 [J].北方论丛，2006（5）：141-143.

❷ 赵玮.平行进口规范化让消费者受益 [J].汽车与配件，2015（11）：6.

❸ 刘亚军，马乐.我国专利产品平行进口制度新发展之理论探究——以《专利法》的修改为考察对象 [J].社会科学战线，2012（8）：194-202.

立一系列规则来保障专利权人这一垄断特权的实现；另一方面，专利制度通过建立一系列有效机制来保障在这一定时期内技术发明的推广利用，并最终促进科学技术进步和经济社会发展。因此，专利制度需要兼顾专利权人和社会公共利益两个方面的利益，并致力于在两者之间寻求平衡。在新技术、新经济背景下，技术发展和经济形势转变带来的专利权人私人利益和社会公共利益之间矛盾的加深，对专利制度调和与平衡专利权人利益和社会公共利益提出了新的要求，因此需要专利制度做出相应的应对与创新。

相较于在传统专利侵权领域，专利默示许可制度重在作为专利侵权被控侵权人的抗辩手段以实现专利侵权纠纷个案的公平公正。在新技术经济背景下，随着专利制度发展的需要，专利默示许可原则的制度功能得到了进一步的拓展。在新技术经济背景下，如上文所述，专利制度面临着技术发展和经济形势转变带来的专利权人私人利益和社会公共利益之间矛盾加深的新的挑战，为了应对这一挑战，平衡专利权利益与社会公共利益，需要对专利权进行适当的限制，而相较于其他专利权限制手段，专利默示许可原则具有明显的制度优势——首先，相对于其他专利权限制手段本身的法定性、绝对性，专利默示许可原则允许专利权人在特定条件下通过明确的意思表示来确保自身权益的实现，具有一定的灵活性，在某种程度上也能够维护专利权人利益，因而更能体现专利权人利益与社会公共利益之间的平衡。其次，在适用上，专利默示许可侧重于对专利权人及相对方的具体行为的考察，不存在诸如专利强制许可、法定许可等在适用范围上的强制性要求，只要符合相应的适用条件即可构成专利默示许可，因而其适用具有一定的普适性。再者，专利默示许可具有合同属性，一旦认定默示许可的成立，被控侵权方的行为不构成专利侵权，但是基于合同关系，其仍需向专利权人支付许可费，如此，专利默示许可的适用除了能够为被控侵权人提供侵权抗辩外，还为专利权人提供了必要救济，因而更有助于实现专利权保护与专利实施之间的平衡。此外，专利默示许可通过降低专利市场的交易成本，限制权利人滥用权利使专利技术得以正常、合理、高效流转，因而能够促进专利权的运用。正因为专利默示许可原则自身的这些制度优势，面对新技术经纪背景下产生的新问题，专利默示许可原则被赋予了更多的制度价值。例如，在涉及计算机开放软件专利侵权的案件中，美国法院已经提出运用以法律禁止反言为基础的默示许可来协调计算机开放软件的许可问题，而这一方面能够解释在没有明确专利许可的情况下公众能够使用计算机开放软件的正当性，同时也间接地加快了计算机开放软件的研发和使用进程；❶ 面对标准必要专利"劫持"可能引起的专利权人利益与社会公共利益失衡问题，专利默示许可原则的引入不仅能够通过与相关标准专利政策的有效衔接规制标准必要专利"劫持"，还有助于实现专利权人和标准实施者之间的利益平衡，保障标准的顺畅运行；❷ 在涉及专利平行进口问题的解决中，相对于国际权利穷竭，既能够在一定程度上促进贸易自由化，也能够对专利权人的利益就有一定的考虑，而且对一国司法而言，采取默示许可原则更加具有灵活性，因而更有利于维护本国的相关利益。❸

2.5　本章小结

专利默示许可作为一种专利侵权抗辩手段，在实践中由来已久，作为与专利明示许可并列的专利实施许可方式之一，既具有一般专利实施许可的合同属

---

❶ NADAN C H. Closing the loophole：open source licensing & the implied patent license [J]. The Computer & Internet Lawyer，2009，26（8）：1-6.

❷ 朱雪忠，李闯豪. 论默示许可原则对标准必要专利的规制 [J]. 科技进步与对策，2016（23）：1.

❸ 严桂珍. 我国专利平行进口制度之选择——默示许可 [J]. 政治与法律，2009（4）：83-90.

性，又区别于专利明示许可对当事人意思自治尊重，侧重于对专利实施人合理信赖利益的保护；既能够适用于基于产品销售的专利纠纷中，也能够从专利实施相关当事人的行为中推出专利默示许可的存在，因而能够广泛适用于各类专利实施纠纷中。与权利穷竭、强制许可、当然许可等制度相比，专利默示许可具有独立的制度价值，因而面对新技术新经济发展对专利法的挑战，在相关问题的解决上具有自身的制度优势。本章关于专利默示许可的基础性研究结论能够为后文有关问题的探讨提供充分的理论基础。

第3章　专利默示许可制度的正当性论证

3.1　专利默示许可制度的法理基础

3.1.1　默示意思表示理论

3.1.1.1　默示意思表示及其本质

现代民法理论认为，意思表示是法律行为的核心，没有意思表示，就没有法律行为。所谓意思表示，是指指向外部表明意欲发生一定私法上效果之意思的行为。❶ 根据意思表示的表达方式不同，可以将意思表示分为明示的意思表示和默示的意思表示。其中，"表意人表示该意思而为表示行为时，为明示之意思表示；表意人表示他意思，而欲人推测其意思时，为默示之意思表示。"❷ 在法律行为的构造上，尽管明示的意思表示是通常形态，但默示的意思表示形态往往是一种不可忽视的类型，正如德国学者拉伦茨所述："在特定的法律情形下，

---

❶ 王利明.民法总论 [M].北京：中国人民大学出版社，2015：234.

❷ 史尚宽.民法总论 [M].北京：中国政法大学出版社，2000：256.

'沉默'或者其他任何一种不使用某些话语或符号的行为作为不作为的一种形式，也会具有法律行为上意思表示的意义"。❶ 实践中，默示意思表示主要表现为两种情形：

（1）在特定情况下通过沉默的方式发出的意思表示。

在通常情况下，沉默或者纯粹的不作为，是不能够实现行为人旨在使法律后果发生效力的意思的。但是在某些情况下，沉默也能够"说话"：谁在此种情况中沉默，即消极的不作为，正是表明他想使某种法律效果发生效力。❷ 具体在哪些情况下"沉默"能够发生法律效力，分为两种情况：一种为事实上的特定情况，例如，A 和 B 约定，A 向 B 提交一份书面要约，如果 B 不在一定期限内表示拒绝，即认为 B 承诺该要约；那么 B 就必须承认其沉默即为同意。另一种则为法律规定的特定情形，例如我国《民法通则》第 66 条第 1 款 ❸《合同法》第 47 条第 2 款 ❹ 等中的相关规定。其中依据法律规定的特定情形构成的"沉默"的意思表示，系以法律明确规定的方式，对特定情形下的法律后果做出了规定，而不仅仅是在发生疑问时才应解释成意思表示，是根据法律的规定，引起本应由某一项相应的意思表示所引起的法律后果，而不问其在具体情况下所指的和应理解的意义是什么。只要行为人保持沉默，没有发表相反的看法或者没有标明某种其他行为，那么这一事实本身就可以产生法律后果。而在事实上的特定情形下，沉默作为一项法律行为上的表示，沉默者必须意识到沉默的意义，或者在沉默者不具备行为意识的情况下，该意义至少可归责于他。

---

❶ 拉轮茨 . 德国民法通论（下册）[M]. 王晓晔，等，译 . 北京：法律出版社，2013：358.

❷ 同❶：359.

❸《民法通则》第 66 条第 1 款规定"……，本人知道他人以本人名义实施民事行为而不作否认表示的，视为同意。"

❹《合同法》第 47 条第 2 款规定："……，相对人可以催告法定代理人在一个月内予以追认。法定代理人未作表示的，视为拒绝追认。"

（2）通过其他可推断的行为发出的意思表示。

所谓通过其他可推断的行为发出的意思表示，主要是指这样一种情形：某种行为或者某种言语表述，虽然不能直接表达特定的法律行为意思，但是可以间接地表达这样意思，或者说，可以从直接表达出来的内容或者从事的行为中，推知出行为人要表达的法律行为意思。其与在特定情况下通过沉默的方式发出的意思表示的区别在于，我们不是将沉默，而是将某种积极的表达（它直接表达的是另一种意义或纯粹的事实行为）解释成对特定法律行为意思的表述。这里所推知的结论，大多数是依据对行为人合乎逻辑的或者正当的思维方式或行为方式的假定，从他的行为或表述中可以推断出他的法律行为意思。这样一种可推断的意思表示，通常与通过话语表达的意思表示具有相同的效果，而且如果表意人对他所使用的符号发生了错误，以至于表意人所指的意义与解释结果不符时，表意人也可因表示内容发生了错误而撤销表示。不过，如果表意人行使撤销权有违"诚实信用"的原则，则表意人不得撤销。例如，在日常生活中，从 A 将其不再使用的物件丢弃在公共垃圾桶中的行为中，人们可以推断出 A 已经放弃了其对相应物件的所有权，因此，垃圾捡拾者或者相关物业人员可以不经 A 的同意将相应物件捡走或者进行其他处理。当然，在通过"可推断的行为"发出的意思表示中，这种行为的主要目的虽然不是为了表达某种法律行为意思，但是行为人必须向意思表示的相对人表明这种行为，而相对人必须具备知悉这种行为、并对此做出相应评价的可能性。

理论上，无论具体情形如何，默示的意思表示之所以能够作为一种独立的理论被重视并加以研究，关键在于其与明示意思表示理论相比，在性质上乃至本质上的不同。默示的意思表示与明示意思表示相比，更为本质的区别在于"表意之间接性"。正如郑玉波在其民法总则中所述："明示意思表示系以言语文字或其他习用之表意方法，直接表示意思之谓，默示意思表示乃以使人推知之方法，间接表示意思之谓。"❶ 因此，相对于明示意思表示自行为做出时起就可以明确的被认为是表意行为（如起草合同），默示意思表示的"表意间接性"系行为人的言语、文字、符号及行为或沉默，是否具有表达某种意思的意愿不甚明了，而需要通过对方当事人或者法律进行推定后，方可确认是否存在意思之表示。具体而言默示意思表示"表意的间接性"主要表现在两个层面：首先，对于是否存在表意行为，不是直接呈现在思维面前的，而需要以某种中介为中间环节，进而认定某行为是否是表意行为。其次，此处体现间接性的"中间环节"，指的是对方当事人或法律的推定过程。也就是说，一个行为是否是意思表示，处于非自明的状态，需要推定的过程间接予以确认。同时，在默示意思表示理论下，在特定情况下的沉默及其他可推断的行为与推知出的行为人要表达的法律行为意思之间必然存在着或然性常态联系，亦即推定涉及的两事实之间存在着逻辑推衍关系，而这正是"推定"的本质所在。❷ 所以，默示意思表示的在性质上，属于推定的意思表示。而这个推定的过程即是默示意思表示解释的过程。❸

3.1.1.2　默示意思表示的解释

所谓意思表示的解释，是指在意思表示不清楚、不确定而发生争议的情况下，法院或者仲裁机构对意思表示进行的解释。❹ 依据传统理论，意思表示的解释主要表现为三个层次的解释：第一，判断某一特定行为是否构成意思表示，也即关于法律行为是否成立的解释；第二，解释意思表示的内容；第三，意思

---

❶ 郑玉波. 民法总则 [M]. 11 版. 台北：三民书局，2009：334.

❷ 张海燕. "推定" 和 "视为" 之语词解读？——以我国现行民事法律规范为样本 [J]. 法制与社会发展，2012（3）：104-116.

❸ 黄佳. 默示意思表示解释理论研究 [D]. 长春：吉林大学，2012：20.

❹ 王利明. 民法总则研究 [M]. 北京：中国人民大学出版社，2003：547.

表示是否有漏洞及如何补充。❶ 就默示意思表示的解释而言，因为默示意思表示具有"表意之间接性"的特征，行为人的作为或沉默，是否具有表意性，能否成为意思表示这一问题并不明确，所以，相对于明示意思表示的解释范围相对宽泛，默示意思表示解释的内容较为狭窄，而且解释的重点及难点在于判断某一特定行为是否构成意思表示。

在传统民法理论上，关于意思表示的解释标准主要有两种学说：意思主义和表示主义，其中，意思主义主张在进行意思表示之解释时，应以表意人的内心真意为标准，"把尊重个人的意思放在首位"，着力强调行为人的意思自治，遵循探究真意之原则。然而，在实际运用中，由于仅存乎当事人内心、未表示于外的意思不具私法意义，解释者又无法通过复制具体行为人的心理过程来确证其真意所在，故信守意思主义的法官在进行意思表示解释时似乎只能通过进入受领人角色、设身处地地理解表意人的真意。❷ 同时，由于一如解释者不能复现表意人之内心意愿，他同样无从确知具体受领人对意思表示的实际理解状况，因此当法官进入受领人角色、设身处地地理解表意人真意时，该"受领人"便不能是具体的实际受领人，而系"熟悉一般语言用法，熟悉该当交易领域的特定语言用法，并且了解交易习惯的交易参与者"，❸ 即作为范型的理性人（reasonable man）。一旦"标准读者"所能理解的"表示上的意思"被视为"当事人真意"并成为确定意思表示法律效果之依据，所谓意思主义，只不过是一个名实不符的记号而已——"当事人真意"及其法律效果如何由抽象的理性人决定。其结果便是，始于"当事人真意"，终于抽象的受领人所能理解的"表示

---

❶ 林国华 . 意思表示研究 [M]. 北京：中国石油大学出版社，2008：200.

❷ 朱庆育 . 意思表示解释理论——哲学解释学—修辞学视域中的私法推理理论 [D]. 北京：中国政法大学，2002：129.

❸ 拉伦茨 . 法学方法论 [M]. 陈爱娥，译 . 台北：五南图书出版公司，1996：202.

上的意思"❶。而表示主义主张在进行意思表示之解释时,应站在受领者的立场,以客观的表示之意为标准,遵循信赖原则,因而更关注相对人信赖利益(社会利益),"把保护第三人的利益放在首位"。❷在纯粹的表示主义解释理论下,当事人意思在意思表示解释中已不再重要,对合同的解释应根据合同的条款本身,当合同条款模棱两可时,应当根据平等精神及社会利益的需要进行解释。据此,合同价值的实现,必须依靠社会的承认。❸但是,意思自治乃私法自治的核心,是私法之所以为私法之根本理念,而纯粹的表示主义理论恰恰忽略了私法自治的行使,在于以行为人之意思自治为决定,因而与私法自治理念相违背。所以,事实上,纯粹的表示主义解释理论在学界并没有获得太多支持。相反,更多人认为,表示主义作为对意思自治的一种反对,其作用仅在于主张对合同自由加以一定限制,并未触及更深层次的问题。表示主义与意思主义的最终目标其实是相同的,即都是为了实现自由主义,只不过各自角度不同而已。❹正是基于表示主义理论与意思主义理论存在的以上缺陷,不少学者将私法自治在私法中的核心地位与保护相对人信赖并举,进而提出了意思表示解释的折中主义理论。不过问题在于,尽管通过"折中",有关意思表示解释目标之理论似乎已经由意思主义与表示主义取长补短而臻于完善,但将两种对立学说各取一段之做法可能因强行嫁接而割断原本一贯的理论脉络,导致"折中学说"不再成其为学说,而毋宁是彼此互不相干、甚至相互排斥的观点拼盘。

对默示意思表示解释而言,由于默示意思表示的"表意之间接性",无论是

---

❶ 朱庆育.意思表示解释理论——哲学解释学—修辞学视域中的私法推理理论 [D].北京:中国政法大学,2002:130.

❷ 沈达明,梁仁洁.德意志法上的法律行为 [M].北京:对外贸易教育出版社,1992:91.

❸ 尹田.法国现代合同法 [G].北京:法律出版社,1995:28.

❹ 同❸:32.

意思主义还是表示主义，或者是将两种理论并举的折中主义理论，都不适合作为默示意思表示的解释标准。其原因除了这些理论本身存在的缺陷外，主要在于：首先，与明示意思表示相比，在进行意思表示解释之前，由于默示意思表示的"表意之间接性"，行为人的作为或沉默，是否是表意行为，或者说是否成立意思表示，尚不明确，因而只是一种深藏于内心的意思，而深藏于内心的意思是无法解释的，因为内在的意思无法作为法律认识的对象。❶所以以探寻行为人真意为原则的意思主义并不适用。其次，明示意思表示是以语言、文字或当事人之间知晓的其他符号进行表示的，并且往往具有客观实在的载体，可以作为解释之依据。而默示意思表示是以行为、甚至沉默的方式表达的，多数情况下，不存在客观实在的载体，因此无法以此作为解释之依据。因为我们很难依据一个人无声的行为，甚至沉默，对其含义进行判断。❷所以，适用表示主义理论对默示意思表示进行解释亦站不住脚。相反，这些意思表示解释理论更多的是从明示意思表示解释的视角出发形成的，对于默示意思表示的解释而言，基于其"表意之间接性"特征，应当采用能够满足其解释需要的独特标准。

正如前文所指出的，默示意思表示在性质上属于推定的意思表示，所以，除却法律规定的特定情形下通过沉默的方式发出的意思表示的解释属于法律拟制之情形外，默示意思表示之解释在性质上只能属于法律推定。而根据法律推定的基本原理，凡推定必须依据一定的推定基础，进而得出结论，这里的推定基础既可以是法律明确规定，也可以是经验法则。而无论是法律规定还是经验法则，作为推定依据都必须是基于推定的需要在价值考量的基础上进行的择优

---

❶ 梅迪库斯.德国民法总论 [M].邵建东，译.北京：法律出版社，2001：233.

❷ 黄佳.默示意思表示解释理论研究 [D].长春：吉林大学，2012：52.

选择。❶ 所以，在对默示意思表示进行解释时，也必须寻找到合适的推定依据，而能够成为其推定依据者，须符合默示意思表示解释的特点及价值立场。就意思表示解释中的价值取向而言，传统上主要遵循探求真意原则和诚实信用原则，但是这两项原则植根于明示意思表示解释的实践中，所以主要适用于明示意思表示的解释中，对于默示意思表示的解释而言并不完全适用：首先，由于默示意思表示在表现形式上以积极行为或沉默为主，不存在如同明示意思表示般的语言、文字等有意义的符号载体，想要探求当事人的真意并非易事。同时，探求真意原则注重保护表意人的利益，而忽视了意思受领者的信赖利益，仅以探求表意人真意为解释目标，从解释原则上首先在双方当事人之间产生了保护的倾斜，则必然会造成意思受领者信赖利益的保护不力。其次，诚实信用原则属于道德准则，其主要的意义在于约束行为人遵守道德规范，诚实守信、不欺不诈，在实现自己利益的同时不得损害他人利益，❷ 在指引人们行为方面或有益处，但当双方的意思表示出现分歧时，往往不具有太多的解释作用，因而其指导功能大于其解释功能。同时，诚实信用原则由于其内涵的模糊性，该原则的适用带来法律适用灵活性的同时，也带来了法官的自由裁量权，如没有有效的约束，通过该原则的适用解释意思表示，可能会对意思自治产生严重限制。❸正是由于传统解释原则存在的这些障碍，在理论上乃至实践中，信赖原则在进行意思表示的解释方面已然发展成一项独立的原则，尤其是在进行默示意思表示的解释方面，信赖原则发挥着越来越重要的作用，而保护相对人的合理信赖

---

❶ 张海燕 . "推定"和"视为"之语词解读？——以我国现行民事法律规范为样本 [J]. 法制与社会发展，2012（3）：104-116.

❷ 浩然，王国柱 . 论信赖保护理论对知识产权默示许可制度的支撑 [J]. 河南财经政法大学学报，2013（5）：96-102.

❸ 黄佳 . 默示意思表示解释理论研究 [D]. 长春：吉林大学，2012：77.

利益，亦成为进行默示意思表示解释的主要价值立场。而何为信赖原则，其本质内涵是什么及如何适用信赖原则进行默示意思表示的解释，在下文中将详细论述。

3.1.2　信赖保护理论

3.1.2.1　信赖保护原则及其内涵

信赖保护原则是一项重要的私法原则。与尊重个人自主选择的意思自治原则不同，信赖保护原则旨在强调将交易相对人的合理信赖纳入私法规范的构造之中，以维护民商事交往中的信赖投入并确保交易的可期待性。❶信赖保护原则在构建某项私法制度时经常会扮演重要角色，与意思自治原则共同构成了法律行为交往中的基本原则。❷无论是大陆法系抑或是英美法系，都产生了各自的信赖保护理论，并体现于立法和实践当中。

其中，英美法系的信赖保护原则突出表现为允诺禁止反言理论，该理论是作为契约法上对价理论的补充或者替代而被援用的。允诺禁止反言，也可称之为允诺禁止反悔、允诺后不得翻供，系英美法上的概念，其核心理念是：应知自己的允诺会被对方信赖而允诺事实上又被对方信赖时，允诺者不得背弃其允诺。❸允诺禁止反言产生的责任与契约责任有很大不同，是损害赔偿的一大分支（侵权），它最初被提出是在《第一次合同法重述》中（第 90 条）。战后，随着经济和社会的迅速发展和变化，契约法下的对价交换理论对合同范围和合同责任的限制已经达到了令人难以容忍的地步，英美两国随即出现了大批采用

---

❶ 朱广新. 信赖保护理论及其研究述评 [J]. 法商研究，2007（6）：71-82.

❷ 拉轮茨. 德国民法通论（上册）[M]. 王晓晔，等，译. 北京：法律出版社，2013：478.

❸ 同❶.

允诺后不得翻供原则确认合同责任的案例，从而使这个原理在实践中取得了前所未有的地位。该原理的出现使长期受到对价交换理论排挤的信任、公平等因素又重新受到重视，并借此将合同法从片面注重形式性、外部性的迷津中解救了出来。❶ 以允诺禁止反言原则为基础的信赖保护原则和意思自治原则也成为私法（尤其是合同法）的两大精神支柱，尽管，就两者的关系而言，意思自治原则自从作为近代私法规则被逐渐确立以来，一直享有至高无上的地位，而信赖保护原则则处于一种或高或低的从属地位。根据允诺禁止反言原则的内涵、该原则在相关经典案例中的适用及学者们的见解，允诺禁止反言在适用上需满足四个条件：首先，允诺者明确地做出了允诺。这里的允诺不同于一般的要约，要约必须具备确定性，即包含了未来合同的主要条款，并具有较强的受约束的意旨；这里的允诺并不被要求具备像要约那样的确定性，而是强调允诺者须是明确、肯定、直截了当地向对方做出了允诺，即允诺在形式上必须具备确定性。因为只有这样，对方当事人才可能对允诺产生合理的信赖，任何含混不清、犹豫不决的允诺都不足以使对方当事人产生做某事或不做某事的决定，因而也不足以引发信赖。其次，承诺者实际上信赖了允诺。所谓信赖，指意思表示的相对人相信了他方的意思表示，并以此实施了一定行为，付出了一定代价。其三，允诺者本应有理由期待信赖会发生。即使承诺者信赖了允诺，如果允诺者根本无理由期待任何信赖，或有理由期待信赖但发生的不是他所期待的那种信赖，允诺者也不具有责任。最后，需强制执行允诺才能避免不公平。判断是否有不公平之发生，通说认为应根据承诺者是否遭受损害来决定，承诺者如果没有受到损害，很难认定有任何不公平。❷ 只有具备所有这些要件，允诺方才具有强制效力。这里的强制效力最初主要围绕着合同是否有效成立这个问题，允诺禁

---

❶ 傅静坤.二十世纪契约法 [M].北京：法律出版社，1997：80.

❷ 朱广新.美国法上的允诺禁反悔制度研究 [J].环球法律评论，2006（2）：174-183.

止反言原则的适用目的在于使一项让受让人单方受益的允诺产生相当于合同的强制效力，也即为了避免不公正使该允诺有效。随着实践的发展，允诺禁止反言原则适用结果不仅仅限于使该允诺发生效力，即使合同尚未成立，承诺者基于对允诺的合理的信赖而后又因允诺没有成为合同所遭受的损失亦可得到赔偿，当然这种赔偿与违约赔偿在性质上有所不同，它不能包括期待利益的赔偿，仅限于所失利益的赔偿，而基于允诺禁止反言原则提起的损害赔偿诉讼本身也不再是一项违约之诉。❶

　　大陆法系的信赖保护理论以德国法为典型代表，其主要内容是在权利外观理论的基础上发展而来的。权利外观，也称外观主义，外观法理，以年德国法学家莫里茨·韦尔施帕赫（Moritz Wellspacher）《对于民法中外部要件事实之信赖》一书为诞生的标志，❷ 此后又经赫伯特·迈耶（Herbert Meyer）等人的发展逐步丰富。该理论系指"可归责于自己的方式引发了权利表象的人，或者是具有消除这一表象的能力而未消除的人即外观责任人，对尽了交易上应有的注意之后仍然信赖了这一表象的人即外观信赖人所承担的责任，对于外观信赖人，有关的法律后果视为已经发生或继续存在，因而他也就处于与他所认为的情况相符的地位，而他人必须容忍这种状态"。❸ 其核心思想在于：对正常交易中的外观事实的合理信赖应得到法律的保护，不管该外观事实与真相是否一致。❹ 这一理论立基于社会公共利益，以在一定范围内牺牲静态利益为手段来保护交易安全，其核心要件包括三个方面：外观事实的客观存在、相对人的善意信赖、本人的与因协助。外观事实不限于权利表象，也包括其他法律上视为重要的因

---

❶ 傅静坤 . 二十世纪契约法 [M]. 北京：法律出版社，1997：90.

❷ 刘晓华 . 私法上的信赖保护原则研究 [D]. 济南：山东大学，2013：6.

❸ 王焜 . 权利表见责任研究——以物权法善意取得为视角 [J]. 政治与法律，2007（3）：83-88.

❹ 朱广新 . 信赖保护理论及其研究述评 [J]. 法商研究，2007（6）：71-82.

素，诸如他人的主体资格、意思表示、事实状态等，在不同类型的具体情境中，外观事实可能表现不同。这些外观事实必须客观存在才具有信赖的基础，因而构成外观理论适用的前提条件。相对人的善意信赖意味着对外观事实所宣示的信息与真实信息之间的龃龉缺乏了解，且对外观事实所宣示的信息信以为真，并在此基础上为法律行为，从而使自己的处境发生改变。本人的与因协助是指本人对外观事实的存在具有可归责性，或者说外观事实的存在是本人可以控制的因素造成的，因而外观事实的存在原本是本人可以避免的，这一点明确了本人承担责任的正当性。❶

综上，尽管英美法系与大陆法系的这两种理论在产生缘由、基本内容乃至社会意义上存在差别，但是作为信赖保护理论在不同制度背景下的具体化，他们具有共同的信赖保护的精神气质——尽管私法应当以意思自治为其核心原则，但在特定情形下基于公平的考虑或者对交易安全的保护，对合理信赖应当给予一定的法律保护。具体而言，如果行为人在交易中对他人的身份、资格、行为、证书等种种形式的表象（信赖基础）表现出信赖，并依据这一信赖进行了相应的投资（信赖处分）并造成其法律地位的改变（损害），法律就应当对这种信赖进行保护。

3.1.2.2　信赖保护规则之构成——以默示意思表示的解释为视角

上文在论述体现信赖保护原则的两种主要理论的基础上明确了信赖保护原则的基本内涵。信赖保护原则在具体的理论和实践中则更多地体现为一系列保护合理信赖利益，维护交易安全与效率的规则体系，而且这一系列规则体系均须符合信赖保护原则的内在构成。由于本书主要论述作为默示意思表示的专利默示许可在法理上的正当性，且前文已经介绍，默示意思表示的解释，应以信

---

❶ 吴国喆. 权利表象及其私法处置规则 [D]. 北京：中国政法大学，2006：63.

赖保护为基本解释原则，因此，这里将从默示意思表示解释的角度出发，明确信赖保护原则的内在构成。前文已述，信赖保护原则在具体适用中解决的首要问题系基于信赖保护原则形成的"合同"是否有效成立，亦即这里的"合同"能否产生强制效力，而默示意思表示解释的核心问题也主要集中在确定默示意思表示之成立与否上，因此，这里所探讨的信赖保护规则的内在构成将主要体现为，在符合哪些条件的情况下，默示意思表示中所体现的信赖利益值得法律保护，抑或是信赖保护原则指导下的默示意思表示能够成立。

（1）表意人行为意思的客观存在。

从默示意思表示的内部构成要素而言，确定某种作为或者沉默是否构成意思表示，首先判断行为人此种行为是否是一种受意识支配的行为，也即表意人是否具有行为意思。按照传统理论的说法，行为意思乃与行为人（表意人）的意识因素相关，是指由某种意识支配的举动或行为，亦可以说是有意识做出的表示象征。例如，有意识的讲话、有意识的手势、有意识的沉默或其他由意思主导和支配的作为和不作为。❶ 因此，只有行为人在有意识且意识自由的情况下所做出的表意行为才有可能成为意思表示。也即表意人在做出意思表示时，乃在自己的意识指引下所为，而非无意识或意识不自由，例如梦游或处于胁迫时所做出的表示行为，虽然具有意思表示的外观，但却不构成意思表示。❷ 此外，在一些情况下，虽然表意人不存在表示意识，但是如果他通过合理的注意可以认识到，他的表示能够被相对人理解为意思表示，并且可以避免该结果的发生，那么即使不存在表示意识，则仍然成立意思表示。❸ 当然，在这种情况下是否

---

❶ 米健. 意思表示分析 [J]. 法学研究，2004（1）：30-38.

❷ 黄佳. 默示意思表示解释理论研究 [D]. 长春：吉林大学，2012：24.

❸ 纪海龙. 论意思表示的要素、解释与意思表示错误以德国法的研究为核心 [J]. 研究生法学，2004（3）：16-29.

构成默示的意思表示，尚需明确这种误解的造成是否归责于表意人，且相对人是否产生了合理信赖。

（2）相对人对表意人行为的正当信赖。

相对人对表意人行为的正当信赖，是信赖保护原则的正当性依据之一，也是实践中是否遵从或否定信赖保护原则的基本条件。所谓正当信赖，具体表现在三个方面。

首先，信赖人的信赖必须是善意的。按《法学词典》的解释，所谓的善意，是"拉丁文 bona fides 的意译，亦译'不知情'，系'恶意'的对称，指不知存在足以影响法律效力的事实而进行的行为。"❶ 在一般观念上，"善意""信赖"等概念属于主观心态范畴，正如曾世雄先生所言："行为人之主观状态除其本人外，事实上难以切实掌握。"❷ 所以，在认定当事人的心理状态是否属于"善意"时，如果试图尽量准确地对这种心态进行描绘，则将面临巨大的难题——当事人的心态外人根本无法进行准确的事实判断，谁也不能进入当事人的内心去感知，也不能伴随事态的发展进行实地考察。而在私法领域，当事人内心的具体状态如何，对其行为效果的处理并无影响，只要符合善意的要件，就产生同样的效果，因而准确描绘当事人的内心状态从而揭示事实真相的做法并无必要。❸所以，理论上和实践中，通常将"善意"与否的认定作为一种法律判断来处理——判断者根据当事人的行为与其他相关情事对当事人主观心态进行的一种法律推定。❹ 在具体的推定过程中，因为法律推定的结果只有两种：善意或恶意，所以通常情况下采用反推技术——首先考察相对人是否属于恶意。恶意包

---

❶《法学词典》编辑委员会. 法学词典 [G]. 增订版. 上海：上海辞书出版社，1984：921.

❷ 曾世雄. 损害赔偿法原理 [M]. 北京：中国政法大学出版社，2001：73.

❸ 吴国喆. 权利表象及其私法处置规则 [D]. 北京：中国政法大学，2006：77.

❹ 史尚宽. 物权法论 [M]. 北京：中国政法大学出版社，2000：564.

括两种类型，一是明知，另一是"应当知道"。"明知"系相对人明确知悉当事人的真实心理状态；"应当知道"则意味着如果尽到必要的注意，相对人原本是可以发现真实信息的，而竟未能发现，这表明其未能尽到应尽的注意义务。经过这样的认定，如果可以得出"恶意"的结论，则认定工作结束，如果结论是否定的，则直接推定为"善意"。而无论再具体的实践中采取怎样的认定路径，对相对人主观上"善意"与否的认定旨在恢复当事者将来关系中实质上的衡平，因此很多情况下都是根据具体的状况采取富有弹性的解决方法。

其次，相对人的信赖应当是合理的信赖。所谓信赖合理性，是指相对人对表意人行为的信赖在当时当地是恰当的。相反，盲目的信赖是不应当受到保护的。表意相对人的信赖是否正当，除了主观上的"善意"外，客观上的信赖是否合理也是必须考量的因素。不过，如何判断信赖的"合理性"则并不容易——一方面，实践中，不同的当事人对"信赖合理性"的理解并不相同，另一方面，在不同类型的信赖保护案件中，对"信赖合理性"的界定也可能会有差别。因此，需要有一个相对合理的判断标准。理论上和实践中，关于"信赖合理性"的判断标准主要有两种：主观标准和客观标准。鉴于证明主观精神状态的固有困难，通过综合多种因素，考察一般人、正常理智的人及与行为人相同情形的人在类似情况下的表现来判断信赖合理与否的客观标准成为实践中的主要选择。而在该标准的具体运用中，面对具体个案的复杂情形，就其操作实质而言，还必须借助于法官的生活经验，以一般情况下普通人在此情景下的行为方式作为判断标准，来与行为人的行为方式相比较，从而得出信赖合理与否的结论。❶因而，在不同类型涉及信赖保护的案件中，所谓客观标准的确定尚需结合解决不同类型案件的需求考虑一些具体因素。

---

❶ 吴国喆. 权利表象及其私法处置规则 [D]. 北京：中国政法大学，2006：84.

　　最后，相对人因信赖表意人而为一定行为或不为一定行为，即进行了信赖投入或处分。因为，仅有当事人的信赖尚不足以对信赖进行保护，否则就是因当事人主观的意愿而受保护，这种结果对信赖引致人的要求也未免过于苛刻。❶信赖保护原则之所以要对信赖人进行保护，最重要的原因应在于信赖人基于对表意人行为的信赖而对自己的权益进行了处分，信赖人的权利义务发生了变化，如果支持表意人的诉求，将使信赖承受损害或丧失权利，而这将有违公平、效率等价值追求。

　　（3）表意人具有可归责性。

　　所谓可归责性，是对表意人提出的要求，系指表意人如尽必要之注意，本来能够认识到他的行为会被他人做出这样的理解的。❷事实上，就信赖保护原则的适用而言，可归责性与合理信赖其实可以视为一个问题的两个方面，正如有学者指出"信赖的合理性其实就是（被）信赖者的可归责性，不该信赖时信赖了，意味着其存在过失。"❸在私法上，可归责性首先是一个侵权行为法领域内的命题，根据向意思求责任的基本观念，所谓的归责性，其实就是行为人在主观上的可非难性，未能达到一般人从事这一行为时所应有的注意，就其本质而言，与过失近乎同义。不过，在侵权法领域，关于一般意义上归责性的探讨重点在于强调当行为人的侵害行为造成他人损害时，归责性是应当承担损害赔偿责任的必要条件，由于是对他人的损害赔偿，因此其过失程度相对较重，一般而言，是指违反了保护他人利益的一般注意义务，而这一义务是一个正常的理性人均能认识到且认真遵守的。与之相反，在信赖保护规则的构成要件中，

---

❶ 刘晓华.私法上的信赖保护原则研究 [D].济南：山东大学，2013.

❷ 拉轮茨.德国民法通论（下册）[M].王晓烨，等，译.北京：法律出版社，2013.

❸ 吴国喆.可归责性与信赖合理性的比较权衡弹性化机制的应用 [J].甘肃政法学院学报，2006（6）：22-28.

关于归责性的考察，并不是对他人承担损害赔偿责任的要件，而是在因自己的行为致使相对人产生正当信赖的情况下，表意人可能因自己的行为承担相应的不利后果。这里的不利后果不在于向他人承担损害赔偿责任，而仅仅是自己的权利受到损失，并承担因此造成的后果，所以，这里的归责性所指向的义务应属一种不真正义务，相对而言其过失程度较轻。❶ 所以，在信赖保护原则下对可归责性的判断并不能完全遵循侵权法领域关于侵权人可归责性的判断路径。

而在默示意思表示的解释中对于信赖利益保护的考量中可归责性的判断，有必要借鉴拉伦茨先生在论证欠缺表示意识的意思表示的效力时，涉及"可归责性"的界定——他认为，"在表意人的行为所包含的意义是可归责于表意人的情况下，如果他人对于表意人的行为，应该理解或已经理解成向自己发出的意思表示，那么，表意人的行为也属于为法律所承认的意思表示（应归责之意思表示）。所谓可归责性，是指表意人如尽必要之注意，本来能够认识到他的行为会被他人做出这样的理解的。在这些情形中，表意人未曾具备的自决，为责任原则所替代了。"❷ 这一观点恰当地说明了可归责性与过失之间若隐若离的关系，可归责性强调的是本来应该预见到他人会对自己的行为产生某种积极信赖，而竟未能设法避免，或者放纵这种情形的发生。❸ 而通过拉伦茨对于确定意思表示成立问题上可归责性的论述，可以将可归责性的确定归结为：表意行为人知道或者应当知道相对人的误解，却未能在合理期限内提出异议。具体而言，对于相对人的误解，表意行为人在主观上是知道或者应当知道的，或者说其之所以没有认识到相对人的误解，是由于其没有尽到必要的合理的注意。相对人的误解及导致的合理的信赖利益的损失，是本可以避免却由于表意行为人的疏忽

---

❶ 吴国喆.权利表象及其私法处置规则[D].北京：中国政法大学，2006.

❷ 拉轮茨.德国民法通论（下册）[M].王晓烨，等，译.北京：法律出版社，2013：484.

❸ 吴国喆.权利表象及其私法处置规则[D].北京：中国政法大学，2006：93.

而未能避免的。在此，问题的实质实际上归结为，对于相对人的误解，表意行为人是否应当合理预见。❶ 其中，何为"合理"预见，需要依据一定的标准确定，其中主要包括立场标准与时间标准两方面的标准，就立场标准而言，通常采取一般理性人的标准，即以"客观上的预见"为准，而不能以行为人为标准。这与相对人信赖合理性的判断类似，所以所谓理性人标准也即综合各种因素，以一般人、正常理智的人及与行为人相同情形的人在类似下的表现为标准。对于合理预见的时间标准，我国学者多认为，应以行为人做出某种行为或沉默时为准，而不应以信赖损害发生时为准。❷ 因此，正是由于表意行为人应当预见而没有预见，或者虽然预见到了相对人的误解却没有适时的提出异议，造成了相对人信赖利益的损害，才使得依据信赖保护原则和相应的解释规则，使表意行为人承受不利益的后果具有了归责理由。❸ 换句话来讲，在信赖保护原则下，表意行为人的可归责性正是其承担责任的直接的、正面的理由。

3.1.3　专利默示许可在法理上的正当性分析

3.1.3.1　默示意思表示理论对专利默示许可制度的支撑

从法学概念的构造角度看，默示许可是以默示形式为意思表示样态、以许可为法律效果的一种法律行为，❹ 不同于以明示的意思表示为核心的法律行为，默示许可源于民法上的默示意思表示理论。因此，作为默示许可制度的重要理论支撑，默示意思表示理论为专利默示许可制度提供了法理上的正当性基础。

❶ 黄佳. 默示意思表示解释理论研究 [D]. 长春：吉林大学，2012：98.

❷ 马新彦. 现代私法上的信赖法则 [M]. 北京：社会科学文献出版社，2010：274.

❸ 黄佳. 默示意思表示解释理论研究 [D]. 长春：吉林大学，2012：98.

❹ 郭威. 版权默示许可制度研究 [M]. 北京：中国法制出版社，2014：39.

首先，理论上，除却特别情形外，专利默示许可在本质上属于一种法律推定，具备默示意思表示"表意之间接性"的基本特征。专利许可是将专利权中的全部或者部分权能许可给他人使用的行为，除了强制许可、法定许可等特定情形，专利许可是许可人与被许可人之间以当事人之间的意思表示为核心具有创设权利意图的法律行为。在通常情况下，专利权是以订立实施许可合同的方式也即明示许可的方式实施的，不过，在实践中也存在专利默示许可的情形：在特定条件下，专利权人以其非明确许可的默示行为，让被控侵权人专利使用人产生了允许使用其专利的合理信赖从而成立的一种专利许可形态。❶ 到目前为止，各国均没有在法律上明确专利默示许可，专利默示许可理论是在实践中发展起来并不断发展的。纵观专利默示许可的发展历程，其在实践中也主要适用于两种情形：在特定情况下从专利权人的沉默中推定出来的默示许可和从专利权人其他可推断的行为中推定出来的默示许可：前者譬如从专利产品的销售之中推定出的默示许可——如果专利权人在销售专利产品时没有做出明确的限制，那么从其销售只能够实施专利发明的专利产品的行为中可以推出专利产品购买者获得了利用专利产品实施专利发明的默示许可；后者譬如在特定条件下，从专利权人参加标准时的沉默中推出的默示许可——在标准组织事先明确披露义务的情况下，如果专利权人在参与标准制定时并未向标准化组织充分披露其专利，那么从沉默中推出其许可该标准的实施者使用其专利技术的默示许可。由于实践中并不存在通过法律拟制形式形成的专利默示许可，因而无论是在特定情况下从专利权人的沉默中推定出来的默示许可和从专利权人其他可推断的行为中推定出来的默示许可，在性质上均属于一种推断，所以与默示的意思表示相同，在本质上都属于法律推定。同时，无论是在哪种情形下推出的专利默示许可，与以订立实施许可合同的方式也即明示许可的方式确立的专利许可相比，仅仅

---

❶ 袁真富. 基于侵权抗辩之专利默示许可探究 [J]. 法学，2010（12）：108-119.

依据专利权人现有的言语、文字、符号及行为或沉默，专利权人是否具有向相对人许可实施专利权的意愿不甚明了，而需要通过一个推定过程方可确认是否存在专利许可，而这也符合默示意思表示"表意之间接性"的基本特征。

其次，专利默示许可的认定遵循默示意思表示的解释路径。无论理论上还是实践中，专利默示许可最核心的问题就是对是否构成默示许可进行认定，这里的认定，从意思表示的角度理解，也即对专利权人默示的意思表示进行解释，进而明确其行为是否构成专利许可。这一点与默示意思表示解释的重心亦不谋而合。加之，从民法基本理论上理解的话，专利默示许可本身属于默示的意思表示，因而在本质上属于一种法律推定，也符合默示意思表示"表意之间接性"的特征，所以，专利默示许可的认定亦应遵循默示意思表示的解释路径。具体而言，在专利默示许可的认定中，无论是意思表示解释中的意思主义抑或是表示主义均不能满足对专利权人默示的意思表示进行明确解释的需求。作为一种法律推定，在认定专利默示许可时必须依据一定的推定基础。而在专利法领域，专利默示许可制度之所以形成，主要是基于交易安全、公平等价值因素的考量保护专利实施当事人的合理信赖，所以，在认定专利默示许可时，亦应把保护专利实施当事人的合理信赖作为基本的价值立场，遵循信赖保护原则。

3.1.3.2 信赖保护理论对专利默示许可制度的支撑

1. 信赖保护原则是专利默示许可制度的正当性基础

在专利许可实践中，以许可人的意志为标准，可以将其区分为自愿许可和非自愿许可，通常情形下的许可多为自愿许可，即通过合同方式在许可人与被许可人之间就许可的权利内容达成意思表示的一致，因而能够反映当事人的意思自治。非自愿许可主要包括强制许可、法定许可等，其中强制许可和法定许可均为法定的许可类型，在满足法律规定的条件下即可构成许可，因而并不一定与专利权人的意思自治相符。专利默示许可在实践中通常被归为非自愿许可的一种，而之所以被归类为非自愿许可，主要在于：在实践中，专利默示许可通常被作为一种侵权抗辩手段来对抗专利权人的侵权指控，因而专利默示许可认定的结果并不一定是专利权人自由意志的体现，甚至在某些情况下与专利权人的意志相违。在这一前提下，专利默示许可制度之所以存在并取得不断发展，主要在于专利默示许可制度本身所特有的价值正当性：首先，其与一般的非自愿许可不同，专利默示许可在认定的过程中与自愿许可亦有相同之处，即通常需要尊重当事人的意思——例如，如果当事人存在明确的相反表示，专利默示许可并不成立；通过对专利权人及相关当事人行为的考察，能够推出专利权人进行专利许可的意思表示，所以成立专利许可，只不过这里的意思是当事人行为时的意思，而并不一定与专利权人追求的结果意思相一致。其次，在专利法实践中，面对专利权人的侵权指控，之所以认定专利默示许可的成立而限制专利权人的权利，主要是出于对专利实施人合理信赖利益的保护，进而实现公平、效率、安全等价值目标。具体而言，在专利默示许可中，专利权人虽然没有就许可与否做出明确表示，但是其行为或者在特定条件下的沉默使被许可人产生了合理信赖并基于这种信赖而有所作为，此时如果尊重专利许可人的选择，被许可人的信赖利益将得不到保护甚至产生无法挽回的损失，为了公平等的考虑，即使保护被许可人的合理信赖可能与专利权人的真实意图相违背，也应当认定专利默示许可的成立。

　　具体而言，以专利默示许可制度相对成熟的美国为例，根据美国关于专利默示许可的学说，实践中专利默示许可的认定主要依赖四种理论：法律禁止反言、衡平禁止反言、默示和行为。其中依赖法律禁止反言认定默示许可的案例相对有限，❶所谓法律禁止反言，源于私法上的因立有契据而不容否认原

---

❶ See Winbond Elecs. Corp. v. ITC，262 F.3d 1363（Fed. Cir. 2001）；3M v. E. I. du Pont de Nemours & Co.，448 F.2d 54（7th Cir. Ill. 1971）；Cyrix Corp. v. Intel Corp.，846 F. Supp. 522（E.D. Tex. 1994）.

则（estoppel by deed），即指禁止一方当事人否认其在契据中的陈述与声明的真实性。而不同于因既有行为而不容否认原则（estoppel in pais），也即衡平禁止反言原则（equitable estoppel），指当事人由于其先前的行为或不当沉默而自受约束，以后不得自相矛盾，作相反的主张。依赖于法律禁止反言认定的默示许可一般需要满足这些条件：专利权人进行了一项专利权许可，并已经获得相应的对价，却妨碍被许可人对该权利的行使。在具体的适用中法院通常会将公平性作为援用该标准的首要考虑因素，而学者们则建议该标准的适用依赖于对两个主要因素的考量：其后申请专利的获得的可预见性和对有关许可主要条款的细致解释。例如，在安培公司诉美国（AMP，Inc. v. United States）案 ❶ 中，原告 AMP 公司将一项专利技术许可给了美国政府，并收取了相应的许可费，而后，专利权人发现在现有专利的某个方面还覆盖着一个既存专利（preexisting patent）。在申请并获得了该既存专利后，AMP 公司向美国索赔法院提起诉讼，指控使用现有专利的美国政府侵犯该既存专利。对此，法院认为，被告基于现有专利许可的明确存在而获得的使用整个专利技术的默示许可阻却了原告就先前存在而后取得的专利（the preexisting-but-after-acquired patent）提出的侵权指控。除却法律禁止反言，专利默示许可的认定还依赖于衡平禁止反言、行为和默许等理论。其中，与衡平禁止反言原则的适用条件相似，依赖衡平禁止反言原则认定的专利默示许可需要满足三个条件：①专利权人通过误导性的言语或行为使被控侵权人合理地认为专利权人允许其实施有关专利；②被控侵权人信赖该言语或行为；③如果支持专利权人的诉求对被控侵权人明显不公平。这里的"言语或者行为"包含明确的声明、行为、不作为或在有义务明确说明时的沉默等。❷ 而且需要明确的是，在依赖衡平禁止反言原则认定专利默示许可

---

❶ AMP，Inc. v. United States，182 Ct. Cl. 86（Ct. Cl. 1968）.

❷ AT&T Corp. v. Microsoft Corp.，70 U.S.P.Q.2D（BNA）1141（S.D.N.Y. Feb. 2，2004）.

时，只有在被控侵权人证明其合理信赖的存在，才能成立专利默示许可，也即必须满足衡平禁止反言原则对信赖保护的要求。❶ 例如，在 H. M. 斯蒂克尔诉海布林公司（H.M. Stickle v. Heublein, Inc.）案❷ 中，法院之所以否认专利默示许可的存在，是因为被控侵权人不能证明其合理信赖的存在。依据默许理论成立的默示许可主要是指：对于被控侵权人制造、使用或者出售专利产品的行为，专利权人没有表示反对，且专利权人也从被控侵权人的相关行为里获得了相应的对价，除非有其他相反的证据。或者简单地说，依据默许原理，专利权人在知道被控侵权人的侵权行为的情况下没有进行制止，并从被控侵权人处获得相应的补偿，以至于被控侵权人因信赖专利权人的行为而从事相应的行为。❸ 依据行为理论成立的专利默示许可主要适用于这一情形：专利权人通过言语或行为使被控侵权人认为专利权人允许其制造、使用或者出售相关专利产品，被控侵权人也出于对专利权人言语或行为的信赖制造、使用或者出售相关专利产品。❹ 值得注意的是，尽管法院在一些案件中明确在一些情况下可以依据默许和行为这两种理论推出专利默示许可，但是，实践中尚没有依据这两种理论推出默示许可的案件。❺ 纵观认定专利默示许可的这些标准，亦可以发现：首先，无论是依据法律禁止反言认定的专利默示许可还是依据衡平禁止反言认定的专利默示许可，其基本的理论基础均为衡平法上的禁止反言原则，而这一原则正是英美法上典型的信赖保护原则。只不过，前者是因专利权人"立有契据"而不得反悔，后者是因专利权人的既有行为而不得反悔，因此其基

---

❶ Bandag, Inc. v. Al Bolser's Tire Stores, Inc., 750 F.2d 903（Fed. Cir. 1984）.

❷ H.M. Stickle v. Heublein, Inc., 716 F.2d 1550, 1559（Fed. Cir. 1983）.

❸ Mahurkar v. C.R. Bard, Inc., 1993 U.S. Dist. LEXIS 9259（N.D. Ill. July 6, 1993）.

❹ De Forest Radio Tel. Co. v. United States, 273 U.S. 236（U.S. 1927）.

❺ See AMP, Inc. v. United States, 182 Ct. Cl. 86（Ct. Cl. 1968）; Cardiovascular Diagnostics v. Boehringer Mannheim Corp., 985 F. Supp. 615（E.D.N.C. 1997）.

本的价值目标都在于保护相对人的合理信赖。其次，尽管默许和行为这两种认定的默示许可的路径没有明确其保护相对人信赖利益的目的，但是通过分析可以明确，无论是哪一种专利认定路径，都暗含着保护合理信赖的价值目标——其中，在依据默许理论认定专利默示许可时，之所以能够推出专利默示许可的存在，维护被控侵权人的利益，正是由于专利权人对被控侵权人实施专利发明的行为的默许及专利权人接受相应的对价的行为使被控侵权人产生了合理信赖，即其行为已得到专利权人默示的认可，而被控侵权人正是基于这种信赖才实施后续行为，当然，这里是否存在合理信赖需要被控侵权人提供充分的证明。在依据行为理论认定专利默示许可时，之所以能够推出专利默示许可的成立，也是因为专利权人的言语或行为足以使被控侵权人产生其能够实施专利发明的合理信赖，被控侵权人也正是出于对专利权人言语或行为的合理信赖实施专利发明，当然，这里信赖的合理性也需要被控侵权人通过举证予以证明。所以，可以说，专利默示许可制度之所以具有法理上的正当性，保护专利实施人的合理信赖是其最基本的价值所在，该制度其他价值的实现均应以保护专利实施人的合理信赖为价值基础。以涉及产品销售的专利默示许可为例，当专利权人在销售某种专利产品时，如果该产品的性质及销售该产品的具体情况表明该产品的购买者通过购买该产品获得了某种权利，销售者就不得以侵犯专利权为由禁止购买者行使其所获权利的行为。否则，购买者的信赖利益将得不到保护，并进而影响到正常的社会秩序。

2. 专利默示许可的认定路径亦符合信赖保护规则的内在构成

前文已述，通常情况下，信赖保护原则的适用需要满足三个条件：表意人行为意思的客观存在、相对人对表意人行为的正当信赖、表意人具有可归责性，也即在具体实践中，如果想要为当事人提供信赖利益的保护必须满足这些条件，因而也被称为信赖保护原则之构成。

就专利默示许可的认定而言，目前理论上尚无统一的认定路径。在实践经验比较丰富的英美法国家，实践中主要将专利默示许可的认定作为一个衡平法问题解决，尽管也出现了一些可供参考的标准，但是至今仍没有形成统一的认定路径。不过通过考察有关专利默示许可的案例，专利默示许可的认定主要满足两个基本条件：其一，专利权人"误导性"行为的客观存在。这里的行为主要包括明确的声明、行为、不作为或在有义务明确说明时的沉默等。而所谓"误导性"，主要在于，专利权人并不一定具有予以专利许可的目的，但是其行为足以使相对人认为其能够实施专利。而且这里的"误导性"行为必须是在有意识且意识自由的情况下所做出的表意行为。例如，在默许修理类专利默示许可案件中，专利权人本应意识到，如果其没有做出明确的限制，专利产品购买者在购买专利产品后会为了实现专利产品中蕴含的使用价值而对专利产品进行合理的修理，而专利权人没有做出这种限制。那么，其在销售专利产品时的沉默足以使购买者认为，其获得了合理修理专利产品的默示许可，以实现专利产品中蕴含的使用价值。这一点与信赖保护原则中关于表意人行为意思的客观存在的要求可谓殊途同归。其二，相对人基于对专利权人"误导性行为"的合理信赖而进行了相应行为，一旦被控侵权人不能证明其对专利权人的"误导性行为"产生了合理信赖，则法院并不会判定专利默示许可成立。❶ 其重点在于信赖合理性的判断。在实践中，关于信赖合理性的判断也主要从两个方面入手。首先，被控侵权人对专利权人的"误导性行为"的信赖是合理的，所谓合理，通常有两个要求：第一，被控侵权人的信赖是善意的，这一点与信赖保护原则中相对人信赖正当性的要求一致，即对于专利权人不会进行专利许可的真实心理状态，被控侵权人是否是明知的或者是应当知道的。例如，在博尔斯特案中，正是由于被控侵权人 Bolser 没有充分的证据能够证明他在购买及使用轮胎翻新装备时不知道博尔斯特公司与其经销商 TRI 公司之间关于授权结束时全部回收轮胎翻

---

❶ Bandag，Inc. v. Al Bolser's Tire Stores，Inc.，750 F.2d 903（Fed. Cir. 1984）.

新装置的约定以及博尔斯特公司参与 TRI 公司关于销售轮胎翻新装置举行的竞价行为，法院认定其并不存在合理的信赖，因而否定了专利默示许可的成立。

第二，这里的信赖并非被控侵权人单方面的期待，必须是综合考察所有当事人行为的基础上，以一般理性人在类似情形下的选择为标准，确定被控侵权人的信赖是否合理。例如，在艾肯制造公司诉艾博克制造公司案（Elkay Mfg. Co. v. Ebco Mfg. Co.）案 ❶（以下简称 Elkay Mfg. Co. 案）中，被告 Ebco 公司以液体分配装置中的易碎瓶盖来自于专利权人 Elkay 公司的授权销售为由，主张其通过购买专利权人 Elkay 公司授权销售的易碎瓶盖获得了实施 Elkay 公司有关专利发明的默示许可，因而不构成专利侵权。对此，法院认为，从 Elkay 公司没有限制的销售中不一定能够推出默示许可的存在，相反，因为 Elkay 公司授权黑鹰（Blackhawk）公司生产的瓶盖主要用于组装 Elkay 公司的液体分配装置，所以从 Elkay-Blackhawk 许可协议中仅能推出黑鹰有权制造和销售瓶盖，并不能推出 Elkay 授权其实施相关专利的默示许可。要想证明默示许可成立，Ebco 公司尚需提供其他证据以证明从专利权人 Elkay 公司授权销售易碎瓶盖的行为中能够推出将该瓶盖与其他公司生产的其他专利产品部件结合实施专利发明的默示许可。在该案中，由于 Elkay 公司拥有的关于卫生液体分配系统的专利发明包括安装装置、进料装置、易碎连接瓶盖和一个用于安装这些部件的装置等几个部分；而且 Elkay 公司授权黑鹰公司生产的瓶盖与 Elkay 公司卫生液体分配装置使用同一个商标（WATER SAFE），在 Ebco 公司从黑鹰公司购买易碎瓶盖并用于组装该公司生产的液体分配装置之前，黑鹰公司仅仅作为 Elkay 公司的供应商生产易碎瓶盖。那么，从一个理性的易碎瓶盖购买者角度出发，其是否会认为获得了一个将易碎瓶盖用于组成其他侵权装置（如 Ebco 公司生产的"WATER GUARD"牌液体分配装置）的默示许可，也即，其通过购买一个专

---

❶ Elkay Mfg. Co. v. Ebco Mfg. Co., 42 U.S.P.Q.2D（BNA）1555（Fed. Cir. Oct. 29, 1996）.

利权人授权销售的易碎瓶盖是否产生了可以将易碎瓶盖用于组成其他侵权装置的合理信赖，便是问题的关键所在。对此，法院从一般理性购买者的角度出发，指出被告 Ebco 公司并不存在合理的信赖，而其单方面的期待并不受法律保护，因而判定 Ebco 公司没有获得将从黑鹰公司购买易碎瓶盖并用于组装该公司生产的液体分配装置的默示许可。在专利默示许可实践中，对于被控侵权人是否产生了合理的信赖，主要通过以上两个方面进行分析，对于专利权人行为的可归责性分析较少。而笔者认为，在相关案件中，对于是否存在专利默示许可的判断，完全可以遵循信赖保护原则在认定默示意思表示成立方面的思路——通过分析被控侵权人主观上的善意与否，一般理性人在相关情况下是否会产生信赖以及专利权人对被控侵权人信赖的产生是否具有可归责性等方面出发明确被控侵权人的信赖是否合理，是否值得法律为其提供保护。

3.2　专利默示许可制度的法经济学分析

　　法律制度无法限定应由市场决定的专利交易价格，但是可以对交易成本进行控制和约束，从而促进发明创造权益的流转，实现效益最大化。高质量有效的专利制度供给是解决经济发展的重要因素，同时也是激发社会创新活力的关键环节。[1] 专利默示许可制度在英美法国家已经趋于成熟，我国也根据需求逐步引入了该制度。该制度的价值何在，也即对该制度的引入是否有充分的正当性基础，前文已就其法理上的正当性进行了充分的论证，本节旨在从专利默示许可制度的经济效益方面入手探讨该制度存在的正当性依据。

---

[1] 张勇，赵剑男 . 我国专利默示许可制度经济学效应 [J]. 标准科学，2016（10）：87-89.

3.2.1　机会主义行为的规制与专利默示许可制度

3.2.1.1　机会主义行为的基本理论

人的机会主义行为的命题作为新制度经济学的基本假设，源于威廉姆森的交易成本理论，其在科斯交易费用理论的基础之上提出，决定什么环境下采用哪一种组织类型及其选择原因时，起决定性作用的是交易成本，而不是技术问题。并明确，尽管导致预期的市场失灵的环境因素是不确定性（uncertainty）和少数人交换关系（small number），但是，除非与一系列相关的人力因素相结合，否则这些环境因素并不妨碍市场交换的进行，而这里的人力因素主要指有限理性和人的机会主义。因此，人的有限理性和机会主义与市场中的不确定性或者少数人交换共同构成了交易成本的产生原因。❶其中，有限理性是指，人们的行为是"内在理性，但仅是有限的"，❷因为，"在现实世界中，与需要客观理性行为才能解决的问题的规模相比，人们在认识和解决复杂问题方面的能力是非常渺小的。"❸这里主要指的是神经生理限制和语言限制，考虑到这些限制，对未来的事件进行确认并且进行详细描述，进而事后做出相应的调整会非常昂贵，甚至是不可能的。与此同时，威廉姆森根据人追求私利的程度，区分为最强烈的、最弱的和介于两者之间的简单的自私自利行为，并指出，交易费用经济学所关注的就是投机问题，所以，这里的机会主义行为是指在交易中缺乏真诚或诚实，包括带有欺诈的自我利益寻求，涉及的是在会实现个人优势的预期下做出"虚

---

❶ 奥利弗.市场与层级制分析与反托拉斯含义 [M].蔡晓月，孟俭，译.上海：上海财经大学出版社，2011：52-66.

❷ SIMON H A. Administrative behavior [M]. 2nd ed. New York: The Macmillan Company，1961：69.

❸ SIMON H A. Models of man [M]. New York：John Wiley & Sons. Inc.，1957：198.

假的或是空洞的——也就是连自己都不相信的——威胁和保证"，❶ 换句话来讲，也就是用欺诈的手段来谋取自身利益的问题。因而属于"自我利益的狡诈追寻行为。它包括说谎、偷窃和欺骗行为等赤裸裸的形式。机会主义通常更多地采取微妙的、狡黠的欺骗形式。一般的，机会主义是与信息的不完全、信息纰漏的扭曲有关，尤其与误导、曲解、使人模棱两可或混乱等故意行为相关。"❷ 机会主义行为带来的直接结果是合约风险。如果契约签订人只有谋私利行为而没有机会主义行为，那么缔约人就会忠实地履行契约。如果契约人可能采取机会主义行为，那么他就可能见机行事，使事后的结果不是按合同而是按有利他的方向发展。在这样的情况下，怎样采取措施遏制机会主义行为也就具有经济意义，当然同时也带来了成本。因此，威廉姆森假定处于交易过程中的人们不但具有有限理性而且还具有机会主义行为倾向，正是人的有限理性和机会主义行为的存在，导致了交易活动的复杂性，交易成本增加。

但是，无论是有限理性本身还是仅仅怀有机会主义的倾向并不会使市场因此而存在缺点。首先，有限理性约束只有在不确定性或复杂条件的情况下才会变得很有约束力。❸ 也即，当交易在不确定性或者复杂性的条件下完成时，交易才会变得非常昂贵，有限理性问题就会出现。相反，如果交易环境足够简单，有限理性的约束就不会被达到。同样，人的机会主义本身并不会导致经济问题，少数人交换关系的存在是很有必要的，否则，投标者之间的大规模的竞争会导致机会主义倾向的失灵 ❹——这里的少数人交换关系是指交易时的市场环境，

---

❶ GOFFMAN I. Strategic interaction [M]. Philadelphia : University of Pennsylvania Press, 1969 : 183.

❷ WILLIAMSON O E. The Economic Institutions of Capitalism [M]. New York : Free Press, 1985 : 224.

❸ 奥利弗. 市场与层级制分析与反托拉斯含义 [M]. 蔡晓月，孟俭，译. 上海：上海财经大学出版社，2011 : 59.

❹ 同 ❸ : 62.

具体而言系潜在的交易对手的数量。对此，威廉姆森指出，交易开始时有大量的供应商参加竞标的条件，并不意味着此后这种条件还会存在。事后竞争是否充分，依赖于所涉及的货物或者服务是否受到专用性人力或物质资产投资的支持。如果没有这样的专用性投资，最初的赢家就不能实现对非赢家的优势。尽管它也许会继续供应相当长的一段时间，这只不过是因为它一直在对付来自合格对手的竞争性叫价。相反，一旦存在了专用性投资，就不能假定竞争对手还处于同一起跑线上了。在这种情况下，最初的完全竞争市场就被垄断市场所代替，最初的大规模竞争条件就让位于事后的"少数人交换关系"，而这一个过程被他称之为"根本性转变"。这样如果持续交易关系终止就会造成经济价值的损失，并且使交易处于垄断一方的机会主义行为的可能性大增，非垄断一方将为此交易的继续维持付出相当大的成本代价。❶此外，根据威廉姆森的见解，对于交易成本的产生而言，人的有限理性与机会主义须是同时存在的：在完全理性的情况下，一开始就可以无须耗费地签订极为详尽的合同，签订长期合同也是有可能的；在不存在机会主义的情况下，任何由于受到有限理性而在合同中造成的疏忽欠妥之处，不会引起对方在执行合同中钻空子的危险，因为双方都不想从对方捞取便宜，因而签订短期而连续的合同是可能的。❷

根据客观影响因素的不同，交易成本理论中的机会主义行为主要表现为三种典型的模式：逆向选择与道德风险、套牢效应、短期化行为。其中，逆向选择（adverse selection）和道德风险（moral hazard）主要是由信息不对称引发的机会主义行为，根据发生的时间，发生在交易双方签约之前的信息不对称引发的机会主义行为主要表现为逆向选择问题，也即，在合同签订之前，进行市场交易的一方已拥有了另一方所不具有的某些信息，而这些信息有可能影响后者

---

❶ 袁庆明，刘洋．威廉姆森交易成本决定因素理论评析 [J]．财经理论与实践，2004（5）：16-20.

❷ 迪屈奇．交易成本经济学 [M]．北京：经济科学出版社，1999：29.

的利益，于是占据信息优势的一方就很可能利用这种信息优势做出对自己有利，而对另一方不利的事情，市场效率和经济效率会因此而降低；❶ 而发生在交易双方签约之后的信息不对称引发的机会主义行为主要表现为道德风险问题，也即，交易各方在签约之后利用信息优势，通过减少自己的要素投入等机会主义行为，以隐蔽方式以达到自我效用最大化且不顾及对方利益，而对方因成本过高等原因难以对此监督。❷

套牢效应或者要挟行为（hold-up），也可以称为"敲竹杠"行为，作为事后机会主义行为的另一种表现形式，与由信息不对称引发的道德风险不同，产生于事后的机会主义和资产专用性的结合。基于信息问题的两种机会主义行为，都造成了效率的损失。尽管一方想要识别另一方的隐蔽行动与隐蔽信息并不是不可能的，但需要在收集信息、进行检查和监督所需要的相应成本与所获得的相应收益之间进行权衡。❸ 所谓资产"专用性"，是指耐用性实物资本或者人力资本投入某一特定交易关系当中而被锁定的特性及其程度，❹ 一旦要打破既有关系或制度规则，专用性资产将付出巨大的转置和退出成本，产生"套住"效应。所以，一旦进行了专用性投资，交易双方都要在相当长时期内在双边交易关系下进行活动；不可交易的资产特征确定了投资方退出交易过程与契约关系的困难程度，对合约的另一方产生依赖，这无疑将弱化投资方在投资完成后的谈判地位而无法防止另一方的机会主义行为。事先的竞争可能被事后的垄断或买方垄断所取代，加之合约的不完全性，投资方的"专用性"投入可能使其谈判地

---

❶ 辛琳. 信息不对称理论研究 [J]. 嘉兴学院学报, 2001（3）: 38-42.

❷ 刘强, 金陈力. 机会主义行为与知识产权默示许可研究 [J]. 知识产权, 2014（7）: 54-60.

❸ 刘燕. "机会主义行为"内容与表现形式的理论解析 [J]. 经济问题探索, 2006（5）: 122-125.

❹ WILLIAMSON O E. Transaction-cost economics: the governance of contractual relations [J].Journal of Law & Economics, 1979, 22（2）: 233-262.

位下降，并成为对方"敲竹杠"的诱因。而被对方"敲竹杠"风险的存在增加了专用性资产的交易费用，它影响当事人事后讨价还价的地位，从而影响事前的投资决策。特别地，剩余权利对购买方来说是一种收益，而对另一方却是一种损失，这就不可避免地造成激励机制的扭曲。如果事先考虑到这种威胁的存在，不仅专用性投资不能达到最优，而且合约的谈判和执行也会变得更为困难，造成现货市场交易的高成本。它还引发了交易的事前反应，即潜在交易者交易的动机、目标、条件和范围的确立；交换物品的属性、特征、称量与测度的说明；事中的契约的起草与谈判；事后则对达成的交易进行监督与控制，以防止某交易方的机会主义行为破坏执行契约的连续性。为达成契约，交易双方都需付出很大的努力以防"日后不测"。❶

短期化行为（short-term behavior）则是基于交易频率引发的机会主义行为。交易的频率是指交易发生的次数，它并不会影响交易成本的绝对值，而只影响各种交易方式的相对成本。一种治理结构的确立和运转是有成本的，这些成本在多大程度上能被带来的利益抵消，取决于在这种治理结构中所发生的交易的频率。多次发生的交易，较之于一次发生的交易，更容易使治理结构的成本被抵消。❷因为，人的机会主义行为在一次性的交易与合作中会有更加突出的表现。正如著名的"囚徒困境"博弈中所体现的，在一次博弈过程中，人们是不会为了集体的利益而有所奉献的，相反会不遗余力地追求自身的利益最大化，尽管在这种情况下博弈的结果对于集体来说往往不是最佳状态。❸所以，一定程度上，合作的时间与交易次数会成为个人采取机会主义行为的重要诱因——如果考虑到资产专用性问题与博弈频率/次数的相互关系，一方当事人投入的资产专用

---

❶ 刘燕. "机会主义行为"内容与表现形式的理论解析 [J]. 经济问题探索, 2006（5）: 122-125.

❷ 袁庆明, 刘洋. 威廉姆森交易成本决定因素理论评析 [J]. 财经理论与实践, 2004（5）: 16-20.

❸ 同❶.

性较高时，更愿意签订长期合作的合同，而另一方当事人考虑到未来的风险或者不确定性，则倾向于采取机会主义行为而订立短期合同。❶而市场契约的一个特点便是它不具有自我实施性质的长期性，因而暴露在交易频率之下的资产专用性投资的风险会更大。

尽管机会主义行为给实施者带来的收益可能大于成本，但是无论是逆向选择与道德风险，还是套牢效应、短期化行为，对于有效率的交易结构具有破坏作用，扭曲了市场机制对资源的有效配置，尤其是对于涉及交易专用性的人力资本和物质资本的经济活动影响更甚，这对于整个社会来说只会造成经济资源的消耗，因为其无助于市场主体提供更好的产品或者服务。而正如威廉姆森所指出的，在不完全契约和人的自利动机下，有限理性的经济人必然产生机会主义倾向，机会主义行为会通过种种手段谋取利益或交易优势，并因此提高交易成本。❷所以，威廉姆森交易成本理论的核心在于如何通过制度构建的方式规制机会主义行为。正因如此，在具体的交易实践中乃至制度构建中，如何低成本、高效率地防范契约关系中各种形式的机会主义行为的实施，无疑成为组织与合同中对经济主体进行激励与监督出发点。

3.2.1.2 专利默示许可制度在规制机会主义行为中的价值

根据威廉姆森的交易成本理论，机会主义行为根源于人的逐利本性，而信息不对称和人的有限理性被视为机会主义行为的基本诱因。尽管机会主义行为同时存在于有形物和无体物两个领域的交易活动，但相对于有形财产的交易而言，涉及专利的交易存在标的无形性、价值变动性、权利交叉性等特

---

❶ 刘强，金陈力. 机会主义行为与知识产权默示许可研究 [J]. 知识产权，2014（7）：54-60.

❷ 奥利弗. 市场与层级制分析与反托拉斯含义 [M]. 蔡晓月，孟俭，译. 上海：上海财经大学出版社，2011：63.

点，使得人的理性相对于完全理性的差距更为显著，也即理性的有限程度更高，交易双方之间的信息不对称更加明显。❶ 此外，专利市场有其特殊性，专利市场的信息不对称问题导致的影响也可能比较特殊，而其主要原因在于专利是一种法律赋权，如果镶嵌在法律权利背后的相关信息不具备足够的透明度、相关利益方对于信息掌握的不对称性达到一定的程度，就会对正常的市场竞争造成不利影响。加之交易主体主观上的有限理性与机会主义倾向，就更容易滋生出专利投机这种背离专利制度初衷的现象。与此同时，在新知识经济时代，随着越来越多的企业和专利权人已经开始加强对专利的重视，专利的属性也在进行着多样化的演进，从以往单一的防御性专利布局到如今更多的商业化运作，并日益向企业的重要战略工具转化。❷ 而在将专利作为重要手段的市场竞争中，在人的逐利本性驱逐下，有限理性和信息不对称问题愈发严峻，由此引发的机会主义行为也会对相关利益方决策的制定和社会的整体效率都会导致不利影响。尤其在涉及专利的许可与诉讼时，发生机会主义行为的概率和由此产生的交易成本成倍增长，远高于有形财产的交易行为，超过了市场主体自发调节的临界值。❸

尽管现有专利制度为减少智力成果的交易成本和克服"搭便车"等机会主义行为提供了制度保障，但是由于专利交易的特殊性，在现有的制度框架内也会出现新的机会主义行为。例如，在专利许可中，专利权人可能会在产品销售或者合作实施过程中隐瞒专利权的存在，让对方当事人误以为产品或者技术中是不包含专利权的并且无须为此支付费用，从而为在竞争中取得价格方面的优势提供了基础。这可谓典型的由人的机会主义性倾向与信息不对称结合引发

---

❶ 刘强，金陈力. 机会主义行为与知识产权默示许可研究 [J]. 知识产权，2014（7）：54-60.

❷ 刘斌强. 从高智公开专利清单看专利市场信息不对称 [N]. 中国知识产权报，2014-01-29.

❸ 刘强. 机会主义行为、交易成本与知识产权制度正当性研究 [J]. 经济法论丛，2015（1）：151-170.

的"逆向选择"问题。以 Wang Labs. 案为例，在该案中，原被告存在过六年的合作实施包含有专利的内存模块技术的关系，而被告并不知道该技术包含有专利，因此按照原告的要求投入生产和实施，后来原告向被告提起专利侵权诉讼。再如，专利权人如果在销售专利产品部件后以收取相关费用作为继续提供服务的条件或者提出其他不公平的限制性条件，以隐蔽方式以达到自我效用最大化且不顾及对方利益。这属于典型的事后机会主义行为中的"道德风险"问题。Univis Lens 案就属于这种情况：该案中，专利权人 Univis 公司围绕着透镜拥有制造和使用的多种专利。该公司授权许可一买方加工镜片毛坯，即"用于打磨抛光成多焦距镜片，具有一定尺寸、形状和成分的粗糙、不透明的镜片"，通过熔合不同的镜片部分，生产双焦距和三焦距的镜片，并以商议好的价格出售给其他 Univis 公司的被许可人。批发商得到许可将镜片毛坯打磨成镜片专利成品，而后以议定价格出售给 Univis 公司许可的零售商，零售商再以同样的议定价格向顾客销售镜片成品。对此，美国政府根据《谢尔曼反托拉斯法》的相关规定起诉 Univis 公司非法抑制贸易。在专利交易中，还存在诸多"敲竹杠"的机会主义行为。所谓的标准必要专利挟持即为典型例证——专利权人在技术标准制定过程中隐瞒专利权的存在，并在技术标准的（潜在）实施者为实施标准投入专用性资产后，利用纳入标准后专利权获得的垄断优势获得标准必要专利许可过程中的优势谈判地位，或者通过诉讼手段来攫取不正当利益。如果不对机会主义行为进行限制，实施者可能不得不花费更多的时间和成本查询检索标准技术中是否存在专利权（或专利申请权），对于许可谈判过程和商业资源投入也将过度谨慎，造成交易成本的升高。[1] 比如，在著名的兰巴斯公司诉英飞凌科技公司（Rambus, Inc.v. Infineon Technologies AG）案 [2]（以下简称 Rambus, Inc. 案）

---

[1] 刘强，金陈力. 机会主义行为与知识产权默示许可研究 [J]. 知识产权，2014（7）：54-60.

[2] Rambus Inc. v. Infineon Techs. AG, 318 F.3d 1081（Fed. Cir. 2003）.

中, Rambus 公司主要通过专利授权作为基本的商业模式, 并不生产存储器产品, 1992 年, 在标准组织 JEDEC 开始为电脑存储新一代技术制定标准 SDRAMs 和 DDR SDRAMs 时加入了该标准组织, 并参与了这个标准的制定, 但该公司并没有按照该标准组织的要求对相关专利进行披露, 同时 Rambus 利用它在标准制定组织中了解到的相关信息, 进一步修改其专利申请, 使其专利覆盖正在制定中的标准。自 2000 年使用 Rambus 公司基础专利的标准 Direct Rambus DRAM (DR DRAM) 在市场上失败开始, 基于纳入自己技术的标准已经得到广泛应用, Rambus 公司以侵犯所谓涉及其原始技术的专利为由首先起诉使用该标准的德国半导体储存器制造商 Infineon Technologies AG (JEDEC 的成员), 使用该标准的包括东芝、日立等大型公司也成为 Rambus 公司的挟持对象。此外, 在专利实践中, 亦存在诸多受交易频率影响的机会主义行为, 也即短期化行为问题。具体比如, 在麦考伊诉三菱餐具公司 (McCoy v. Mitsubishi Cutlery Inc.) 案 ❶ (以下简称 McCoy 案) 中, 原告 McCoy 拥有一种关于虾刀的专利, 1991 年, McCoy 旗下的独立销售公司 ATD 向被告订购了 15 万把虾刀。当 Mitsubishi 生产并按时交付这些虾刀时, ATD 拒绝接收产品和支付费用, 但并没有事实表明这些虾刀存在缺陷。McCoy 承诺为 ATD 的拒绝支付行为承担责任, 但它只支付了 2 万把虾刀的费用。在继续谈判无果的情形下, Mitsubishi 多次通知 McCoy 其意图转售虾刀以减轻损害, 最终 Mitsubishi 向舰队司令 (Admiral Craft) 销售了 6456 把虾刀, 后者又于 1993 年向美国的餐馆和供应商销售了 958 把虾刀。原告 McCoy 遂以 Mitsubishi 的行为侵犯其专利权为由提起诉讼。

这些机会主义行为虽然可以为当事人带来单方面的利益, 但是在当事人与 (潜在) 相对方的利益需求不同、信息及资源稀缺性的背景下, 相对人出于对当事方实施机会主义行为的担忧, 为了避免成为机会主义行为的受害者, 将更为

---

❶ McCoy v. Mitsuboshi Cutlery, Inc., 67 F.3d 917 (Fed. Cir. 1995).

谨慎地选择交易对象，增加交易与合作的谈判次数、增加合同条款、严格检查、监督合同的履行等，这些预防性和补救性行为并不会导致社会财富的增加，也无助于当事人为社会提供更好的产品或者服务，反而可能使得部分专利交易无法达成，造成社会资源的浪费，因而直接提高了社会交易成本。❶具体而言，首先，机会主义者需要投入大量的成本，诱使对方在合同订立和履行过程中投入交易专用性资产，以便日后利用谈判优势地位获得不正当的利益。其次，对机会主义行为的防范和反防范使得交易成本增加。一方面，因为机会主义行为导致财富由守约方流向机会主义者单向流动，使前者会采取自我保护措施以避免成为受害者而此类防范措施将是对社会资源的消耗；另一方面，机会主义者并不会因为对方当事人的防范而放弃，相反可能投入更多的成本来增强机会主义行为的隐蔽性，以使其更难被发现和阻止。也正是由于机会主义行为会造成财富逆向流动和交易成本的提高，面对专利交易中可能出现的这些机会主义行为，从制度上对其加以克服和限制显得尤其重要，❷即使法律制度无法限定应由市场决定的专利交易价格，但是可以对交易成本进行控制和约束，从而促进发明创造权益的流转，实现效益最大化。❸所以，法律有必要寻求一些较低成本的方式阻止机会主义行为。

从规制机会主义的立场出发，专利默示许可制度的构建和发展亦突出地反映了专利交易实践对规制机会主义行为的现实需求。首先，专利默示许可制度旨在保护专利许可当事人的信赖利益，而在法经济学上，信赖利益的根本目的在于防止机会主义行为，进而降低交易成本。这里的信赖利益，并不是指单纯

---

❶ 刘强，金陈力 . 机会主义行为与知识产权默示许可研究 [J]. 知识产权，2014（7）：54-60.

❷ 刘强 . 法律拟制、机会主义行为与知识产权制度研究 [J]. 西部法学评论，2015（5）：1-10.

❸ 王超，罗凯中 . 专利默示许可研究以机会主义行为规制为视角 [J]. 邵阳学院学报（社会科学版），
2015（3）：31-40.

的期待，必须是值得法律保护的合理信赖。所谓合理信赖，从法学的角度，主要根据当事人的行为构成进行并判断，因而相对抽象化，所以在实践中存在举证困难的问题，对于法院而言也较难认定。相反从法经济学的角度出发，或许能够得到更为明确的答案——专利实施者产生信赖只是默示许可合同成立的前提，问题的关键在于专利实施者基于此种信赖而实施了一定的信赖行为，投入了相应的交易专用性资产，也即沉淀成本（sunk cost），从而产生了信赖利益。由于专利实施人沉淀成本的投入，使得专利实施人的谈判地位下降，更容易受到专利权人机会主义行为的影响，而专利权人也得以策略性地利用其优势地位，获得与其专利不相符的额外利益，为了防止利害关系人实施机会主义行为，法律有必要通过专利默示许可为专利实施人提供必要的保护，避免其因过多沉淀成本的投入而陷入不利的谈判地位，促进专利技术的有效实施。否则，法律没有必要为了保护交易人的主观期待，而对交易人的合同自由进行干涉。正如Timothy J. Muris 教授在论述合同履行上的机会主义时所指出的，"履行合同义务一方当事人的行为虽然没有必然违反明示的合同条款，但是违背了另一方当事人对合同的预期，从而导致财富从另一方当事人（单方面）转移到履行合同义务的当事人。对此，法律有必要寻求一种较低成本的方式阻止这种机会主义行为"。❶ 所以，专利默示许可制度的宗旨在于通过保护信赖利益而有效防止机会主义行为的发生。而判定是否成立专利默示许可时，除了需要判断是否产生抽象的主观信赖，还要明确专利权人是否根据这种信赖投入了相应的交易专用性资产（沉淀成本），形成了信赖利益。也即对当事人的合理期待的证明，被控侵权人必须证明其产生了相应的信赖利益，实施了相应的信赖行为，且是"合理的""必要的"，是值得法律保护的。

---

❶ MURIS T J. Opportunistic behavior and the law of contracts [J]. Minnesota Law Review, 1981（65）：521-591.

其次，相对于明示许可，专利默示许可更有利于在平衡许可当事人利益关系的基础上有效规制交易中存在的机会主义行为。在专利许可关系中，由于专利发明的支配权拥有法定上的稀缺性，专利权人享有是否颁发许可的决定权和许可谈判的优势地位，因此其实施机会主义行为的制度诱因较高。而专利发明作为一种智力成果，系具有非消耗性和非竞争性的公共产品属性，因此权利人拥有就同一知识产权与多个交易相对人进行许可的可能性，因此交易的对象相对广泛，尤其是在涉及国家推广或者技术标准中涉及的专利，其实施对象可以是潜在的不特定多数人。如果在是否颁发许可的问题上，仅限于当事人订立明示合同这一种形式，并且许可范围和内容又仅限于当事人明示方式所达成的合意内容，将使得当事人缔结许可的交易成本显著提高，并且会给予机会主义行为较多的法律和经济空间，不利于知识产权许可的有效达成。❶尤其是在（潜在的）专利实施者非常广泛的情况下，如果不能使这些潜在的专利实施者根据合理信赖取得专利许可，一方面，由于知识产权的经济价值、未来可能取得的经济收益和对于收益分配的比例相对于有形财产更难以协商确定，专利许可谈判的成本更高，加之专利许可谈判中信息的天然不对称，将使这些潜在的专利实施者陷入不利的谈判地位，并由此导致机会主义行为的威胁上升；另一方面，为了预防潜在的专利侵权，这些专利实施者将不得不花费更多的成本在预防侵权方面，从而进一步提高了交易成本，而这种交易成本的支出并不能带来更好的产品或者服务，因此属于社会资源的消耗。而相对于明示许可的模式，专利默示许可是在专利权人没有做出明确的许可意思表示的时候，与其交易的对方当事人或者社会公众根据其行为而推定的许可行为，其许可对象可以是潜在的不特定人，专利默示许可的成立并不需要交易双方达成书面的许可协议，法律

---

❶ 刘强，金陈力. 机会主义行为与知识产权默示许可研究 [J]. 知识产权，2014（7）：54-60.

上可以直接推定双方专利许可关系的存在，相关的机会主义行为自然就没有存在的制度土壤。一旦专利默示许可条件成就，专利实施方可径行实施专利，而不必花费高额交易成本与权利人达成书面协议，进而免受机会主义行为的侵扰。此外，由于专利默示许可制度的存在，权利人实施机会主义行为的风险增加；出于经济学上理性人自理的考虑，其实施机会主义行为的可能性将大幅度降低，进而有利于专利许可交易的实现。❶ 与此同时，与强制许可等法定许可可能因与权利人的意志相违背，不利于保护权利人的合理收益期望，反而会为机会主义行为创造法律空间不同，默示许可在适用上具有灵活性，其法律推定的性质也在一定程度上避免了过分违背专利权人真实意思情况的出现，因而能够保障专利权人合理的收益预期，因而亦能够在一定程度上抑制专利权人机会主义行为的产生。

再者，面对实践中存在的机会主义行为，专利默示许可制度亦发挥了应有的作用。就 Wang Labs. 案而言，针对原告的机会主义行为，加利福尼亚中心区地方法院和美国联邦巡回上诉法院均认为，被告已经获得了原告的无须支付使用费的默示许可，因而支持被告提出的侵权抗辩。针对 Univis Lens 案中专利权人 Univis 公司的事后机会主义行为，法院亦明确专利权人销售只能用于实施专利方法的镜片毛坯的行为构成了专利权用尽，因而其在销售该产品后对该产品的使用和价格进行控制的行为违反了美国的《谢尔曼反托拉斯法》。在 Rambus, Inc. 案中，对于 Rambus 公司的"敲竹杠"行为，法院认为，标准制定组织 JEDEC 在争议标准的说明中就指出制定该标准重要宗旨是兼容性，因此根据该标准而带来的产品需求中，部分可能是因为 Rambus 专利所带来的内存速度上的提高，也必然存在部分需求是由于标准制定后所产生的兼容性要求带

---

❶ 王超，罗凯中. 专利默示许可研究以机会主义行为规制为视角 [J]. 邵阳学院学报（社会科学版），2015（3）：31-40.

来的，Rambus 不应获取对于此部分需求所产生的利润。法院应当在明确合理无歧视条件的基础上，通过补充合同中的默示条款从而执行合同。在 McCoy 案中，针对专利权人违约等机会主义行为，美国联邦巡回上诉法院认为，有权在违约后不经同意而转售虾刀，以补偿其受到的损失。为履行支付虾刀费用的合同义务，在解决这一问题的商业努力中合理地获得了出售专利产品虾刀的默示许可。在我国，尽管专利默示许可制度尚不成熟，但是实践中亦存在不少试图运用或者依然运用专利默示许可抑制机会主义行为的案例。以河南省天工药业有限公司与广西南宁邕江药业有限公司侵犯发明专利权纠纷上诉案❶为例，在该案中，广西南宁广西南宁邕江药业有限公司拥有一个"治疗颅脑外伤及其综合征的药物组合物"的发明专利，为推广其发明专利，该公司参与了广西壮族自治区药品检验所复方赖氨酸颗粒质量标准的制定，并在标准中申明标准采用的组方为其发明专利说明书公布的 5 个实施例之一。2001 年 3 月 7 日，国家药品监督管理局颁布了复方赖氨酸颗粒的质量标准及使用说明书，标准的起草单位是广西区药品检验所，标准实施日期为 2001 年 6 月 1 日，并附有复方赖氨酸颗粒生产企业的名单，包括该公司和河南天工公司。2006 年 4 月，邕江药业公司发现天工公司销售的贝智高复方赖氨酸颗粒落入了其发明专利保护范围，遂起诉天工公司的行为构成专利侵权。对此，天工公司认为邕江药业公司自愿、主动将专利提供给国家，使专利配方成为国家标准向社会公开，视为允许他人使用其专利，因而其使用邕江药业公司专利的行为是执行国家标准的合法行为。但最终，因二审法院认为"在民事行为中，默许的意思表示必须有法律明确规定才能确定，不能任意推定，邕江药业公司的行为在法律上没有规定为默许，双方也没有合同的约定，因此，不能视为邕江药业公司默许河南天工公司使用其专利。"，最终判定天工公司的行为构成专利侵权，要求其停止侵权行为，并支付 40 万的

---

❶ 案例号：(2007) 桂民三终字第 46 号。

侵权赔偿。在该案中，正是由于专利默示许可制度支撑的缺失，天工公司合法实施国家标准的行为并指控为侵权，并由此付出了沉重的代价。而这仅仅是问题的一方面，如果从法经济学的角度衡量，在该案中，尽管天工公司没有支付许可费而实施标准必要专利的行为存在不妥之处，但是在其为了实施专利而付出巨大沉淀成本的情况下要求起停止实施专利发明的行为必然为其带来巨大的交易成本。而且法院的最终判决必然加强获得优势垄断地位的专利权人实施机会主义行为的动机，这将使潜在的标准实施者不得不面临极大的机会主义威胁。由此一旦专利权人滥用其获得的优势垄断地位，受到侵蚀的不再仅仅是标准的实施者，有关专利产品的消费者乃至相关的市场都将受到不利影响。可能正是基于这样的考虑，在典型的季某、刘某与朝阳市兴诺建筑工程有限公司专利侵权纠纷一案●，最高人民法院在相关复函●中明确："鉴于目前我国标准制定机关尚未建立有关标准中专利信息的公开披露及使用制度的实际情况，专利权人参与了标准的制定或者经其同意，将专利纳入国家、行业或者地方标准的，视为专利权人许可他人在实施标准的同时实施该专利，他人的有关实施行为不属于专利法第十一条所规定的侵害专利权的行为。"最高人民法院关于此类行为默示许可性质的认定，能够有效地防止有关专利权人基于标准的推广获得的扩大垄断地位实施机会主义行为，有利于促成涉及专利标准的实施者与专利权人之间的许可谈判，因而减少了不必要的交易成本。

专利默示许可制度的出现，背后有以交易成本为核心的制度经济学的考量，专利默示许可制度的价值在于其对专利许可关系中各方需要的满足，特别是从节约专利交易成本的角度满足社会整体的需要。而对于机会主义行为的规制，可以说是专利默示许可制度之所以能够存在和不断发展的重要支撑。作为一种

● 案例号：（2007）民辽四知字第126号。

● 最高人民法院（2008）第4号答复函。

制度供给，它是对专利许可关系中当事人双方利益的一种法律上的分配，通过抑制权利人的机会主义行为，节约社会交易成本，进而实现社会利益的最大化。与此同时，规制机会主义行为理论也为实践中专利默示许可的认定提供了充分的理论依据，因而有利于为该制度的适用划定合理的边界。

3.2.2　社会总体效用的最大化与专利默示许可制度

3.2.2.1　科斯定理及其社会总体效用最大化追求

科斯定理源于科斯的一篇奠定了法经济学的基础论文——《社会成本问题》。该文被国际经济学界公认为现代产权理论的经典之作。由于交易成本概念的引入和对问题相互性的考虑，该文在探讨权利配置、社会福利（效率）和社会成本方面的问题时开辟了一个全新的视角并在方法上给人以耳目一新的感觉。该文是经济学向侵权法领域进攻的标志性文章，也成为法律与经济学学术研究的起点。❶ 在这篇论文中，科斯首先从侵权的相互性出发，讨论了几个案例，然后总结出一个结论，即如果定价制度的运行毫无成本，最终的结果（产值最大化）是不受法律状况影响的，即在交易成本为零的情况下，法律对产权的初始界定不影响资源的最优配置。❷ 这一结论被经济学家施蒂格勒称之为"科斯第一定理"，即"在完全竞争条件下，私人成本与社会成本将相等。"❸ 由于现实中交易费用不可能为零，因此，这也成为许多学者质疑科斯定理，并进而质疑科斯权利配置思想的论据。事实上，科斯第一定理并没有反映科斯的真实思想和意图。正如经济学家约瑟夫·费尔德所言："科斯第一定理只是其理论的逻辑出发点，

---

❶ 徐爱国. 侵权法的经济学理论：一个思想史的札记 [J]. 法制与社会发展，2007（6）：103-117.

❷ 卡茨. 法律的经济分析基础 [M]. 北京：法律系出版社，2005：76-77.

❸ 科斯. 生产的制度结构 [M]. 盛洪，译. 上海：上海三联书店，1992：303.

而不是终点。科斯第一定理虽富有吸引力，但它假设交易成本等于零，而许多实际问题都涉及正交易成本。"❶ 正因如此，科斯第二定理提出，在交易成本为正的情形下，权利的初始界定将会影响资源的最终配置或者说影响到社会总体效率最优的实现。并由此发展出科斯第三定理，即"当存在交易成本时，通过明确分配已界定权利所实现的福利改善可能优于通过交易实现的福利改善。"❷ 人们习惯于将这三种表述归纳为"科斯定理"。

然而，由于科斯定理是别人对科斯理论的概括，而科斯本人又拒绝解释这一定理的准确内涵，所以，学术界对科斯定理有诸多不同的看法。例如，威廉姆森认为，科斯定理的核心内容是交易费用，具体可以表达为：如果交易费用等于零，无论产权最初如何界定，经济效率都不受影响，但如果交易费用不等于零，则产权能否明确界定，将对经济效率产生重要影响。❸ 舒尔茨认为，科斯定理强调了何种产权结构有利于维持自由竞争的市场状态，它的主要含义是，初始合法产权的分配与经济效率无关，只要这些权利能够在完全竞争的市场中进行交换。❹ 布坎南则认为，科斯定理的核心是产权，而不是交易费用，他的内涵是：只要社会上所有交易者都能自由地进行交易，并且所有的交易者的权利都是明晰的，那么，资源就会按其最有价值的用途进行配置。❺ 尽管人们对科斯定理有不同的见解，但基本看法大体一致：科斯定理的实质，是以交易费用为前提分析产权制度与经济效率的关系。科斯定理，首先从假定交易费用为

---

❶ 约瑟夫.科斯定理 1-2-3 [J].经济社会体制比较，2002（5）：72-79.

❷ 同❶。

❸ WILLIAMSON O E. The logic of economic organization [J]. Journal of Law, Economics & Organization, 1995, 4（1）: 65-94.

❹ SCHULTZ T W. Which way will farmers turn [J]. Foreign Affairs，1945，23（4）：627-634.

❺ BUCHANAN J M. The coase theorem and the theory of the state [J]. Natural Resources Journal, 1973, 13（4）: 579-594.

零时推导出：产权的初始安排与资源配置效率无关。但是，科斯本人也早就意识到，在现实经济生活中，交易费用不可能为零。他一再强调，没有交易费用的社会，就如同没有摩擦的物理世界一样，实际上是不存在的。所以，科斯定理的真正意义在于：它说明了存在交易费用时，产权制度是如何作用或者影响于资源配置效率的。从另一个层面理解，也就是说，正是由于交易费用的存在，使科斯定理中资源配置的机制不能充分发挥作用，交易费用成为通过市场交易实现配置优化的最大障碍，必须寻找相应的制度规则，降低和减少市场机制中的交易成本。由此引申出科斯定理的另外一种表达：制度和合约的安排，决定性地影响交易费用的高低，因此如果找到能够有效地降低交易费用的制度或合约安排，就能够提高效率。所以，可以认为，在交易成本为零的假定下，不需要有其他的制度选择，市场功能可以自行解决资源优化配置的问题（当然市场也是一种制度安排）。但进入存在交易成本的现实世界后，由于市场功能的发挥受到交易成本的限制，就需要寻求最能节约交易成本的制度安排。❶

而就方法论上的意义而言，通过对传统研究方法的批判性分析，科斯从方法论上对他的论点进行了总结：尽管其基本的出发点仍然离不开理性经济人的假定："只有得大于失的行为才是人们所追求的"。❷ 但第一，当每个人按照自己的意愿进行决策时，可能会由于某一方面的改善导致另一方面恶化，结果会事与愿违，得不偿失。对有害的外部效果的政府干预就可能如此；第二，各种不同的政策选择和制度安排都有运行的成本，只有在考虑到这些成本小于可能获得的收益时，才能做出正确的选择。正如科斯在文章最后所提出的："在个体自主决策的社会中，我们在选择制度安排时必须记住，现有制度安排的改变在改善决策的同时也可能会导致其他决策的恶化。因此，我们必须考虑运行各种

---

❶ 熊志军. 科斯的社会成本问题及其现实意义 [J]. 江汉论坛，2002（1）：22-25.

❷ COASE R H. The problem of social cost[J].Journal of Law and Economics，1960，3：1-44.

社会安排的成本（无论市场主导还是政府主导的社会）以及创建新制度的成本。在设计和选择社会安排时我们应当考虑到总体效用，这就是我所倡导的方法的改变。"❶ 所以，归根结底，"社会总体效用"（有的表述为社会总体福利、社会总的效用，还有的表述为"科斯最优"❷）是科斯权利配置思想的目标，是科斯思想的核心，也是我们理解科斯《社会成本问题》的钥匙。只有认识到科斯思想的核心——对"社会总体效用"最大化的追求，才能真正理解科斯思想的精髓。而学者们所推导出的科斯定理只不过是理解科斯思想的桥梁和路径，也就是科斯借以表达自己思想的方式。❸

那么，如何理解科斯的"社会总体效用"（Total Effect）？首先，科斯在引用案例予以表达自己的思想时，所提到的都是经济上的效果，因此，许多学者在理解科斯的"社会总体效用"时均理解成了经济上的社会总体效用，并进而指责科斯的社会经济效用最大化思想忽略了分配的公平、公正，不利于社会正义的实现，从本质上讲也不利于效率的提高。"仅仅鼓吹效率是不够的，分配公正对经济行为也有着不可估量的影响。因为任何自利的个体都不会甘受经济损失。动态地看，分配不公肯定会降低资源配置效率（即使交易成本为零）。换言之，随机性权利安排不仅从法学角度看令人难以接受，即使纯粹从经济学角度看也未必能尽如人意。这正是很多人直觉地反对科斯第一定理的重要原因（虽然科斯本人知道权利再安排总会导致收入再分配）。"❹ 所以，我们在理解科斯的"社会总体效用"思想时，不应当仅仅局限于是否是指经济上的效用最大化，

❶ COASE R H. The problem of social cost[J]. Journal of Law and Economics, 1960, 3: 1-44.

❷ 赵燕菁. 基于科斯定理的价格理论修正 [J]. 厦门大学学报（哲学社会科学版），2007（1）：30-38.

❸ 祝彬. 公平与效率冲突下的权利配置读科斯《社会成本问题》有感 [J]. 吉林工商学院学报，2012（4）：5-8.

❹ 陈宝敏. 科斯定理的重新解释——兼论中国新制度经济学研究的误区 [J]. 中国人民大学学报，2002（2）：68-72.

而应当从社会总体的角度去考量。其次，依据科斯的相互性理论，交易行为的负外部性问题是相互的，由于避免对交易一方的损害将会使另一方受到损害，必须决定的真正问题是要在允许交易一方损害或允许另一方损害之间进行选择。而选择的标准应是避免较严重的损害，使产值最大化。❶举个例子，假设 A 的某种行为产生了平常所说的负外部性，使邻近的 B 受到的有害影响。如果法律规定 A 具有行使这种行为的权利，那么它就意味着 B 因为 A 的行为受到了损害，但如果法律决定 A 不具有这种权利，制止 A 的这种行为，那么它就意味着 A 由于 B 的存在而受到了损害。因为若 B 不存在，就 A 可以避免这种损害，在这种情况下，B 对 A 产生了损害即负外部性，所以负外部性问题是相互的。因此，要真正决定的问题是：允许 A 损害 B，还是允许 B 损害 A？依据科斯的理论，这一选择的关键在于避免较严重的损害，也就是要从总体的和边际的角度看待这一问题。因此，依据科斯的相互性理论，如果一方的行为给另一方带来损害的同时，却给自身带来了收益，也就是说，如果限制一方的行为来避免另一方遭受的损害，则其将受到损害。解决这一问题的关键应是从社会总体的层面看，允许一方的行为给社会带来的收益大，还是限制其行为给社会带来的收益大。科斯这一理论为我们合理解决市场经济中的外部性问题提供了一条非常富有启发的思路：解决外部性的根本出发点是促进资源利用效率的最大化，而不是片面地对造成外部性的当事人进行处罚，因此，在存在交易成本的条件下，解决外部性问题应依据收益大于成本的原则选择最有利的制度安排。

科斯理论在对经济学产生深远影响的同时，也在方法论上为法学研究提供了新的视角——由于科斯定理实现了法学与经济学分析的结合，故奠定了现代

---

❶ COOTER R. The cost of Coase [J]. Journal of Legal Studies，1982，11（1）：1-34.

法经济学的基础。科斯定理作为一个开放式的理论体系，贯穿于法经济学的各个领域，为传统法学难以解决的一些问题提供了新的解决方法和思路。科斯在《社会成本问题》一文中即指出："资源使用冲突的场合，一旦法律定了分，不管权利归属何人，经过市场交易，资源最后总是归向最高价值者，社会产值因此最大了。法律与经济因此有了联结。他又说，但由于现实世界的市场交易有其成本，阻碍了有些交易之达成，为了最大化社会产值，法律在定分时，可直接将权利归属于使用价值最高者。法律与经济如此又有了进一步的辩证关系。"❶那么，从法经济学的角度出发，我们在研究法律问题时，应当对各种制度安排的成本和收益进行比较和权衡，只有法律制度能够促进资源或财产向效用最大化的方向流动，即向对其价值评价最高的人群流动，这种法律制度的设计才最合理。因此，就法律制度的调整而言，在考虑交易成本的前提下，只有法律制度调整后的产值增长多于它所带来的成本时，这种调整才有必要进行。就处理有妨害后果的行为而言，所面临的问题是，不能简单地限制那些责任者，而必须决定，阻止妨害所带来的收益是否大于因制止带来该妨害的行为而在其他方面所遭受的损失。

3.2.2.2　专利默示许可制度与社会总体效用最大化追求的契合

专利法的制度安排是以赋予发明创造者垄断性的专有权利为手段实现"公开技术信息"的最终目的。这对于发明创造者而言，通过对这种垄断性专有权利的享有获得激励，进而产生持续性的创新动力；对于社会发展而言，通过能够充分接触"公开的技术信息"，一方面，增加了社会的知识总量，他人在获知公开的技术信息后，可以在该新的技术信息搭建的平台上提高发明创造的水平。另一方面，避免重复研究，节约资源。因此，可以说，专利法的这种制度安排

---

❶ COASE R H. The problem of social cost [J]. Journal of Law and Economics，1960，3：1-44.

是公共利益和私人权利之间互动的平衡结果。与此同时，专利权人获得的专有性权利在本质上是一种财产性权利，因而具有可转让性，即该专有性权利之中包含着发明人抑或说专利权人转让该财产性权利或者授权许可他人使用的权利。因此，如若他人有意愿支付一定的交易费用来获取享有专利发明的全部或者部分权利，同时专利权人又对此交易费用表示认可，那么在专利权人和使用人之间就会产生专利许可这种交易行为，当然这种交易产生的前提是发明人或者专利权人的肯定性意愿。从产权明确的角度出发，这就是专利法对其中的财产性权利的初始性安排。

依照交易成本理论，专利法作为规范专利权这一财产性权利的法律制度，其关于这一财产性权利的初始性安排通过对发明创新活动产生的外部效益进行分割，在一定程度上实现了资源配置最优化，从而有利于达到经济学上的均衡状态❶——通过产权的界定，专利权人获得了法定的垄断权，这一权利能够合法地转让和流动，因而使专利发明者与发明实施者之间的交易有了可能，那么，通过交易的完成，在实现专利权人利益的同时能够实现技术信息资源的优化配置，从而最大限度地创造市场价值，并进而实现更为宏大的社会目标。

但是，一方面，不同于一般的权利客体，专利发明作为无形财产具有"公共财富"性，即无形财产在本质上具有"非专有性"，它可以同时在多处存在且不会因使用而被消耗；同时，使用人数的增加不会增加创造知识产权的边际成本。❷因一个人占有或者使用无形财产不排除他人的同时占有和使用，共同拥有无形财产不会影响原来的拥有者将无形财产转让给他人或者自己使用该财产。因此，专利发明同时兼具公共物品和私人物品两种属性，相关产权制度的安排

---

❶ 杜鹃，陈家宏. 基于交易成本的专利制度利益平衡机制分析 [J]. 中南财经政法大学学报，2007（5）：42-46.

❷ HETTINGER E C. Justifying intellectual property [J]. Philosophy & Public Affairs，1989，18（1）：31-52.

就要考虑在成本既定的情况下如何实现效率的最大化。❶ 具体而言，由于专利使用者对专利技术的使用可能会影响专利权人的经济价值，但却不会减少发明创造对社会的总体价值。因为专利技术本身一般不会因使用的次数增加而受到损害。所以，从追求社会总体效用最大化的角度出发，应鼓励发明创造的充分应用。❷ 另一方面，在市场经济中，市场对资源的配置并不是绝对有效的，会存在市场失灵的情况。在专利权交易领域，市场失灵的情况主要表现为专利权人利用其获得的垄断地位及专利技术资产的专用性，通过隐瞒、伪装信息等方式形成优势的谈判地位，以迫使专利实施者在进行许可谈判时做出让步或最终使专利实施者因高昂的交易成本而放弃交易。这不仅会造成许可使用谈判乃至许可实施的高昂成本，还在一定程度上阻碍专利交易的达成，影响专利技术的实施，进而阻碍科学技术的发展和进步，因而不利于实现资源的最优配置。因此，依据科斯定理的推论和科斯理论的价值目标，需要一个原则去引导财产性权利的有效分配和流动，最大化地降低交易成本的负效应。而这些也正是专利默示许可制度经济学上的正当性分析基础。

具体而言，首先，专利默示许可能够通过明确专利权行使的边界，有效地减少交易成本。如上所述，在通常情况下，专利许可交易行为的前提是获取专利权人或者相关权利人的同意。在市场环境中，尤其是在新技术经济背景下，发明专利的使用和流转是专利权人实现其经济价值的关键所在。但如若在任何情况下，专利发明的使用都需要经过专利权人的明示同意才能进行，虽然可以充分体现专利权人的意愿，但势必会影响专利许可交易的效率，也会使专利发明的有效利用障碍重重，这一方面无法确保专利权人自身利益的

---

❶ 刘筠筠. 专利制度的合理选择与利益分享的法律经济学思考 [J]. 北方论丛，2005（2）：148-151.

❷ 林秀芹. 从法律经济学的角度看专利制度的利弊——兼谈我国《专利法》的修订 [J]. 现代法学，2004（4）：110-115.

最大化，也势必增加专利交易的社会成本——这里主要指两个方面的成本：专利发明的潜在使用者或发明者的竞争对手在试图围绕专利发明中可能承担的额外成本；被垄断的产品得不到充分利用给消费者造成的成本。❶ 因此，法律制度需要对此项制度安排进行重新思考，以确保通过权利边界的明确使交易成本和社会成本最低化。这就要求专利制度选择和设计一种较低成本的权利配置形式和实施程序。与此同时，由于个人的有限理性、外在环境的复杂性和不确定性等不完美因素的存在，合约双方不可能详尽准确地将与交易有关的所有未来可能发生的情况及相应情况下的职责和权利写进合约。❷ 所以，明示的专利许可合同本身不可能穷尽专利许可交易的所有安排，此时，就会产生这样的问题：由于明示许可合同的不完全性，随着时间的推移，或者具体的情势变更，不完全的合约需要进行解释、修正或者重新协商，而在此过程中会产生三类交易成本：第一，对需要解释或者修正的条款讨价还价产生的成本；第二，由于各方所拥有的信息不对称，双方可能达不成有效率的协议而形成的成本；第三，由于合约的不完全，各方可能不会做出最优的专用化投资而带来的成本。❸ 而这些成本的存在并不能带来更好的产品或者服务，亦无助于专利发明的有效利用，因而并不能导致社会财富的增加。因而需要通过一些制度安排来减少这些不必要的成本。专利默示许可制度正是基于这样的制度需求发展而来——在通常情况下，专利许可要求通过明示的方式进行，但是，在有些情况下，明示的许可合同并没有就相关的问题给出明确的

---

❶ 曾平，蒋言斌.均衡与效率知识产权制度的社会成本审视 [J]. 中南工业大学学报（社会科学版），1999（2）：68-71.

❷ 马力，李胜楠.不完全合约理论述评 [J].哈尔滨工业大学学报（社会科学版），2004（6）：72-76.

❸ HART O，MOORE J H. Property rights and the nature of the firm [J]. Journal of Political Economy，1990，98（6）：1119-1158.

答案，此时如果选择对相关问题进行解释、修正或者重新协商，如上文所述，势必增加当事人的交易成本。相反，如果通过分析当事人的行为能够推断出相关意思表示的存在，因而明确专利默示许可的成立，或者在因信赖专利权人的特定行为而投入专用性资产的情况下，通过明确专利默示许可责任而使交易得以继续，则可以避免这些交易成本，或者相比之下能够减少专利许可交易的成本。以基于销售产生的专利默示许可为例，在专利权人销售专利产品时没有就专利产品的使用、转售等做出明确限制的条件下，一旦在销售后专利权人和专利产品购买者就专利产品的使用或者转售发生异议，或者说专利权人试图限制专利产品购买者利用专利产品实施专利技术或者限制其转售专利产品，如果任由相关当事人通过解释、修正相关合同的方式解决相关问题，除了带来不必要的协商成本外，还将阻碍专利产品的有效使用和流通。相反，通过事先明确相关的专利默示许可制度，则可以有效地避免同样问题的出现，减少不必要的交易成本，进而促进专利的运用和专利产品的自由流通。再如，在涉及标准必要专利的实践中，如果专利权人在参与标准制定的过程中没有履行标准必要专利披露义务，相反在相关标准在社会上广泛推广应用后提出相关的权利要求。此时，如果不对专利权人的行为加以限制，任由其利用获得的优势谈判地位与标准使用者进行许可费用的谈判，势必严重影响相关标准的运行，在谈判地位不平等、信息不对称的前提下进行的专利许可谈判也必定会产生不必要的交易成本。而专利默示许可责任的事先明确，能够有效地减少这些不必要的交易成本，进而有利于标准的顺利实施。

其次，专利默示许可能够在不减损专利权人利益的基础上促进专利的运用，因而有利于实现社会总体效用的最大化。在专利法中，默示许可通常作为一种专利侵权抗辩手段而发挥作用，也即在具体的诉讼中被当事人用以证明自身"侵害"专利权人权利的正当性。依据科斯的方法论，交易行为的外部性问题是相互的，通常情况下，避免对交易一方的损害将会使另一方受到损害，所以，必须决定的真正问题是要在允许交易一方损害或允许另一方损害之间进行选择。而选择的标准应是避免较严重的损害，使产值最大化。❶因此，在有关专利默示许可的实践中，对于专利权人的侵权指控及被控侵权人的默示许可抗辩，亦应当明确对其中任何一方权利的维护都会使另一方受到损害。同时，从法经济学的角度，法律在进行权利界定时亦应当明确，是维护专利权人的利益反对专利默示许可的存在还是支持专利默示许可的成立而限制专利权人的权利能够避免较严重的损害，实现社会总体效用的最大化。当然，我们应当从总体的和边际的角度来分析这一问题。首先，作为专利权客体的专利发明具有公共产品（像路灯）的许多特征，所以具有非排他性，一旦产生，像其他公共产品一样，可以为许多人无限制地使用，但使用者却不需要花费额外的成本，也不会增加发明者的发明成本。同时，技术发明像公共产品一样，可以为社会公众广泛无数次仿冒、使用。这种仿冒可能减少专利对专利权人的经济价值，却不会减少发明创造对社会的总体价值。因为专利技术本身一般不会因使用的次数增加而受到损害。因此，从公共利益的角度看，应鼓励发明创造的广泛应用。❷而且专利发明被运用的次数越多，范围越广，其实现的社会效益就越大。那么，在这一点上，专利默示许可制度能够通过打破专利权人的不当垄断，规制专利权人的机会主义行为而积极地促成专利许可交易的实现，进而促进专利的运用。其次，专利默示许可在本质上是合同的一种，而专利默示许可制度的重心则在于判断当事人之间是否构成默示许可，也可以说是合同是否成立的问题。但专利默示许可并不等于免费许可，在构成专利默示许可的前提下，许可的具体内

❶ COOTER R. The cost of Coase[J]. Journal of Legal Studies，1982，11（1）：1-34.

❷ WILLIAMS B R. The rate and direction of inventive activity economic and social factors [J]. American Journal of Sociology，1963，73（6）：312-315.

容通常会根据交易的具体情形进行综合判断，其中专利权人的利益也会被予以充分考虑，因此，专利默示许可的成立并不会完全剥夺专利权人应有的利益。而且在具体的实践中，专利默示许可的成立与否是法院根据公平、效率等价值对专利权人、专利实施者乃至社会公共利益进行综合考量的衡平结果。因而并不会因为过分牺牲专利权人的利益而打消其继续进行发明创造的热情。所以，在符合法律要求条件的情况下，专利默示许可的明确能够在不过分减损专利权人利益的前提下以低成本的方式有效地促成专利许可交易，促进专利发明的运用，实现社会效益的最大化。

3.3　本章小结

本章首先从专利默示许可的本质属性出发，明确专利默示许可属于默示意思表示的一种，且其认定亦遵循默示意思表示的解释路径，然后通过追寻专利默示许可在法理上的价值追求，也即保护专利实施人的合理信赖利益，明确信赖保护原则对专利默示许可原则本身正当性的法理支撑及对专利默示许可具体认定的理论指导。此外，本章运用法经济学的分析方法通过论证专利默示许可在规制机会主义行为及促进社会总体效用最大化方面的积极意义，明确专利默示许可制度的正当性。而这些研究既能够为后文相关的研究提供充分的理论支撑，又能够为后文有关问题的解决提供理论上的指导。

第4章 默示许可原则
对专利平行进口的规制

4.1 专利平行进口及其引起的法律问题

4.1.1 专利平行进口及其产生原因

4.1.1.1 专利平行进口及其特征

关于平行进口的概念国内外学者有不同的论述，其中，尹锋林认为：平行进口是相对于授权进口的一个概念。一般而言，平行进口是指一个独立于知识产权权利人的企业或者个人在出口国获得"合法"产品未经知识产权权利人的许可而将其进口到进口国的行为。❶ 严桂珍认为：所谓平行进口，是指未经进口国知识产权权利人授权，进口由权利人或者经权利人同意投放市场的产品的行为或者现象。❷ 徐飞认为：平行知识产权的进口是指知识产品被进口至有平

---

❶ 尹锋林 . 平行进口知识产权法律规则研究 [M]. 北京：知识产权出版社，2013：2.

❷ 严桂珍 . 我国专利平行进口制度之选择默示许可 [J]. 政治与法律，2009（4）：83-90.

行知识产权存在的另一国的行为。❶ 杜玉琼认为：专利产品的平行进口就是同一项技术或方法在不同国家都获得专利权，该专利产品在一国投入市场后，未经专利权人授权而将该专利产品进口到国内销售的行为。❷ 张玲认为：专利产品的平行进口，通常是指同一专利权人就同一发明创造在两个国家获得专利权，专利权人或其被许可人在其中一个国家售出专利产品后，购买者将购买的专利产品进口到另外一个国家的行为。❸ 上述观点各有侧重，整体而言，可以从以下几个方面出发理解平行进口的概念。

首先，平行进口针对的产品是符合出口国相关法律的合法产品。平行进口的专利产品不是假冒专利等违法的产品，而是在出口国合法制造、销售，通过合法渠道获取的不侵犯专利权的合法产品。这就排除了通过走私等非法渠道进口产品及所进口的产品是侵犯相关知识产权的产品的情形。也就是说，平行进口的货物是真正的知识产权产品，是由国内知识产权人自己投放市场，或者授权他人投放市场的产品，被称为真品。❹ 这一点也是平行进口为何难于处理，争议不断的最大原因，因为就表象而言，其并无违法之处。正因如此，美国通常将平行进口的商品销售市场称为"灰色市场"，它是介于"白色市场"和"黑色市场"之间的一个概念。所谓的白色市场是指经权利人授权的产品销售市场，黑色市场是指假冒知识产权产品的销售市场，而灰色市场则是介于两者之间，在相关知识产权权利人存在的区域内未经授权销售合法取得的产品的市场。❺

其次，平行进口产品所附载的专利权在进口国受到法律保护。这一点也

❶ 徐飞 . 经济一体化下的知识产权平行进口的法律规制 [J]. 电子知识产权，2003（1）：48-51.

❷ 杜玉琼 . 论国际专利平行进口权利穷竭原则 [J]. 西南民族大学学报（人文社科版），2016（1）：113-117.

❸ 张玲 . 专利平行进口问题研究 [J]. 南开大学法政学院学术论丛，2002（3）：218-230.

❹ 严桂珍 . 平行进口法律规制研究 [D]. 上海：华东政法大学，2008：1.

❺ 程国平 . 国际贸易中的灰色市场问题研究 [J]. 外国经济与管理，1998（8）：12-15.

是平行进口所引发的一系列问题中最突出的一个。专利权是一种垄断权。我国《专利法》第 11 条规定"发明和实用新型专利权被授予后，除本法另有规定的以外，任何单位或者个人未经专利权人许可，都不得实施其专利，即不得为生产经营的目的制造、使用、许诺销售、销售、进口其专利产品，或者使用其专利方法及使用、许诺销售、销售、进口依照该专利方法直接获得的产品。"TRIPS 协议第 28 条规定，"专利应赋予其所有人下列专有权：（a）如果该专利所保护的是产品，则有权制止第三方未经许可的下列行为制造、使用、许诺销售、销售或为上述目的而进口该产品。"所以，当进口商未经专利权人或者相关权利人同意，向其所在国进口该专利产品时，就有可能出现平行进口现象。如果进口国法律不对产品相关的专利权进行保护，那么也就不存在专利权与物权相冲突的问题。

此外，平行进口的产品在进口国的销售未经专利权有关权利人同意，因而侵犯了相关权利人的权利。这其中有两层含义：一方面，平行进口商在进口国的销售行为才是所关注与研究的对象，如果仅是进口而无销售行为也不会引发一系列法律问题；另一方面，平行进口商的销售行为未经专利权人授权，这里的专利权人不仅指专利权所有人，还至少包括进口国的专利权独占被许可人。"从实践中所发生的案件来看，大部分也是属于平行进口影响了进口国或地区的独占被许可人的利益。"❶

基于上述分析，本书认为，所谓专利平行进口，是指当一项专利同时获得两个以上国家保护时，平行进口行为人从出口国的专利权人或其授权的经销商处购得专利产品后，在未经进口国专利权相关权利人的授权或许可的情况下，将该专利产品进口到进口国的行为。

---

❶ 王春燕. 平行进口的含义特点表现形式 [N]. 中国知识产权报，2002-12-20.

4.1.1.2 专利平行进口产生的原因

首先，专利平行进口产生的最直接原因是平行进口商追逐经济利益的动机。专利产品在不同国家之间存在着较大的价格差异，即平行进口的专利产品较之国内同一产品的价格为低，存在着巨大的经济利益，追求进出口国家之间高额的价格差额就导致了平行进口的出现。在专利产品价格的确定上，平行进口商有两方面的优势，一是从出口国购买的产品价格相对于进口国的该产品而言比较低，有进口价格上的优势；二是进口到进口国的产品的销售成本也不高，因为平行进口商既不需要支付高额的专利使用许可费用也无须在进口国的市场上进行产品的宣传推广，其销售的成本投入很低，其仅仅只是将产品从价格比较低廉的出口国通过平行进口到进口国进行产品的销售。所以，相对于进口国国内的销售商，其获利空间相对较大。当然，专利产品在不同国家销售价格的差异还受到其他因素的影响。❶ 比如，各国政府对不同产品知识产权保护力度不同会造成很大的差异，以欧共体各成员的价格差别为例。在德国、芬兰、比利时，因为严格实施专利法，药品价格很高；在英国，由于政府购买所需的大部分，而且根据专利法的规定可以取得强制许可，药品的价格仅为上述三国的一半左右；在意大利，药品价格要更低一些；而在法国，虽然也有专利保护，但政府实行严格的限价政策，因此药品价格在欧共体中是最低的。总之，专利产品价格差的存在是平行进口出现的根本原因。

其次，在现行专利权保护制度下世界各国关于平行进口行为法律责任的不明确系专利平行进口产生的制度诱因。专利权保护制度的发展是专利平行进口产生的基础，可以说，没有专利权保护制度的发展就不会有专利平行进口问题的存在。首先，专利平行进口的对象就是专利产品。随着各类知识产权国际公

---

❶ 严桂珍.平行进口法律规制研究 [D].上海：华东政法大学，2008：20.

约的签订及其成员方的日益增多，专利权人可以通过更为方便的途径在许多国家同时取得专利权，专利许可制度又使得包含相同专利权的产品广泛分布于不同国家的市场，当专利权人在国外生产、销售或者授权生产、销售的专利产品通过一定的途径进口到专利权人所在国时，专利平行进口问题就发生了。❶其次，专利权保护制度既赋予了专利权人一定的垄断权利，又对专利权人的权利进行了一定的限制。而专利平行进口对专利权人的权利行使会造成一定的限制，但是这种限制是否是合法正当的，不同的理论有不同的解释。因此，是否应当允许专利平行进口在理论界引起了广泛的争议。面对由此产生的问题，尽管每个国家的法律都会做出不同程度的回应，但是，因为专利平行进口对一国的国际贸易和经济发展都会产生较大影响，所以各个国家也基于本国利益和专利权保护政策在专利法上对于专利平行进口行为采取或允许或禁止或未置可否的态度。正是由于这种不论是理论上还是实践上对于专利平行进口态度的不一致以及多数国家在法律上对有关平行进口问题的解决未予以明确的规定，使专利平行进口行为游走于"合法"与"非法"之间，一旦存在有利可图的利润空间，必然产生专利产品平行进口问题。

最后，在新经济背景下，全球贸易的迅猛发展进一步推动了专利平行进口的产生。平行进口问题源于专利产品的国际货物贸易。在 21 世纪互联网引领的大数据时代背景下，经济的全球化进一步推进，贸易的全球化亦随着汹涌而来的电子商务浪潮快速发展，人们足不出户、轻点鼠标就可以在互联网上购买世界各地的商品和服务。在传统贸易中平行进口问题尚存在诸多争议的情况下，互联网本身的无地域性特点只会使平行进口的问题变得更为突出。与此同时，自进入 21 世纪以来，随着全球化的进一步发展，生产分工已经发生变化，由过

---

❶ 严桂珍. 平行进口法律规制研究 [D]. 上海：华东政法大学，2008：25.

去的垂直型分工向水平型和混合型分工演变，以国际市场为载体的全球分工协作体系已经完成。少数国家作为制造业大国为全球人们提供专利产品及相关服务已是事实，但受到关税、专利许可费等多种因素的影响，同样的专利产品在不同国家的价格差异，更进一步推动了专利平行进口的产生。以我国为例，我国作为制造业大国，2016 年预计进出口总额已达 25 万亿。中国进出口贸易的发展必然伴随着专利产品平行进口问题。

4.1.2　平行进口对专利制度的挑战

4.1.2.1　专利产品所承载物权行使的绝对性对专利权保护的挑战

一般货物贸易发生后，买方取得对该批货物完整的所有权而专利产品负载专利权，作为无形知识产权的专利权的行使具有地域性。传统物权的绝对性和专利权的地域性统一于专利产品，两者之间的矛盾在国际贸易中的集中表现就是专利产品的平行进口。

首先，依据物权法，物权的意义在于物权权利人具有直接支配特定物而享有其利益并对抗一般人之权利，物权权利人对所支配特定物享有排斥其他权能的优先效力权和请求排除某种妨碍的物上请求权。❶ 其中，所有权是所有人依法对自己财产所享有的占有、使用、收益和处分的权利。是物权中最重要也最完全的一种权利，具有绝对性、排他性、永续性三个特征，具体内容包括占有、使用、收益、处置等四项权利。在没有明确限制的前提下，权利人通过合法途径取得某一产品后即享有包括占有、使用、收益和处分的绝对权利，不受他人的非法干涉。在专利产品平行进口中，平行进口商进口的产品是专利权人制造

---

❶ 弗雷德 . 物权法 [M]. 李大雪，吴越，译 . 北京：法律出版社，2002：34.

或经专利权人许可制造并投放到出口国市场上的真品。如果仅仅考虑物权法上的效果，在平行进口商进口前的购买行为中，平行进口商支付货款而取得了专利产品的所有权，专利权人则获得了对价而同时丧失了对专利产品的控制。平行进口商作为专利产品的所有权人，依法享有处分权能，自然有权决定将专利产品进行再销售，既可以进行国内贸易，也可以进行国际贸易。如果进行国际贸易，就有可能发生专利产品的平行进口。

而从专利权及其保护的角度出发，专利权人对其智力成果享有独占性的专有权利，其权利特点表现为以下两点：第一，无形财产为权利人所独占，权利人垄断这种专有权利并受到严格保护，没有法律规定或未经专利权人许可，任何人不得使用权利人的知识产品；第二，对同一项知识产品，不允许有两个或两个以上的同一属性的无形财产并存。❶ 所以，专利权人所享有的专有性与物权人所享有的所有权的专有性存在不同，而专利权的专有性也让专利产品与其他可以自由流通商品区别开；从权利内容上看，知识产权的权利人可以积极行使自己的权利，也可以消极行使自己的权利，其消极性就表现为禁止权能，可以禁止其他人未经其许可使用其知识产权。这就使专利权人可以凭借自己的专利权去对抗平行进口商的物权。而专利权的行使具有两个方面的特点，一方面作为凝结了人类一般劳动的智力成果，必须与有体物结合才得发挥其经济价值；另一方面专利权又是独立于有体物之外的非物质权利。❷ 因此，专利权所附随的客体在所有权转移后，其专利权的专有权并未发生转移，在贩卖专利产品后，对于侵犯其专利权的行为专利权人有权予以禁止。随着各类知识产权国际公约的签订及其成员方的日益增多，专利权人可以通过更为方便的途径在许多国家同时取得专利权，专利权许可制度又使得包含相同专利权的产品广泛分布于不

❶ 吴汉东.无形财产权基本问题研究 [M].北京：中国人民大学出版社，2013：46.

❷ 吴汉东.知识产权法 [M].北京：中国政法大学出版社，2004：245.

同国家的市场。在这一背景下，当在国外生产、销售的专利产品通过一定途径进口至权利人所在国时，也即发生专利产品的平行进口时，由于专利平行进口是进口未经专利权人同意的具有合法来源的专利产品，依据专利法，对于专利产品进口商的进口行为，专利权人有权制止。

那么，此时平行进口所涉专利产品的所有人的物权的行使必然与专利权人或者相关权利人基于专利权享有的垄断利益的享有之间发生冲突。而冲突的核心在于，当专利产品首次销售后，专利产品所附着的专利权是否穷竭及穷竭的范围。也即，在专利产品首次销售后，专利产品购买者就该专利产品的使用、再售是否受专利权行使的限制，如果受限制，受限制的范围有多大。而这一矛盾的解决，直接关系着专利平行进口行为的合法性。

4.1.2.2 国际贸易自由化对专利权保护的挑战

专利平行进口作为与贸易相关的知识产权问题，不仅涉及知识产权的权利行使，而且关涉到国际贸易的自由竞争。具体而言，在专利平行进口中，一方面，专利产品承载的专利权具有独占性、排他性和垄断性，其具体表现之一就是专利权人除了自己实施专利技术外除非有法律的特别规定，有权禁止任何人实施其专利权。● 而专利权的内容之一就是进口权，也即专利权人有权制止他人未经许可为生产经营目的进口合法制造专利产品或依照其专利方法直接制造的产品以及进口使用或体现了外观设计专利的产品。因此，在未经专利权人同意的前提下，任何人不得以生产经营目的进口专利产品或者用来实施专利方法的产品。同时，专利权具有地域性，也即专利权作为一种专有权在空间上的效力并不是无限的，而是受到地域的限制，即具有严格的领土性，其效力只限于本国境内。加之各国基于自身利益考虑，对专利权的保护尤其是专利权的国际保护

● 吴汉东 . 知识产权法学 [M]. 北京：北京大学出版社，2014：114.

有不同的政策。所以，用以解决国内有关问题的制度并不能适用于有关国际问题的解决。

　　另一方面，自由贸易原则是国际贸易的重要原则之一，对国际货物自由贸易的追求和维护是国际贸易体制的一致目标。❶ 第二次世界大战后，国际贸易自由化取得了突破性的进展，随着多边贸易谈判的开展，作为谈判成果的多边贸易体制应运而生。从 1948 年关税与贸易总协定的出现，到 1995 年 WTO 的成立，多边贸易体制已经有近 60 年的历史。多边贸易体制的主要目的是"在不产生不良负面影响的情况下，使贸易尽可能自由流动"。但是，要实现国际贸易更加自由化的目标，必须减少贸易壁垒。尽管关税壁垒是影响贸易自由化的主要壁垒，但是，乌拉圭回合多边贸易谈判之后，与国际贸易有关的关税已经大幅度降低，这在一定程度上促进了国际贸易的繁荣，而随着知识产权产品贸易在国际贸易中的比重日益增加，知识产权保护由一个国内法问题逐渐进入国际层面，以知识产权保护为主的非关税壁垒，严重影响着国际贸易自由化的进展。在 WTO 的多边贸易体制框架下，国际贸易自由化和世界经济一体化的潮流下，进出口自由贸易必将以更加强劲的态势发展。❷ 相应地，国际贸易自由化与专利权保护冲突之下的平行进口问题的解决也迫在眉睫。

　　那么，对平行进口是允许，还是禁止？这既关系到专利权人的权利实现，以充分保障智力成果创造者的权益，使权利人通过支配和行使权利收回创造性智力活动的投资并取得应有的报偿，从而达到激励技术创新推动社会进步目的；也关系到国际贸易自由化目标的实现，即通过建立一种推动商品自由流动，鼓励竞争反对垄断的机制，以期发挥产品及生产的最大效益提高社会整体财富目的。所以，专利平行进口问题的解决的重点在于，如何在国际贸易自由化对专

❶ 董桂文.贸易自由化下的平行进口法律规制研究 [D].北京：对外经济贸易大学，2006：81.

❷ 严桂珍.平行进口法律规制研究 [D].上海：华东政法大学，2008：27.

利权保护产生挑战的前提下实现两者之间的利益平衡。

面对平行进口对专利制度发起的挑战，国际组织和国家之间试图通过谈判和建立国际公约的方式加强相关国家在专利方面的协调，其中《专利合作条约》和《专利法条约》的实施已使专利权的地域性大大减弱。❶但是这些努力的结果始终没有突破地域性的限制，是否授予专利权，怎样保护专利权仍然由各国自主决定。而发达国家提出建立全球专利的想法，虽然在国际范围内引起了极大关注，但有关的讨论始终是理论上的，至今尚未付诸实践。现行的国家专利制度依旧无法满足经济全球化打破专利地域性和技术发展对统一专利保护模式的要求。❷

4.1.3 专利平行进口问题解决的理论依据

当知识产权与贸易的范畴发生交集时，关于平行进口的法律问题就必须被整合。❸因此，随着跨国商业的日益发达和国际物流的迅速成长，必然发生专利权法的调和化。为了在保护专利权和减少贸易障碍之间寻求一个平衡点，各国都试图依据某一理论来解决专利平行进口相关的问题。其中，与专利法上的理论依据主要有专利权穷竭理论和专利默示许可理论两种。

4.1.3.1 专利权穷竭理论

专利权穷竭原则，在大陆法系被称作专利权用尽原则，在英美法系一般被

---

❶ 吴汉东. 无形财产权基本问题研究 [M]. 北京：中国人民大学出版社，2013：49.

❷ 朱雪忠，唐春. 拟议中的全球专利制度研究 [J]. 中国软科学，2005（7）：54-59.

❸ DONNELLY D E. Parallel trade and international harmonization of the exhaustion of rights doctrine [J]. Santa Clara Computer and High Tech. Law Journal，1997，13（2）：445-516.

称为首次销售原则，其核心意义即，公众中的任何人在购买了合法出售的专利产品，也就是专利权人自己出售的专利产品或者经专利权人许可的被许可人售出的专利产品之后，应当享有自由处置该产品的权利，此后无论该购买者以何种方式使用该产品，或者进一步转卖、出让、捐赠该产品，均不应当构成侵犯该项专利权的行为。作为侵权抗辩原则之一，主要适用于涉及专利产品，或者专用于实施专利方法的产品的销售相关的案件中。前文已述，尽管在一些国家权利穷竭已经发展成了一项独立于专利默示许可原则的独立原则，权利穷竭原则与默示许可原则在理论来源上存在一定程度的重合——一方面，两者均源于对在涉及产品销售案件中对产品售后权利冲突问题的解决；另一方面，在涉及销售专利产品或者专用于实施专利方法的产品案件的解决过程中，权利穷竭原则和默示许可原则的认定均针对专利产品（或特定情形下的非专利产品）本身的性质和涉及专利发明的实施之间关系的分析。或者可以说，权利穷竭原则是在专利默示许可理论的基础上为了解决涉及销售专利产品的问题发展而来。只不过，相对于专利默示许可本身的合同属性带来的专利默示许可的认定在实践中存在的不确定性，对于涉及销售专利产品的这一问题的解决，权利穷竭原则亦具有独立的制度价值：专利权穷竭原则适用上的明确性及适用结果的绝对性，更有利于涉及专利的商品的使用和流通。而这也正是专利权穷竭原则被用于解决涉及专利产品（国际）销售的平行进口问题的原因所在。

然而，由于上文所述专利权地域性的特征，专利权只能根据一国的法律产生并在一国的法律地域内有效，所以在适用权利用尽原则时就不可避免的涉及适用的地域范围问题。也正因如此，为了解决专利平行进口问题，各国通常根据自身利益的需要界定其法律效力范围内权利穷竭原则的适用范围，专利权穷竭原则因而被分为国际权利穷竭、区域的权利穷竭、国内权利穷竭三种。

1. 国际权利穷竭

国际权利穷竭理论是通过欧洲和美国的判例法不断发展起来的，在全球贸易繁荣发展的背景下反映了 19 世纪末期逐渐流行的自由贸易思潮。按照专利权国际穷竭原则，专利产品一旦被投放到市场当中，专利权人为研发专利技术的努力就已经得到回报，专利权就应该让位给物权，受物权限制，专利产品就可以自由流通而不受专利权限制，所以，专利产品在首次投放市场后，无论该产品是在国内投放还是在国外投放，专利权人都丧失了对该特定专利产品再次销售或使用的控制权。国际权利穷竭理论是为了平衡专利权人和与国际贸易有关的社会公共利益之间的冲突而对专利权人的权利进行的限制。关于国际穷竭理论与专利平行进口的关系问题上，从国际穷竭理论的概念中可以得出以下结论：采纳权利国际穷竭理论就等于允许专利平行进口行为、承认专利平行进口的合法性。反过来，一个国家允许了专利平行进口的行为，却并不能代表这个国家就采纳了国际穷竭原则，它也可能是基于其他方面的考虑而允许了平行进口。❶

国际穷竭问题伴随着国际贸易的出现而出现。关于专利权能否在国际范围内被穷竭，由于涉及复杂的政治经济关系，一直以来众说纷纭，莫衷一是。早在专利制度建立之初，自由贸易的拥护者就认为专利制度造成了市场垄断，以反垄断为名反对专利制度，认为专利制度阻碍了国际范围内的经济活动，在国与国之间起到了类似关税壁垒的作用，阻碍了国际贸易，要求取消专利制度。尽管如此，在现有条件下，对于权利穷竭问题尚未能在国际层面上达成一致意见。例如，如前所述，TRIPS 也没有就其成员有关权利穷竭的立场做出明确规定，无论是采取国内穷竭、区域穷竭还是国际穷竭，只要不违反国民待遇原

---

❶ 董桂文.贸易自由化下的平行进口法律规制研究 [D].北京：对外经济贸易大学，2006：95.

则和最惠国待遇原则就都被允许。不过，有一点应该明确，即只有在一个自由的市场上第一次销售了产品，才发生权利是否穷竭的争议，而在一个非自由（价格控制）的市场投放产品的行为不能导致权利穷竭。在诸如专利强制许可实施的情形，权利人的权利也不穷尽。就我国而言，迄今为止尚无相关立法和司法实践可循。❶

2. 区域权利穷竭

区域权利穷竭原则是指一旦受专利权保护的产品由权利人或经其同意被投放到某一特定区域的市场❷，则受该区域内的其他国家保护的平行的专利权人不能再对这些产品行使其专利权。这一空间范围内的权利穷竭是基于区域内的自由贸易政策而在专利权领域进行区域性协调的结果，是随着欧洲一体化进程的发展而在专利制度中发展而来的。目前，知识产权中相关权利的区域内穷竭主要发生于欧洲经济区（EEA）。在欧洲经济共同体内，为了建立统一的共同体市场这一目标，共同体内区域权利穷竭理论应运而生。根据该理论，受专利权保护的产品一旦由权利人自己或经其同意在任何一个成员方首次投放市场，则与该产品有关的专利权被视为在所有的成员方均告穷竭，因此，相关权利人再也不能凭借在其他国家拥有的平行的专利权禁止该产品在共同体内流通。当然，正因为该原则效力范围有限，区域权利穷竭原则对欧盟区域外国家的专利权人投放在市场的产品不适用，欧盟内各国的专利权人仍然可以行使其进口权以控制该专利产品在欧盟内的销售或使用。共同体权利穷竭理论自 EEA 条约生效后扩大成为在 EEA 范围内的权利穷竭。

---

❶ 王春燕. 贸易中知识产权与物权冲突之解决原则权利穷竭的含义、理论基础及效力范围 [J]. 中国人民大学学报，2003（1）：120-127.

❷ 这里的特定区域市场通常指像欧洲经济区（EEA，由 15 个欧盟成员方加上冰岛、挪威和列支敦士登这三个非欧盟成员方，共有 18 个国家构成。EEA 条约于 1992 年 5 月签订，并于 1994 年 1 月生效。）或北美自由贸易区（NAFTA）这样的自由贸易区。

区域权利穷竭原则是实现欧盟共同市场建设的基本要求。欧盟要建立欧洲共同体市场的基础就是要在欧盟内部实现商品、服务、人员与资金的自由流动。但是，由于欧共体内成员方的权利穷竭规则各不相同，有的国家采用国际穷竭规则，有的国家采用国内穷竭规则，而有的国家采用默示许可规则，所以，为了确保商品在共同市场自由流动这一共同体基本目标的实现，欧盟对成员方的权利穷竭规则进行协调，而努力的结果就是区域权利穷竭规则。❶区域权利穷竭原则能最大程度的兼顾各国的利益并防止专利权人利用其垄断性赋予的进口权分割市场以确保欧盟内部共同市场各种商品的自由流通。

3. 国内权利穷竭

国内的权利穷竭原则是限定在一个国家的层面上的，指专利产品首次在进口国市场投放后，专利权人仅在进口国国内丧失对该特定产品再次销售和使用的控制权，平行进口商通过合法途径在其他国家购买该产品将其进口至进口国国内再次销售时，平行进口商不侵犯进口国专利权人的权利。❷除了世界极少数的几个国家在个别知识产权领域不承认权利穷竭之外，权利国内穷竭理论已为世界上绝大多数国家和地区所普遍承认。可以说，各国法院在解决国内相关问题时均适用权利穷竭原则。

依据国内权利穷竭，专利产品是首次投放在国内还是国外的法律后果截然不同，如果专利产品首次销售是在国内，那么根据国内权利穷竭原则专利权人就不能控制该专利产品的再次销售和使用；如果专利产品首次销售是在国外，那么专利权人仍然可以行使其进口权，阻止国外产品向国内的输入、销售和使用。所以，国内权利穷竭的采用会对国际贸易产生一定的不利影响：国外的专

---

❶ 尹锋林. 平行进口知识产权法律规则研究 [M]. 北京：知识产权出版社，2013：22.

❷ 王春燕. 贸易中知识产权与物权冲突之解决原则权利穷竭的含义、理论基础及效力范围 [J]. 中国人民大学学报，2003（1）：120-127.

利产品要进入国内必须要获得国内权利人的同意，专利权的保护便具有了与贸易壁垒相似的效果，专利权人通过专利权的行使避免国外产品对国内市场的冲击。与此同时，国内权利穷竭原则的通行使专利权人拥有了分割国际市场的能力，权利人可以根据各国市场的不同情况实行不同的价格及其他市场干预政策。国际贸易壁垒的增加，必然使国内消费者对现有产品和价格的选择机会相应减少。❶

4.1.3.2　专利默示许可理论

专利默示许可，简而言之，即指在特定情形下，专利权人以其非明确许可的默示行为，让专利使用人产生了允许其使用专利的合理信赖从而成立的一种专利许可形态。作为一种专利侵权抗辩手段，专利默示许可源于美国，最初在涉及雇员发明实施权的案件中作为雇员发明实施权原则的理论基础被法院所适用，直到 19 世纪后期，在专利产品销售引起的专利侵权案件中，专利默示许可方才作为一种侵权抗辩手段引起英美国家法院的注意，并在此基础上，在司法实践中形成了首次销售权利穷竭原则。在德国，对于涉及专利产品销售的专利侵权案件，法院最初也适用默示许可原则来解决。❷ 依据专利默示许可原则，如果专利权人或其被许可人在首次销售专利产品时没有附加限制性条件，则推定该销售行为包含了允许购买者任意使用或处置该专利产品的默示许可。

专利平行进口尽管属于专利产品国际销售引起的问题，但其仍然属于专利产品销售引起的问题，只不过这里的销售涉及的范围较广，并发生在国与国之间或者说是两个法域之间，其本质仍旧是专利产品承载专利权的行使与专利产品承载物权的行使之间的冲突引发的问题。所以，依然可以适用专利默示许可

---

❶ 尹锋林.平行进口知识产权法律规则研究 [M].北京：知识产权出版社，2013：23.

❷ 尹新天.专利权的保护 [M]. 2 版.北京：知识产权出版社，2005：65.

理论进行分析并予以解决。依据专利默示许可理论，专利权人在国外投放专利产品时如果没有对专利产品的使用及再售做出明确限制，专利产品的购买者即获得了对专利产品进行充分利用的默示许可，其中包括将相关专利产品出口到进口国的默示许可。在这一前提下，一旦发生纠纷，专利产品的进口商可以利用专利默示许可原则来证明自身行为的正当性——通常情况下，未经权利人许可销售专利产品才构成侵权，而一旦证明专利默示许可的存在，由于专利权人没有保留限制购买人行为的权利，相关的销售即不构成侵权，所以平行进口行为是合法行为。❶ 专利默示许可的抗辩思路就在于平行进口商的这种行为是获得了专利权人的许可，因此具备了合法性和正当性，这种默示许可不是书面的和明示的默示许可，而是从专利权人当时的行为和具体情形而产生的相应法律效果推定出来的。

早在 19 世纪的英国，就出现了使用专利默示许可解决涉及专利产品销售的专利侵权案件即是一起有关专利产品平行进口的案件，❷ 在该案中，法院指出："因为无论是法国的工厂还是英国的工厂均为专利权人所有，所以不存在需要'保护被许可人的利益'的情形。因此，除非专利权人能够证明在其与专利产品购买者之间存在明确的相反约定，不然，因为其有权在法国、英国、比利时或者地球上的任何国家销售其专利产品，产品购买者在产品购买的同时即获得了在购买者希望的任何地方使用的许可。"日本最高法院在 BBS 卡夫法黑格技术股份有限公司诉日本汽车产品公司（BBS Kraftfahrzeug Technik A.G. v. Jap Auto Products）案 ❸（以下简称 BBS 案）中承认了专利默示许可原则在专利平行进口

❶ 严桂珍．我国专利平行进口制度之选择默示许可 [J]．政治与法律，2009（4）：83-90.

❷ Betts v.Wilmott，[1871] 6 Ch App. 239，245.

❸ BBS Kraftfahrzeug Technik A.G. v. KK Lacimex Japan and KK Jap-Auto Products, No. Heisei 7（wo）-1988（Japanese Supreme Court, July 1, 1997）.

案件中适用，并明确阐述了默示许可在专利产品平行进口的适用条件：在专利产品在国外投放市场的情况下，专利权人在国外销售时没有提出任何限制，则专利产品将可以进口到日本。购买者和随后的再购买者可以基于购买的货物没有限制而将它们进口到日本。反之，如果专利权人在国外销售专利产品时对产品在日本的使用作了保留，则代表专利权人与购买者达成了产品不得在日本销售、使用的协议。如果在产品上清楚地表明了这种限制，这种限制对以后的任何购买人有拘束力。随后的购买者等于认可了这种销售限制，他可以自由决定是否购买这些附有销售限制的产品。

4.2　默示许可原则在解决专利平行进口问题方面的独立价值

4.2.1　国内权利穷竭原则与区际权利穷竭原则在适用上的局限性

4.2.1.1　国内权利穷竭原则在应对专利平行进口问题上的局限性

依据国内权利穷竭理论，一旦受专利权保护的产品由权利人或经其同意被投放到国内市场，则任何第三方对该产品的转售不构成对权利人专利权的侵犯。❶ 因此，国内权利穷竭原则有利于一国范围内专利产品的自由流通，能够使专利发明得到最大化利用，也能够有效地保护消费者的利益。但是国内权利穷竭理论因受《巴黎公约》中地域性原则和独立性原则的制约，仅在一个国家

---

❶ 王春燕 . 贸易中知识产权与物权冲突之解决原则权利穷竭的含义、理论基础及效力范围 [J]. 中国人民大学学报，2003（1）：120-127.

法律效力范围内适用。具体而言，从地域性原则来看，由于权利来源于法律，没有法律就无所谓权利。因此一国专利权的效力范围仅限于该立法的国家领域之内，一旦逸出该国法律管辖范围之外，其权利就不复存在。从独立性原则来看，当同一个发明在两个以上国家被核准授权后，其专利权是作为不同权利内容而相互独立成立并存在，因此某一国家的专利权所产生的事件并不能影响他国的专利权的效力。所以，该原则适用的空间效力是在一个国家领域内的，它强调的在一个国家领域范围内，专利权利穷竭是适用的。这意味着：一方面，在一个国家领域内，权利穷竭原则是适用的，亦即在一个国家领域内，专利权人将产品投放市场后，就必然丧失对该产品继续流通的控制权；另一个方面，则是发生于国外市场的首次销售不会导致国内知识产权人的相关权利的穷竭，因而，强调的是与区域穷竭尤其是国际穷竭相反的意思。正因如此，在涉及国际贸易的专利产品平行进口问题的解决上，一些国家试图运用国内权利穷竭原则来阻止专利产品平行进口行为，以保障本国专利权人相关垄断利益的充分实现。而且，对于这一问题，TRIPS 协议没有就成员方有关权利穷竭的立场提出解决方案，无论是采取国内穷竭、区域穷竭还是国际穷竭，只要不违反国民待遇和最惠国待遇原则就都被允许❶。甚至有学者指出，关税及贸易总协定（GATT）允许成员方保留其原有的领土穷竭原则，因为 GATT 中也有类似的条款❷被用来支持国内穷竭理论。❸ 当然，也有反对意见认为，从 GATT 所

---

❶ 由于专利权穷竭原则对各国利益有重要影响，存在明显的利益冲突，所以在制定 TRIPS 协议时，国际社会对该原则的协调努力并没有取得成功，最终导致 TRIPS 协议第 6 条规定："对于依照本协议的争端解决而言，本协议的任何规定均不得用于涉及知识产权的权利穷竭问题。"所以，对于权利穷竭原则的立场，完全由各国自己来决定。

❷ GATT 第 20 条（d）款规定："（某些可以被允许的限制措施）对与保证遵守包括那些与专利、商标和著作权的保护有关的与本协议相一致的法律和条例是必要的。"

❸ COTTIER T. The prospects for intellectual property in GATT [J]. Common Market Law Review, 1991, 28（2）: 383-414.

追求的更加自由的贸易这个目标上讲，TRIPS 及 GATT 实际上间接地禁止国内穷竭政策。❶

然而，不管学者们具体的观点如何，随着国际贸易的深入发展，专利产品的销售早已突破了地域的限制，面对诸多国家在实践中运用国内权利穷竭原则来解决专利平行进口问题的现实，正如有关学者所言，国内权利穷竭原则在平行进口问题的解决上产生了极大的局限性：在历史上曾经以限制知识产权，促进国内自由贸易这一面目出现的国内穷竭理论，如今被斥为是对知识产权人的独占权的一种强化，是对国际贸易的一种变相限制。❷ 因为，国际贸易遵循"出口货物一般应被允许完全自由地输入进口国"这一基本原则。仅仅依据强化知识产权人的独占权之需，并不能证明国内穷竭是正当的。相反，由于日益增长的世界经济的全球化趋势、国际社会在国际贸易自由化方面所做的种种努力、建立知识产权保护的国际统一标准倾向及知识产权被纳入以 GATT 为基础的国际贸易体制之中，国内穷竭不再具有正当性。❸

4.1.1.2 区际权利穷竭原则在处理专利平行进口问题上的局限性

前文已述，目前，专利权的区际权利穷竭仅发生在欧洲经济区（EEA），系欧洲经济共同体为了建立统一的共同体市场这一目标而产生。根据该理论，受知识产权保护的产品一旦由权利人自己或经其同意在任何一个成员方首次投放市场，则与该产品有关的知识产权被视为在所有的成员方均告穷竭，因此，相

❶ ABBOTT F M. First report（final）to the committee on international trade law of the international law association on the subject of parallel importation[J]. Journal of International Economic Law, 1998, 1（4）: 607-636.

❷ ULLRICH H. Technology protection according to trips : principles and problems[D].Darmstadt : Wiley-VCH, 1996 : 22.

❸ YUSUF A. Intellectual property protection and international trade[J]. World Competition L. & Econ, 1992（16）: 112-119.

关权利人再也不能凭借在其他国家拥有的平行的知识产权禁止该产品在共同体内流通。从欧共体成员方间平行进口被允许的情况看，在共同体内的平行进口问题上，区域穷竭对于各成员方而言具有了与国际穷竭的同等意义和效果。因此，运用区际权利穷竭原则来解决欧洲经济体区域内的平行进口问题具有积极的意义，有利于消除成员方之间贸易的障碍，因而能够有效地维护区域内的贸易自由化，进而促进欧洲经济共同体内统一的共同市场的建立。而在欧共体运用区际权利穷竭原则解决专利平行进口问题的司法实践，对于其他地区乃至国际社会有关国际自由贸易与专利权保护之间冲突的平衡亦有积极的借鉴意义。

但是，由于区际权利穷竭原则仅在欧共体范围内有效，也即，依据区际权利穷竭原则，在欧共体范围内允许专利平行进口行为，而对于共同体外国家向共同体的专利平行进口行为，欧洲法院的态度非常明确，即成员方在其国内法律中规定的知识产权的国际穷竭将不会被允许，这种平行进口应被禁止。所以，区际权利穷竭原则对于贸易全球化下专利平行进口问题的解决而言，因其专利权穷竭的范围有限，亦存在与国内权利穷竭类似的局限性。

4.2.2　国际权利穷竭原则的适用缺乏充分的制度支撑

尽管在处理专利平行进口问题上，国际权利穷竭原则适用具有积极的意义——对于商品自由流通而言，在经济一体化和贸易自由化的大趋势下，国际穷竭消除了妨碍商品在国际自由流通的障碍，因而与 WTO 协议所倡导的国际自由贸易原则最为吻合；对于利益平衡而言，国际穷竭原则看似侵害了进口国知识产权权利人的利益，打破了利益平衡，但却在另一个层面上构筑了一种新的平衡，即消费者、中小企业和跨国企业之间的利益平衡。❶ 而且，在瑞士、

---

❶ 董桂文. 贸易自由化下的平行进口法律规制研究 [D]. 北京：对外经济贸易大学，2006：101.

新加坡及我国台湾地区的专利法实践中，已经采用国际穷竭原则。但是，相对于国内权利穷竭和区际权利穷竭原则已经在国际上的诸多国家及欧洲共同体获得了立法和司法上的承认，因而具有确定性，国际权利穷竭原则，则由于涉及复杂的政治经济关系，在现有条件下尚未能在国际层面上得到统一实行。而这将使国际贸易全球化背景下该原则在专利平行进口问题的解决上缺乏充分的制度支撑，并因此带来一系列新的问题。

一方面，从全球的角度来看，国际权利穷竭的制度立意是世界上的每一个国家都要采用这种制度设计，让经专利权人同意投放市场的产品的平行进口在全球范围内得以允许，只有这样才能实现国际权利穷竭原则的全部理论意义。如果仅在一个或几个国家采用权利国际穷竭理论，那么不仅会使国际权利穷竭理论的意义大打折扣，而且还会造成世界范围内专利权保护的不平等和国际贸易的不平衡。因为从一个国家的角度来看，如果采用权利国际穷竭理论，那么就意味着对于来自任何其他国家的经专利人同意投放市场的产品的平行进口都采取了允许的态度，本国的专利人要求禁止进口的诉求得不到国家法律的支持，从而无法阻止平行进口行为，与此同时，如果其他国家尚未采用国际权利穷竭原则，本国的专利产品出口到相应国家的行为很可能遭到这些国家法律的禁止，国际贸易的不平衡将由此而生，并进而影响到国际贸易的进程。

另一方面，国际权利穷竭原则的适用还可能受到来自专利权地域性的制约。专利权的地域性是专利权区别于一般有形财产权的重要特征之一。依据地域性原则，按照一国法律产生的专利权，只在该国领域内有效，超出该国范围，则不具有法律效力。也就是说，除了签有国际条约或双边互惠协定的国家外，专利权没有域外效力，其他国家对他国的专利权没有保护的义务。❶因此，依据

---

❶ 吴汉东. 知识产权法学 [M]. 北京：北京大学出版社，2014：114.

不同的法律产生的专利权是相互独立的，不依赖于其他国家的法律。一项专利权受保护的程度及保护权利人所提供的司法救济方式完全取决于提供保护的国家的法律。那么，依据专利权的地域性原则，由于依不同法律产生的专利权是相互独立的，所以，权利在一国的穷竭，并不导致它在国际市场上穷竭，在其他国家这一权利仍属于"未曾行使"状态，❶因此，专利产品的平行进口是对国内专利权人所享有的依国内法取得的专利权的侵犯。尽管学界也有相反的观点，❷但是，如何实现国际权利穷竭原则与专利权的地域性原则之间的平衡，亦是国际权利穷竭原则的适用需要解决的重要问题。

4.2.3　专利默示许可原则在适用上的正当性

4.2.3.1　默示许可原则规制专利品平行进口的理论依据

前文已述，与权利穷竭原则属于知识产权法独有的原则，且来自于知识产权法的法律拟制不同，默示许可原则源于合同法上的默示意思表示理论，且在本质上属于一种法律推定，因此，如果不存在法律明确的禁止，只要符合默示意思表示成立要件即可成立。而将默示许可应用到专利法领域，即所谓的专利默示许可，所以，无须法律的明确规定，只要具体的法律行为符合专利默示许可的成立要件，即可成立专利默示许可。

在专利法实践中，专利默示许可主要适用于两个方面：一是涉及专利权的许可实施，二是涉及专利产品的销售及与销售有关的问题。其中，涉及专利许

---

❶ 郑成思. 版权法 [M]. 北京：中国人民大学出版社，1997：286.

❷ TAKAMATSU K. Parallel importation of trademarked goods : a comparative analysis [J]. Washington Law Review，1982，57（3）：433-460；ESSENSOHN J A，YAMAMOTO S. The big aluminum wheel dust up international exhaustion of rights in japan [J]. European Intellectual Property Review，1998（20）：201-243.

可实施的专利默示许可来源于衡平法上的禁止反言原则，其目的在于保障被控专利侵权人的信赖利益。而涉及专利产品的销售及与销售有关问题的专利默示许可相对复杂——这一类型的默示许可产生于对专利权人专利权的行使与专利产品购买者就专利产品所享有的物权权益的实现之间矛盾的平衡与解决。具体而言，专利产品作为专利权的载体，区别于一般商品，其销售和使用涉及专利权人权利的行使。同时，专利产品又具有一般物权的属性，专利产品的购买者应有权通过占有该物并依据其性质使用该物品及维持该物品的使用性能。因此便在专利权人专利权的行使与专利产品购买者就专利产品所享有的物权权益的实现之间产生了矛盾。这一矛盾既关系到专利权人权利的保护，也关系到专利产品购买人作为消费者其利益的实现，进而影响专利产品作为商品在市场上的流通，所以为了解决这一矛盾，相关的法律需要做出相应的制度安排。专利默示许可原则能为这一问题的解决提供正当性的理论支撑：专利产品在本质上属于物的一种，其主要的功能应在于通过合理的方式如使用、收益等加以应用，对此，专利权人在销售专利产品时应是明知的，所以只要销售时其没有做出相反的约定，应当推定专利产品购买者获得了以合理的方式使用该专利产品的默示许可，而这也符合专利默示许可作为默示意思表示的一种的构成逻辑。

当默示许可原则应用到专利平行进口问题上时，一般是指适用于专利产品的销售。只不过这里的销售指的是涉及国际贸易的销售，即将在一个国家购买的专利产品销售至另一国家的行为，且专利产品承载的专利权在两个国家均受到专利法的保护。那么，默示许可原则能否为专利平行进口的合法性提供充分的理论支撑呢？首先，从合同法中的理性人的角度来考虑，专利权人将其专利权产品投放到国外时，作为一个理性人，专利权人应该预料到在国际市场商品流通种类愈发多样的今天，其专利权产品是有可能被出口至其他国家，甚至有可能是其申请专利的国家。如果专利权人不希望该产品被出口至某个国家或者地区，完全可以在与他人订立销售合同时，做出明确的限制表示。如果专利权人在售出专利产品时，已经对销售区域做出限制，则第三人将产品进口至对该产品进行专利权保护的国家，就可以被视为因其并未得到专利权人的许可而无权实施该专利，其进口行为属于一种侵权行为；反之，合法购得该产品的第三人就有权将该产品出口至其他国家。其次，从对购买者的利益的角度来考虑，任何人购买一定的商品都会事先规划好该商品的具体用途，对于专利平行进口中所涉及的专利产品而言，购买者在购买该商品时，应该已经对该商品的销售途径做了一定的规划。如果专利权人在首次销售该产品时，对该专利产品的销售地点做出了一定的限制，他人可能就会放弃购买该产品的计划。❶ 所以，专利默示许可原则作为一项契约法上的意思自治原则，其效力来源于专利权人或者与其有经济联系的人在销售专利产品时的默示，也即专利权人或者与其有经济联系的人在意识到承载着专利权的专利产品在销售后可能被用于使用也可能被用于再售的情况下，并没有对销售后的使用或者再售做出明确的限制。所以，根据该理论，无论产品的制造或销售是在国内还是国外，只要它是由权利人或与其有经济联系的人生产的，在没有规定限制条件的情况下将产品投放市场，都被视为给予了买受人自由处分产品的默示许可，因此，都无权再控制产品的平行进口。❷

4.2.3.2　默示许可原则规制专利平行进口的实践经验

正是由于默示许可原则在解决专利平行进口问题上具有充分的理论依据，在一些国家有关专利平行进口的司法实践中，默示许可作为一种专利侵权抗辩手段被认可。

---

❶ 康添雄．美国专利间接侵权研究 [D]．重庆：西南政法大学，2006：38.

❷ 董桂文．贸易自由化下的平行进口法律规制研究 [D]．北京：对外经济贸易大学，2006：136.

1. 英国的实践经验

在历史上，在专利和商标领域，英国都是基于默认许可原则来认定产品的平行进口是否应当禁止。依据默示许可原则，如果专利权人在将产品投放市场时没有明确提出限制性条件，就意味着默示许可购买者获得了任意处置专利产品的默示许可，专利权人无权再控制专利产品的进一步销售行为。这一规则既适用于国内销售也适用于国际销售。当产品在国外制造时，若这种制造是由国内专利权人许可的并且在无任何明确的限制性声明的情况下被销售，则该产品的平行进口是允许的。❶ 前文所述的 Betts v. Wilmott 案即是典型例证，该案在英国基本上确立了对于专利产品平行进口问题适用默示许可理论来解决的原则，以后的案件也都遵循先例采用默示许可原则。所以，在英国有关专利平行进口的实践中，默示许可原则对于判断行为人是否侵权将产生直接影响，如果专利权人在首次销售产品时没有明确限制再销售区域，则视为同意他人将产品进口到同样享有相关专利权的任何国家，应当允许对该产品的进口。

2. 美国的实践经验

以默示许可理论为依据允许专利平行进口的美国案例出现在较早的时期，早在 1885 年的好乐迪诉马西森（Holiday v. Matheson）❷ 案中法院就认为，如果在交易中没有限制，美国专利权就因首次销售而用尽了。法院解释道："当物主对于使用条件和转让的权利未做任何保留时，购买者就购买物得到全部权利——使用、修理和将它销售给他人的权利；而第二个购买者得到了销售者的权利，他可以像第一次购买者那样处置购买物，如果第一位购买者没有将权利分开。"也就是说，如果美国专利权人在国外销售了专利产品，并且当时没有对转售条件进行明示或暗示的限制，专利权人不能阻止购买人将该商品进口到美国进行使用

---

❶ HEATH C. Parallel imports and international trade [J]. IIC，1997，128（5）：623-632.

❷ Holiday v. Matheson，24 F. 185（S.D.N.Y 1885）.

和转售。若干年后，美国联邦第二巡回上诉法院在迪克森诉马西森（Dickerson v. Matheson）案❶、柯蒂斯航空计划与汽车公司诉联合飞机工程公司（Curtiss Aeroplane & Motor Corp. v. United Aircraft Engineering Corp.）案❷等案中继续采用这一推理方法。此后，受到美国联邦第二巡回上诉法院上述判例的影响，一些联邦地区法院的判决也采用默示许可原则来处理专利产品平行进口问题。❸

3. 日本的实践经验

在日本，最高法院于 1997 年终审判决的 BBS 案，可谓是典型的采用默示许可理论对平行进口行为做出判决的案件，在国际上引起了巨大的反响，被认为具有划时代的重要意义，有学者甚至认为，该案标志着日本对平行进口问题的法律规制由权利穷竭理论的时代进入了默示许可理论的时代。❹在该案判决中，日本最高法院在肯定国内穷竭理论的同时否定了高等法院适用的权利国际穷竭理论，进而选择了默示许可原则来支持专利平行进口行为的合法性。❺认为，日本的专利权人在国外销售专利产品的情形与国内销售不可相提并论，日本专利权人在销售专利产品所在地国家拥有的专利权（下称"对应专利权"）与在日本注册的专利权未必针对同一发明，纵然系对应专利权，其与在日本注册的专利权也并非是同一权利。专利权人针对对应专利权产品所行使之权利系依据在日本注册之专利权，很难说专利权人因而双重获利，所以国外销售专利产品不适用国内穷竭原则，该案的问题不是权利穷竭问题。并进而在判决中指出："对于商品的国际性流通

---

❶ Dickerson v. Matheson, 57 F. 524（2d Cir. 1893）.

❷ Curtiss Aeroplane & Motor Corp. v. United Aircraft Engineering Corp., 266 F. 71（2d Cir. 1920）.

❸ BARRETT M. A fond farewell to parallel imports of patented goods: the united states and the rule of international exhaustion [J]. European Intellectual Property Review, 2002, 24（12）: 571-578.

❹ 尹新天. 专利权的保护 [M]. 2 版. 北京：知识产权出版社，2005：67.

❺ NAOKO N, TAKAHIRO K. Decisions on parallel imports of patented goods [J]. IDEA: The Journal of Law and Technology, 1996, 36（4）: 567-588.

之需要与专利权人行使权利之关系，本院认为，鉴于国际经济贸易之快速发展，我国之交易商将国外销售之产品进口至我国境内予以销售，此一商品流通之自由应予以最大限度之尊重。如此，发生于国外之经济贸易，其前提一般应为让渡人已取得标的物之一切权利，此种情形下，专利权人于国外让渡专利产品之际，受让人及于该受让人处再次取得专利产品之第三人，因经营之需要，将该产品进口至我国销售、使用乃至再转让，固属当然。我国之专利权人及得同一对待之权利人于国外让渡专利产品之际，除非专利权人与受让人明确约定将我国排除于该产品之销售区域，或与从受让人处再次取得该专利产品之第三人及其后手均达成此一协议，否则就该专利产品不得行使我国之专利权。若专利权人就该专利产品未附着保留权利，则其于国外让渡之后，受让人及其后之再度受让人并不受我国专利权之限制，就该专利产品之支配权利已由专利权人默示授予。"该案以此为依据最终判决被告的专利平行进口行为不构成侵权。

4. 其他国家的实践经验

作为普通法的国家，澳大利亚对待专利平行进口的态度与英国非常接近。平行进口商是否被允许平行进口，取决于他与专利权人的默示许可。具体而言，除非澳大利亚的专利权人在销售专利产品时有明确限制销售的约定，否则他不能阻止该专利产品再进口至澳大利亚。但是，如果澳大利亚的专利权本人并没有亲自销售该专利产品，而仅通过许可授予某个特定国家的许可人销售该专利产品时，购买此类产品的买方并没有获得比专利产品的被许可人更多的权利，不能将该产品平行进口至澳大利亚，否则，该进口人将被指控侵权。❶

在加拿大，尽管相关法律没有做出明确的规定，但实践中通常认为专利产品购买者在购买专利产品后能够获得自由使用、再售该产品的权利。不过专利

---

❶ HEATH C. Parallel imports and international trade[J].IIC, 1997,128(5):623-632.

权人可以就专利产品的使用和再售做出限制，但这种限制必须以能够为买家所知悉的方式做出，否则将适用默示许可，相应的权利随之穷尽。尽管加拿大采用国内权利穷竭原则，但是对于在国外生产的专利产品的平行进口，只要专利产品所承载的专利权源于加拿大的相关专利权人，且不存在明确的限制性约定，依据专利默示许可原则，专利产品进口商的行为不构成对加拿大相关专利权人权利的侵犯。❶

在印度早期的实践中，法院通常适用默示许可原则解决专利平行进口问题，类似于英国的做法，即如果产品的首次销售是有权利人自己或者经其同意在印度境外投放市场，同时在首次销售时没有在产品上或者在合同中明确对产品的再销售区域做出限制，专利权人不能阻止平行进口。尽管 2002 年修订的《专利法》明确规定，进口由专利权人授权销售的专利产品不构成专利侵权，也即对于专利产品的平行进口原则上采用国际权利穷竭原则，但是专利权人可以根据《专利法》赋予的垄断权，通过合同限制，禁止专利产品的再销售或者限制产品在原产地国的出口，即通过合同上的限制排除权利穷竭原则的适用。❷ 因此，在目前印度的司法实践中，针对专利平行进口问题的解决，法院综合采用权利国际穷竭原则和默示许可原则。

4.2.3.3　专利默示许可原则在解决平行进口问题上的意义

默示许可理论对专利平行进口的法律规制，主要体现在对专利权人权利进行限制而允许平行进口方面，当然，从另外一个方面来看，也给予了知识产权权利人主动行使权利排除平行进口的机会。所以，相对于权利穷竭原则，在专

---

❶ MORGAN B E. Exhaustion of IPRs in cases of recycling and repair of good [R]. [S. l.] : Canadian Group of AIPPI，2008 : 2.

❷ HEATH C. Parallel Imports in Asia [M]. London: Kluwer Law International，2004 : 66.

利平行进口的规制方面默示许可原则具有独立的意义。

首先，随着国际贸易的快速发展，尤其是国际贸易自由化在第二次世界大战后取得的突破性进展，平行进口作为国际自由贸易发展的必然结果不断扩散和蔓延，如今，在国际市场上，平行进口现象极为普遍，以至于被视为一种产业。❶ 平行进口的存在可以形成平行进口商与授权进口商或专利权人之间的市场竞争，打破专利权所有人及其授权商的垄断，从而有利于刺激国内经济发展，促进国际自由贸易，而国际贸易的自由化有利于社会的整体利益和消费者的利益。然而由于专利权保护的地域性和独立性，许多进口国通过专利法等法律加以限制，通过禁止专利平行进口禁止同类商品进入国内市场，形成市场割据，保护其国内某些产业和专利权人的利益，因此形成了针对平行进口的非关税贸易壁垒。尽管，为了实现国家贸易的自由化，近年来，不少国家主张采用专利权国际穷竭原则规制专利平行进口，但是在国际贸易自由化的背景下，如上文所述，国际权利穷竭原则缺乏充分的制度支撑。那么，在无法适用国际权利穷竭原则的情况下，与国际权利穷竭原则具有互补性的默示许可原则则可以成为一种有效的制度供给：依据专利默示许可原则，无论产品的制造或者销售是在国内或者国外，只要它是由权利人或与其有经济联系的人生产的，在没有明确规定限制条件的情况下将产品投放市场，都被视为给予了专利产品购买人自由处分产品的默示许可。所以，只要不存在明确的限制，专利默示许可原则能够防止专利权人权利的滥用，有效地促进商品的流通，为专利产品的国际自由贸易提供充分的制度支撑。

其次，依据专利默示许可原则，如果专利权人事先就专利产品的使用和销售做出明确的限制，只要这一限制不违反法律的相关规定，则可以有效地阻却专利产品购买者的相关行为，就专利平行进口而言，能够有效地防止专利产品

---

❶ SIMENSKY M，BRYER L，WILKOF J N. Intellectual property in the global marketplace：valuation，protection，exploitation，and electronic commerce [G]. 2nd ed. New York：Wiley & Sons Ltd，1999.

的平行进口，或者在专利平行进口已经存在的前提下利用法律手段维护自己的利益。所以，与国际权利穷竭原则相比，在专利权人首次销售附加限制条件时，默示许可原则能够通过否定了将专利产品平行进口到被限制国家的合法性，有效地保护专利权人的利益。

最后，正是由于专利默示许可的合同属性，适用默示许可原则来规制专利平行进口能够充分体现当事人之间的意思自治——买卖双方在第一次销售专利产品时可以对其之后的使用和销售行为进行明确的约定，由买卖双方通过协议明确该专利产品的后续使用或销售问题，能够充分尊重当事人的意思自治，因而有助于实现当事人之间的利益平衡。与此同时，专利默示许可原则本身的合同属性也有利于该原则在实践中的规范和操作——默示许可原则的适用相当于将国际贸易中涉及的知识产权问题纳入合同调整的范围，符合当今的国际贸易使用合同调整的特点，便于买卖双方的操作，同时易于在实践中的规范和调整。❶

4.3 中国关于平行进口问题的政策选择——专利默示许可的运用

4.3.1 各国有关平行进口问题的政策选择及其启示

4.3.1.1 美国有关专利平行进口的态度及其原因

在美国，尽管在 2001 年的爵士摄影公司诉国际贸易委员会案（Jazz Photo

---

❶ 童强. 专利平行进口制度研究 [D]. 武汉：中南民族大学，2013：11.

Corp. v. International Trade Commission）❶（以下称 Jazz Photo 案）之前，美国专利
法采用的是修正的国际权利穷竭原则 ❷，而非纯粹的国际权利穷竭原则，也即，
如果专利产品是由美国的专利权人销售，或者经其同意销售，无论首次销售发
生在哪里，权利人的权利即告穷尽，权利人无权阻止产品的平行进口，进口商
可以将专利产品进口到美国而无须经权利人同意。但是，专利法允许专利权人
在许可证或者产品销售协议中设立某些为反托拉斯法所允许的限制，以排除国
际穷尽原则的适用。当然，这些限制必须在签发许可证或签订销售协议时做出
明确规定。❸ 但是，21 世纪初美国关于专利产品平行进口的态度自 Jazz Photo
案开始发生了重要改变：在专利产品平行进口领域内一直适用的修正国际权利
穷竭原则，转变成国内权利穷竭原则。具体而言，即对于权利穷竭原则是否适
用，首先要看专利产品的首次销售是否发生在美国国内，如果专利产品在美国
被第一次出售后再将产品进口到美国，则专利权人的权利因其已经从出售行为
获得了回报而用尽，其不能再阻止进口商进口专利产品。如果专利产品第一次
被出售是在美国市场以外，平行进口商再将专利产进口到美国国内并予以出售，
美国国内的专利权人的权利并没有用尽，专利权人有权阻止相应的进口、使用
或销售行为。美国在专利平行进口问题上态度的变化不仅对美国本国的司法造
成一定的冲击，对国际社会也会产生相当大的影响——美国相关政策的改变将
直接影响专利商品的国际贸易，进口商未经美国权利人同意将不能进口权利人

---

❶ Jazz Photo Corp. v. ITC，264 F.3d 1094（Fed. Cir. 2001）.

❷ BARRETT M. A fond farewell to parallel imports of patented goods: the united states and the rule of
international exhaustion [J]. European Intellectual Property Review，2002，24（12）：571-578；
ERLIKHMAN D. Jazz photo and the doctrine of patent exhaustion: implications to trips and international
harmonization of patent protection [J]. Hastings Communications and Entertainment Law Journal，2003，
25（2）：307-342.

❸ 扎德拉，张今，等 . 运用美国知识产权阻止平行进口 [J]. 外国法译评，2000（1）：28-34.

或者被授权人在国外投放市场的专利产品，这在事实上构成了一种新的贸易壁垒，与提倡的贸易自由原则不符。对广大的发展中国家而言，由于劳动力等生产成本较低，它们往往是专利产品的加工生产国，美国禁止国外生产的专利产品的平行进口，将直接导致这些国家出口的下降，无疑会对它们的经济增长造成负面影响。由此，发展中国家与发达国家在权利穷尽问题上的争议也将更加复杂。❶

究其原因，美国有关政策态度的转变与美国国家现行的知识产权战略是一致的，是美国在 20 世纪 80 年代开始强化专利政策的一个侧面和表现——由于美国在国际上属于技术输出国，许多美国专利会分别在其他国家被授权实施，这些国家之间的相互进出口会打破美国企业通过市场分割和歧视定价以便在这些国家同时谋取更多利润的做法。而通过禁止平行进口不仅可以使本国专利权人的权利得到更大的保障，进而激励创新外，还能够改善一个国家的贸易状况。具体而言，一方面，从现实背景来看，世界上还有许多国家的知识产权保护不够严格有效，专利侵权现象比较严重，通过禁止平行进口，可以防止专利输出国的国内生产受到侵权产品的间接冲击。具体而言，假设某专利权人就同一种技术分别在某发达国家和某发展中国家中申请了专利，并授权发展中国家的企业实施该技术。在发展中国家，当专利保护不够严格有效时，许多市场被采用侵权方式生产的专利产品占领，使被许可人在市场竞争面前不得不压低价格。然而，低价格会影响到被许可人预期利润的实现，因此，被许可人便会有动机将自己合法生产的专利产品出口到专利保护较严格从而售价较高的国家去销售（尤其当国际贸易的交易成本较低时）。即使被许可人不这样做，也会有其他贸易商愿意这样做。于是就产生了平行进口行为，这样一来，技术输出国的专利

---

❶ 严桂珍. 平行进口法律规制研究 [D]. 上海：华东政法大学，2008：70.

权人就不得不让出一部分本国市场。如果从事进口行为的是被许可人，则当专利权人与被许可人之间是按照销售量提取专利权许可费时，专利权人还可以通过多收到一些许可费来获得一些补偿；但是当专利权人与被许可人之间是固定使用费时，这种市场出让不能得到任何补偿；而且，即使是前者，也会使专利权人带来的损失大于收益；况且，更多的是其他侵权厂商的平行进口行为，这种情形下，更加难以获得正常的补偿，因此，在许多处于技术引进地位的发展中国家专利保护程度差这一现实面前，采取禁止平行进口的措施可以使专利权人在本国市场的垄断利润不致受到其他国家侵权产品的间接冲击。❶另一方面，由于地区间的价格歧视是垄断厂商用来将更多的消费者剩余转化为垄断利润的基本手法，❷处于专利产品生产垄断地位的专利权人，会在各个国家分别按照边际成本等于边际收益的利润最大化原则来定价。其中，影响边际成本的主要是该国各种生产要素的成本，生产要素的成本取决于各国的自然条件、工资高低甚至社会制度等因素；影响边际收益的主要则是该国消费者对专利产品的偏好程度，消费者偏好则往往取决于社会习俗、文化传统、收入水平和市场结构等因素，这些因素在各个国家千差万别，因此，生产成本和消费者偏好等经济因素在各个国家的不同，会导致专利产品在各个国家的不同售价。在这种情况下，禁止平行进口有助于专利权人通过在不同的国家定不同的价格来获取更大的垄断利润。❸而这也正是作为技术先进国家的美国主张禁止平行进口的主要原因。

4.3.1.2　欧洲共同体有关专利平行进口的态度及其原因

欧共体对待平行进口的政策比较复杂，它分为两种情况，一是进口的知识

---

❶ 吴欣望.专利经济学 [M].北京：社会科学文献出版社，2005：89.

❷ 平新乔.微观经济学十八讲 [M].北京：北京大学出版社，2001：185.

❸ 同 ❶：93.

产权产品首次被投放欧共体市场，二是进口的知识产权产品首次被投放欧共体外市场。对这两种不同的情形欧共体分别适用不同的原则。具体而言，一方面，由于《罗马条约》（即《欧洲经济共同体条约》）志在"各国之间建立一个全面的经济合作的共同市场"，所以，尽管欧共体内部各成员方之间的知识产权法还没有完全统一，在法院判决中，是允许欧洲共同体成员方之间的平行进口的，即权利人自己或者经其同意将知识产权产品首次投放在欧洲经济区的任何一个国家，权利人的权利即告穷尽，他不能阻止产品的进一步处置，产品的所有人有权自由处置其购买的产品。❶ 而这也被学者们成为区际权利穷竭原则。至于欧洲共同体为什么在区域内部采用区际权利穷竭原则，则主要源于两个方面的原因：首先，与这些国家的经济、制度等现实因素有关。欧洲共同体成员方之间专利保护程度大体相当，而且，由于要素自由流动，生产成本也相去不远。此外，社会习俗和消费偏好也没有太大差异，因此，即使相互之间禁止平行进口，垄断产品的定价也不会有很大悬殊。这就使得各个国家的专利权人没有强烈的经济利益动机去游说政府，采取禁止平行进口的政策。其次，欧洲共同体的目的是进一步促进内部的区域分工，提高该地区的竞争力，从而在与美日等国的竞争中占有更多优势。允许平行进口，会促使专利权人选择成本更低的成员方进行专利产品的生产，更能发挥各国的比较优势，从而有利于这一总目标的实现。❷

另一方面，对于欧洲共同体外的其他国家的专利产品的平行进口，仍然是禁止的。同样作为专利技术输出地区，欧洲共同体的这一态度，显然存在与美国禁止专利平行进口同样的动机。

---

❶ 严桂珍. 平行进口法律规制研究 [D]. 上海：华东政法大学，2008：87.

❷ 吴欣望. 专利经济学 [M]. 北京：社会科学文献出版社，2005：99.

4.3.1.3　日本有关专利平行进口的态度及其原因

对于专利平行进口，日本专利法并没有做出明确的规定，不过通过考察日本的司法实践可以发现，日本法院在二战后初期原则上反对专利产品的平行进口。❶其典型案例如 1969 年的保龄球球柱案，该案原告是专利权人（公司），被告将一批二手的保龄球器械经由香港进口到日本国内，而该批货物中含有由澳大利亚的再实施权人（黑锁公司）生产和销售的保龄球球柱装置。最终法院以属地主义、专利独立原则及专利制度的制度目的为依据，认定专利权的平行进口（正确的说法应该是与专利权相关的工业制成品的平行进口）违法。但是，在 20 世纪末，以 BBS 案为转折点，日本对于专利产品平行进口的态度有所转变——不完全禁止专利产品的平行进口，而是根据专利产品的不同类型进行调和，某些种类的产品适用专利默示许可原则，某些种类的产品适用国内耗尽原则。而这样的模式能够带来两个方面的利益：一是对于在政策上需要特别保护的情形保持弹性，二是在专利权方面可以为比较特殊的发明保留更多的奖励以刺激创造。❷例如，日本通产省主张，对于消费类物品允许平行进口，对于工业机器和电子产品则禁止平行进口。

反观日本对于专利平行进口的态度及其变化，无不与日本相关时期的经济形势及国际地位有关。首先，日本在二战之后对于专利平行进口的绝对禁止态度，实际上反映了当时（20 世纪 60 年代）的经济形势。战后日本一直把降低成本作为提高国际竞争力的基础。通过引进国外技术、使用战后初期日本低廉的劳动力成本、从海外进口便宜的原材料等方式以及利用石油危机之后规模经

---

❶ KOIZUMI N. Parallel imports and intellectual property rights in Japan [J]. Japanese Annual of International Law，2002，45：53-60.

❷ DONNELLY D E. Parallel trade and international harmonization of the exhaustion of rights doctrine [J]. Santa Clara Computer and High Tech. Law Journal，1997，13（2）：445-516.

济的优势，日本成功地降低了生产成本，出口商品的价格比国外的竞争对手要低很多。与此同时，日本又把出口获利转化为国内投资，进一步促进了产业发展，从而实现了经济的高速增长。为了达到这一目标，日本就会担心具有强大科研能力的发达国家通过向日本出口而获取专利方面的支配地位。因此，在实行上述产业政策的时候，日本当然会把主要目标定位为促进产业发展，从而思考和制定相应的专利政策。❶ 而在 20 世纪末日本在专利平行进口问题上态度的变化也是日本法律在日本经济形势和国际地位发生变化后做出的制度应对。具体而言，从全世界范围看，日本依旧是一个技术大国，对它而言，允许平行进口的弊大于利，日本之所以发生这种态度上的变化，与日美国际相对地位的变化相关。20 世纪六十至八十午代，当时的日本经济还处于赶超期时，所以非常重视专利保护。而当时美国很多技术属于公共资源，企业在运用专利权方面不如日本企业积极主动。这一时期，严格禁止平行进口更加符合日本专利权人的利益。但随着美国和其他国家重视专利的保护和运用，尤其是美国的技术创新优势充分体现出来后，绝对禁止平行进口给日本带来的好处变小，于是在对待该问题上的态度上有所松动，从而允许某种条件下（如采用默认许可原则）的平行进口。

4.3.1.4　新加坡有关专利平行进口的态度及其原因

新加坡现行专利法是于 1995 年 2 月 23 日生效的新专利法。❷ 该法第 66 条之（2）（g）规定："下列行为不视为对专利独占权的侵权：进口、使用、销售、提供销售任何由专利权人或其被许可人制造或经其同意（有条件的或无条件的同意）制造的专利产品、或由专利方法直接获得的产品。这里的"专利"包括

---

❶ 董桂文. 贸易自由化下的平行进口法律规制研究 [D]. 北京：对外经济贸易大学，2006：186.

❷ 该法于 2001 年 8 月进行了细微修订。

新加坡以外的国家对于该法授予专利的发明相同或实质上相同的发明所授予的专利，"专利产品""专利方法""专利许可"等都应做相同的解释。❶尽管新加坡法院至今还没有适用该条款的司法判例，然而，该条款的规定明确地表明，新加坡采用专利权的国际耗尽原则。具体而言，专利权是否用尽主要取决于专利产品是否由专利权人或其被许可人或经其同意制造并投放市场。只要专利产品是真货、并合法地投放市场，专利权人对该产品的销售与使用范围等所做的任何限制都是无效的。即使平行进口的专利产品是在国外经颁发强制许可证而制造并投放市场的，也会导致在新加坡的专利权用尽。

正是由于新加坡通过法律明确了专利平行进口的国际权利穷竭原则，其行为遭到了美国政府的指责：由于新加坡过度宽泛地运用专利权的国际穷竭原则，导致美国公司因专利产品向新加坡的平行进口遭受了经济损失。但新加坡并没有因此而改变自己的立场，毕竟，目前对于权利穷竭这一难题，在国际上还没有一个一致同意的标准。❷相反，新加坡采用国际权利穷竭原则支持专利产品的平行进口正是基于经济和政策方面的考虑做出的对本国有利的选择——一方面，允许平行进口能够使本国消费者受益。由于平行进口增加了市场的竞争，使消费者能够从产品价格的降低中受益，同时也可以增加消费者的商品消费选择。另一方面，作为以贸易立国的国家，新加坡允许平行进口的政策与其在国际贸易自由化的背景下维持其国家贸易中心地位的目标相一致。

通过上文的分析可知，对于专利产品的平行进口问题，尽管技术输出国和技术引进国在专利政策上的态度差别较大——通常情况下，技术比较先进，知识产权输出比较多的国家如美、日、欧，在审理中往往禁止平行进口。因为这些国家的知识产权权利人通常会将自己的知识产权在多个国家申请知识产权保

---

❶ 余翔 . 新加坡知识产权耗尽及平行进口体制解析 [J]. 电子知识产权，2002（5）：48-52.

❷ 余翔 . WTO 法律体系下的专利权耗尽问题研究 [J]. 中国专利与商标，2001（1）：15-28.

护，然后在该国设立代理商、子公司、分公司或合资企业，跨国销售或制造知识产品，禁止平行进口有利于其分割国际市场，控制产品的销售价格，以获得较高的经济利润。❶ 而技术相对落后、对知识产品进口比较多的广大发展中国家，则对专利平行进口持允许的态度，因为这样可以借助品牌内竞争降低成本，使得消费者对各种知识产品都能通过最经济的渠道获得，还可以通过技术的引进提高自身经济创新能力，缩小与先进国家的差距，实现自身的超越发展。但是，有一点是明确的，即各国有关专利平行进口的态度，是各国在考量自身经济、贸易需求等的基础上做出的政策选择。而这也是世界各国在相关问题的解决上存在差异的根源所在。

4.3.2　运用默示许可解决我国专利平行进口问题的必要性与合理性

从以上对美、日、欧盟这些国家对平行进口的态度分析不难看出，各国都是在衡平了本国各权利主体利益的基础上做出的选择。对我国来说，如何规制专利平行进口，是允许还是禁止，关键还要基于我国的现实国情和对利益主体的影响进行分析：既要顾及国家发展目的，还要考虑其他国家的反应；既考虑保护专利权人的利益，又要对公众利益进行适当倾斜；既要顺从自由贸易趋势，又要对部分产业适当保护；可以借鉴其他国家立法，又要考虑中国总体的法治环境、发展水平。因为专利平行进口问题不仅仅是一个法律问题，同时也是一个政策问题，所以，要在考虑国际大环境，在中国大系统范围内，结合各方利益，充分考虑系统复杂性、内部各要素关联性的基础上综合考虑，慎重决策。

---

❶ 范诚，吕剑英. 权利衡平理论在平行进口司法实践中的运用 [J]. 河北法学，2006（2）：143-146.

4.3.2.1　有条件地允许专利产品平行进口应为我国现阶段的政策取向

首先，允许平行进口有助于打破技术发达国家的市场垄断，虽然近年来中国的科技创新水平取得了前所未有的发展，但是中国在世界专利领域内的拥有量相对较少，而且真正核心的专利、真正的驰名品牌在国际上占有量少。原始性科技创新成果、原创性发明专利，大部分是由美国、日本和欧洲的发达国家做出的，因而在国际市场上占据绝对优势。而在现行的国际知识产权保护体制下，技术输出国的权利人在取得专利后，为了保护自己的利益，开始加快了在中国内地的专利申请，并且已经包括核心技术和应用技术各个领域。加之，我国在制造业上的成本优势，技术发达国家企业通过授权我国企业生产并再行出口到其他国家的情形大量存在。这些拥有专利技术的企业往往通过利用其在专利产品生产中的垄断地位，控制中国企业的技术实施和产品销售，并利用知识产权战略通过垄断、控制和操纵相关国际市场打击中国的竞争对手。在这种情况下，如果禁止专利产品平行进口，国内企业就只能直接向专利权人或其在中国的授权经销商购买专利产品，而不能自行选择进口。由于来源受到限制，在垄断销售的情况下，购买产品的价格就无法降低，甚至当外国的专利权人故意实施国际价格歧视手段，使该专利产品在中国的售价高于同样产品在与中国有竞争关系的国家的售价，则将会极大地影响中国企业在国际市场上的竞争能力。同时，由于企业生产成本增加，国内市场被外国专利权人或其授权经销商垄断，中国的广大消费者也将成为受害者。❶ 相反如果允许平行进口，一方面，只要进口的专利产品是由专利权人或经其同意而投放市场的，就不构成专利侵权，因此国内的企业在购买所需要的专利产品（例如生产设备、零部件和原材料等）时，

---

❶ 武兰芬 . 专利产品平行进口的经济分析与贸易实证研究 [D]. 武汉：华中科技大学，2006：91.

就可以在国际市场上进行比较，在相同专利产品中选择价格较低的进口使用，而不必受到专利技术垄断企业的控制，从而降低生产成本，增强产品在国际市场上的竞争力。另一方面，能够迫使处于技术控制地位的企业缩小专利产品在不同国家销售的价格区间，从而使我国的消费者能够从专利产品价格的降低中获益。

其次，无论是国家层面还是市场层面，其本质都是消费者需求的体现。消费者的需求形成了市场，通过市场导向影响立法，最终又作用回消费者自身。❶近年来，中国消费者的购买力让全世界侧目。可以说中国消费者对于来自世界各地的商品的需求及购买力达到了一种空前的高潮，也正是这种狂热催生了近年来的海外代购产业。而允许平行进口，不但可以使更多外国商品进入市场，供消费者选择，更重要的是，丰富的产品来源会给市场带来竞争，❷由于平行进口商品都是真品，所以商家无法用产品质量的差异作为竞争手段，只能打价格战，靠价格优惠吸引消费者，为消费者带来实惠。而且，从贸易自由化的角度出发，允许平行进口，会增加市场上的产品来源，有利于打破本国市场上被授权权利人的垄断地位，促进国际贸易的自由发展。而我国是一个发展中国家，劳动力价格低廉，在国际市场上生产和销售同样的产品，我们有很大的竞争力，所以，一旦平行进口的合法性被国际社会全面接受，将会刺激我国出口产品的生产，进而促进我国的产业发展。❸

此外，国际市场的进一步开放将使我国越来越多的产品走出国门，我国的品牌产品将吸引和刺激世界平行进口商的平行进口行为，我国贸易商的出口行为可能也将面对世界范围内，以平行进口为借口的非贸易壁垒的阻挠。随着我

❶ 杨芳，杨永忠.基于知识产权保护的平行进口问题探讨[J].研究与发展管理，2004（1）：95-99.

❷ 任燕."平行进口"中的知识产权保护法律探析[J].河南大学学报（社会科学版），2004（4）：68-72.

❸ 祝宁波.平行进口法律制度研究[D].上海：华东政法学院，2006：156.

国市场经济的进一步发展、开放的进一步要求及国家产业力量的增强，我国的产品无论是从技术、质量、售后服务等产品声誉方面都逐渐在赢得世界各国的认同。同时，我国的产品也越来越注重知识产权品牌战略的实施，越来越多的企业会通过国际知识产权的保护体系，在世界范围内寻求知识产权保护。此外，目前我国的原材料、劳动力等生产成本较其他一些发展中国家，已经越来越不具备优势。国内很多知名品牌的企业正不断将工厂转移至原材料和生产成本较我国更为便宜的发展中国家。不但产品的境外直接投资越来越频繁，我国企业也尝试将自己的知识产权通过授权许可的方式在境外生产销售。这些因素都会使我国的产品或者我国的知识产权面对别国平行进口的法律检验。而我国对于平行进口的态度则会在一定程度上影响我国知识产权人在别国利益的实现。

但同时，我们也应该看到，伴随着我国经济的进一步发展，专利平行进口对我国的负面影响可能会逐步增加。因为平行进口不可避免会损害专利权人的利益，挫伤他们创造知识财富的积极性。随着我国开发新产品和新品牌力量的增强，国内拥有高技术含量的专利权人的数目逐渐增多，继续允许平行进口，将使他们的利益受损，特别是会削减他们从事新技术、新产品研发的动力，从而不利于消费者享用高质量、多品种的产品。所以，允许平行进口，可能会影响我国知识产权人的利益。

综上，现阶段，专利平行进口对我国的影响利大于弊，所以我国应该在原则上允许专利产品的平行进口，并在考虑本国专利权人利益保护的前提下对专利产品的平行进口进行有条件的限制。

4.3.2.2　采用默示许可原则规制专利平行进口符合我国现阶段的政策取向

首先，专利默示许可原则作为对专利权的一种限制，依据该原则，无论产品的制造或者销售是在国内或者国外，只要它是由权利人或与其有经济联系的人生产的，在没有明确规定限制条件的情况下将产品投放市场，都被视为给予了专利产品购买人自由处分产品的默示许可。所以，只要不存在法律上的或者来自于专利权人的明确限制，依据专利默示许可原则，应允许专利平行进口。而这与我国原则上允许专利平行进口的态度相一致。

其次，由于专利默示许可原则在本质上的合同属性，适用该原则能够充分考虑当事人的意思自治原则。通过合同关系调整平行进口，一方面有利于国际贸易合同的达成，另一方面也符合我国现在的国情。在国际贸易活动中，产品的制造商或供应商向国外销售产品的主要方式是依赖进口国专门的经销商来开辟市场，从事产品的分销。为了鼓励经销商促销产品，建立起稳定的货源渠道，供应商多采用划分特定区域委任经销商独家经营某项产品的方式。另外，出口商还可以对价格、销售数量做出约定，从而有效地维护出口商或独家经销商应当获得者得的权益。合同签订后，当事人均应忠实履行合同义务，确保产品销售规范有序地进行，尤其是有关销售区域的限制，经销商必须严格遵守，如果突破了特定的销售区域，就可能因平行进口违反合同约定。因此，适用专利默示许可原则，能有效防止相关利益之间的失衡，进而保障与我国有关国际贸易的有序发展。

再者，由于专利默示许可原则允许专利权人对专利产品的平行进口做出合法的限制，所以，专利默示许可原则的适用保留了法律或者专利权人排除平行进口的权利，因而有利于我国根据本国专利技术的发展状况和促进产业发展的保护需要对于特定类型的专利产品的进口做出适当限制。具体而言，虽然我国在专利平行进口问题上应当采取允许平行进口的态度，但对一些涉及我国重大利益的领域的专利保护也至关重要。为维护本国专利权人利益，对于专利平行进口的管制不易完全放开。采用默示许可原则原则上允许专利产品的平行进口已然放开了一大步，而允许法律根据本国利益的需要对部分专利产品的平行进口做出明确限制或者允许专利权人根据自身需要通过明示排除的方式来禁止专利平行进口，有助于我国根据本国的相关利益进行灵活选择。所以，在允许平行进口的前提下，也应当留有余地，而选择默示许可，正可以达到这一目的。

此外，在国际大环境下，在专利领域采取国际穷竭原则的国家尤其是技术发达国家少之又少，我国采用默示许可原则来规制专利平行进口，既可以通过打开平行进口的大门，通过自由贸易促进本国的发展，又没有完全剥夺专利权人阻止平行进口的权利，因而不用担心门一下子开得太大，招致国际社会的批评。

4.3.3　专利默示许可在解决平行进口问题中的具体适用

采用默示许可原则解决专利平行进口问题，通常需要解决以下几个问题：

（1）适用默示许可解决专利平行进口问题的主体要求。

首先，运用默示许可问题处理专利权国际贸易问题时，需要注意的是其中所涉及的从国际市场上获得的专利产品，必须是由专利权人或与其有经济联系的人首次投放在国外市场的。因为如果不是由专利权人或与其有经济联系的人投放在国外市场，专利权人根本没有任何机会去表示自己的默示与否，如果在此种情况下还推定其默示许可，不仅不符合常理，也不符合公平正义。❶那么，何为与专利权人有经济联系的人，可以从两个方面理解：

一方面，当一方是另一方的子公司、分公司或控股公司，一方是另一方在国外的代理商或经销商，或是双方都是同一公司的子公司、分公司或控股公司，或都是同一公司在国外的代理商或经销商，应视为具有与专利权人本人销售同

---

❶ 祝宁波. 平行进口法律制度研究 [D]. 上海：华东政法学院，2006：62.

样的效果，也应适用默示许可原则。因为，无论是母公司还是子公司或分公司，他们都是法人实体的一部分，他们之间的经济上的联系使得各自的利益不具有独立性，任何一方的销售行为都可以使他方直接或者间接获利，因此，任何一方的销售行为都应当被视为具有与他方本人销售同样的结果。而都是同一公司在国外的代理商或经销商，则意味着在专利产品投放市场前，专利权人已经通过销售给代理商或经销商获得了相应的收益，而且对于专利产品在是市场上的投放，专利权人并没有对代理商或者经销商做出任何限制。因此，应当适用默示许可原则。

另一方面，当专利人通过独占性许可的方式授予进口国的被许可人制造并销售该专利产品时，在外国购买此类产品的买方将该专利产品进口至国内的行为，应视为侵权，因而不能适用专利默示许可原则。因为专利权人在将专利权在一个国家授予独占性许可时，其已将是否允许进口专利产品的权利让与给了独占被许可人。正因如此，在适用专利默示许可规制平行进口的国家的有关判例中，法院会注重分析平行国家有关专利权实施主体之间的关系，并保留进口国独占被许可人利用进口权来阻止平行进口的权利。所以，如果国外专利权人在中国亦进行了独占实施许可，那么也应当阻止相关专利产品的平行进口。而这对于我国的技术进步和经济发展皆有益处——能够在一定程度上鼓励企业积极采用先进专利技术，促进外国专利权人许可中国企业独占实施。在总体允许平行进口的大环境下，拥有先进技术的国外企业会考虑适当价格的许可使用，否则时刻存在的平行进口威胁可能会更加难以保障其预期利益的实现。而对于国内被许可人来说，增加了谈判的筹码，有可能降低专利许可使用费。一旦谈判成功，则由其独占国内市场。对双方来说，都是一个促进。

那么，如果平行进口涉及的是两个不同实体且没有任何隶属关系在不同国家各自独立拥有专利权，不管是各自独立创新获得专利权还是通过一方向另一方转让取得，专利权人都为取得专利权付出了投资，理所当然应该在专利权的授予国享有垄断权。从竞争政策的角度考量，实际上国外该专利权人产品的进口会抢占国内市场，对国内专利权人的垄断利益造成影响。当不同的专利权人分别靠自己的创造取得专利权，或一国专利权来自于其他国家专利权人的转让，平行进口应当禁止。因为专利权人拥有独立的利益，培育了国内市场，平行进口导致了权利人市场利益的流失，影响了专利权人收回专利投资和获取应得的利润。

其次，专利产品在出口国应该是基于专利权人的自由意思投放市场的。主要包括以下几种情形：强制许可人投放市场、先用权人投放市场。这种情况应当禁止平行进口，以示对专利权人首次销售获利权的尊重。此外，平行进口的专利产品在出口国不受专利保护，且首次投放市场未经进口国专利权人许可的，理当禁止。❶

（2）有关阻却专利默示许可适用的明确性限制的要求。

首先，依据专利默示许可原则，明确限制性条件的存在可以阻止平行进口，具体而言，如果平行进口商与出口国的专利权人许可人或代理商等在买卖合同或许可证中对有关专利产品的销售区域进行不违反法律规定的限制，则应当尊重当事人之间的约定，禁止平行进口。那么，问题的关键是何为明确的限制性条件，其中，关于专利权人或者与其有经济联系的人在销售专利产品时做出的明确性限制的要求，我们可以学习日本大藏在海关规则中对平行进口的相关规定："（a）由专利权人或其相关方（以下统称专利权人）在国外投放市场且由第三方进口到日本的专利产品，只在下列情形，才构成对日本国内专利权人进口权的侵犯：①在进口商获得专利产品的交易发生之前，专利权人和进口商之间

---

❶ 金凤霞. 专利产品平行进口立法的价值取向及中国的立法选择问题研究 [D]. 武汉：武汉理工大学，2006：48.

已经约定，该产品不得向日本进口；②进口商从第三方进口专利产品，在这一交易发生之前，专利权人和进口商约定产品不得向日本进口，且这种限制清楚的标示在专利产品上。(b)用于作为证据，证明在交易发生前已经存在这种进口限制的文件，可以是合同文本或其他文件。(c)'产品不得因经营目的销往日本'的意思表示，在产品出售时应清楚地刻印或标记在产品本身、产品包装、封口或标签上，并且这种意思表示容易被购买人理解。在这种情况下，产品销售时所做的标识可以视为是进口时所做出的表示。"❶ 而对于法律做出的明确性限制，则应由相关法律或相关规定通过法律或者文件的方式明确做出。

其次，为了防止专利权人权利的滥用，专利权人对于专利平行进口做出的限制性条款，不得构成不合理的垄断或对贸易不合理的阻碍。对默示许可原则的适用做出的这一限制，对于约束知识产权领域的反不正当竞争行为是非常必要的。因为当知识产权权利人拥有的是某项社会所急需的技术时，极有可能导致权利人利用限制性条款垄断技术、控制产品的进一步流通和使用，而这种控制甚至比利用进口权控制的范围更广、强度更大，更容易导致权利的滥用。❷

4.4　本章小结

在我国，允许专利平行进口不仅有利于引进国外先进技术，促进我国企业的发展，也有利于防止垄断的形成，促进竞争，降低国内专利产品价格，为国内消费者带来利益，但同时，在现阶段绝对地允许专利平行进口可能会对我国

---

❶ 余翔，武兰芬，姜军. 矛盾的选择——日本专利权耗尽与产品平行进口立法及判例解析 [J]. 电子知识产权，2004（10）：47-50.

❷ 徐飞. 经济一体化下的知识产权平行进口的法律规制 [J]. 电子知识产权，2003（1）：48-51.

的技术创新、产业发展带来一定的弊端。所以在综合平衡各方利益的基础上，现阶段应当采用有条件的允许专利平行进口的政策。因此，作为法律上的回应，绝对的国内权利穷竭原则和国际权利穷竭原则均不符合我国的政策取向，而在采用国内权利穷竭原则的同时，通过默示许可原则来规制专利平行进口应为现阶段的最优选择。与此同时，我国应该密切关注别的国家的专利政策和法律变化，可以在符合我国利益的情况下，以互利、互惠的原则同某些国家签订协议或者条约，在专利平行进口这个问题上达到双赢。由于各国的利益不同，尽管 TRIPS 协议未能就平行进口问题的解决做出明确的规定，但也不能说它会永远处于未然状态。因此，我们应该站在国际的角度来看待这个问题，使我国的专利平行进口政策既符合我国的实际情况，又能顺应国际潮流。

第 5 章 默示许可原则
对标准必要专利的规制

随着经济全球化与知识经济的迅猛发展,技术标准强势与专利权优势的"强强联合",已经成为国际竞争中新的游戏规则,更是发达国家与先进企业把握国际竞争优势地位的重要战略手段。然而,专利的标准化中存在着内在的冲突,即代表公共利益的标准的开放性和作为私人财产权的专利权的垄断性之间的冲突,这一冲突的存在大大增加了标准必要专利权人借专利权的保护"劫持"标准实施者的风险。而科技进步、创新发展及全球经济一体化程度的不断加深,使得标准与专利在行业发展中的作用日益突出。激烈的市场竞争直接表现为专利诉讼的常态化,涉及标准专利的纠纷频繁发生。为了解决这一冲突,兼顾标准的实施和专利权的保护,多数标准制定组织都制定了规制标准专利的政策。尽管这些政策在规制标准必要专利"劫持"方面具有积极意义,但是这些政策本身的局限性使得涉及标准专利的纠纷频繁发生,如何兼顾标准的公共性和专利的私权性,即对标准化下的专利权实现有效保护,又对标准专利的专利运营实现有效规制,已成为国内外标准组织及立法、司法机构所面临的共同挑战。而这些纠纷能否有效解决则取决于相关法律对这些政策的态度。

对此，相对于其他国家立法在对待这一问题时的"拖延"，我国在《中华人民共和国专利法修订草案（送审稿）》规定了标准必要专利权人违反披露义务的默示许可责任。❶ 这一规定破解了我国司法实践在有关纠纷解决中存在的困境，为相关当事方提供了明确的行为指引，因而具有积极意义。但是，在我国的法律框架内，为何要适用默示许可原则规制标准必要专利及其正当性所在，此次《专利法》修改中并没有做出说明，且理论界也鲜有关于默示许可原则规制标准必要专利的正当性的探讨。有鉴于此，本章试图结合域外经验，在充分论证默示许可原则规制标准必要专利正当性的基础上，厘清标准必要专利的默示许可与相关原则之间的关系。

5.1　标准与专利相结合的意义及面临的问题

5.1.1　专利与标准的融合及其意义

5.1.1.1　技术标准及其准公共物品的属性

"标准"的内涵及定义是随着技术及社会经济的发展而发展的。关于技术标准的定义，众说纷纭，标准是提供或目的在于为产品或加工提供共同设计的技术规格。❷ 标准是生产者自愿或依照正式协议或监管机构采用的一系列技术

---

❶《专利法修订草案（送审稿）》第 85 条规定："参与国家标准制定的专利权人在标准制定过程中不披露其拥有的标准必要专利的，视为其许可该标准的实施者使用其专利技术。许可使用费由双方协商；双方不能达成协议的，可以请求国务院专利行政部门裁决。当事人对裁决不服的，可以自收到通知之日起十五日内向人民法院起诉。"

❷ LEMLEY M A. Intellectual property rights and standard-setting organizations[J]. California Law Review, 2002, 90（6）: 1889-1980.

规范。❶ 标准是生产者遵循的技术规定，这些规定可以是正式的技术协定，也可以是约定俗成的。❷ 学者们对技术标准的定义强调的是生产者在生产中自愿遵守的共同的技术规则，更多的反映了事实标准的概念。本书更为认可国际标准化组织 / 国际电工委员会（ISO/IEC）对标准的定义："经公认机构批准的、建立在协商一致技术上的、供通用或重复使用的规定规则、指南或行为特性及其后果的文件。"❸ 通俗而言，标准是一种规范性文件，必须具有可共同使用性和重复使用性，标准的制定需要经历一定程序，在协商一致的基础上由公认机构加以公布。

标准具有准公共物品的属性，具体而言，技术标准是生产工艺及产业规格信息的载体，是重复性的技术事项在一定范围内的统一规定，是从事生产、建设及商品流通的一种共同遵守的技术依据，一项技术标准在提供后，增加对该标准的消费的边际成本为零，一个消费者对标准的使用并不会减损其他消费者的利益，在某些情况下，如兼容标准具有的网络外部效应还可能增加其他消费者的利益，可见技术标准具有非竞争性。而从标准的提供来看，不管是官方标准还是私人标准，标准的提供者可以拥有对标准的所有权，并通过许可使用模式享有产品带来的效用，也可排斥其他人对标准的占有或消费，因此技术标准具有可排他性。可见，标准从其功能的外部使用效应来看具有准公共物品性。❹

正是由于标准的准公共物品性及其在技术发展中的重要意义，20 世纪中叶

---

❶ DAVID P A, STEINMULLER W E. Economics of compatibility standards and competion in telecom nelecom networks [J]. Infomation Economics and Policy，1994，6（3）：217-241.

❷ DAVID P A，GREENSTEIN S. The economics of compatibility standards: an introduction to recent research [J].Economics of Innovation and New Technology，1990，1（1-2）：3-41.

❸ 房鹏 . 论建立我国专利诉讼的默示许可制度 [J]. 山东审判，2010（6）：68-71.

❹ 李嘉 . 国际贸易中的专利标准化问题及其法律规制 [D]. 上海：华东政法大学，2012：21.

以来，社会从基于传统工业的经济模式转变为技术导向的商业经济和知识经济发展模式，在经济全球化、竞争白热化、高新技术集成化的背景下，标准在经济社会发展中所起的作用有了重大转变和发展。现代经济与技术标准已经密不可分，技术标准已经渗透到日常生活、企业竞争、国家博弈的各个领域、各个层次，对科技、经济的发展乃至国际贸易都产生了深远的影响。因而可以说，没有标准化，就没有现代经济。

5.1.1.2　专利的标准化及其影响

长期以来，专利与技术标准泾渭分明，并无实质联系。然而，随着知识经济的到来及新技术的发展，科技累积创新 ❶ 发展的需要使越来越多的技术创新不是突破式的飞跃，而是对已有技术的改进、移植和综合，专利权的私权性及专利制度改革、专利权保护力度的加强也刺激了技术创新者有动力将其创新技术专利化，尤其在一些应用性较强或具有较大网络外部性的行业，在累积创新上形成的专利大量聚集，形成了专利丛林（patent thicket）。"这使得一项产品或者服务的推行不可避免地会侵犯到其他多个专利权，更糟的是许多已经存在的专利涉及广泛应用的产品与服务领域，使得新的厂家绕开这些专利的难度极大。" ❷ 这些新技术领域的产业（如半导体、计算机软件及网络行业等高科技行业）在标准制定时，并没有现有公共技术可供采集，相关标准的制定很难避开相关的专利技术。随着新经济产业的蓬勃发展，专利的标准化不可避免。而且经过近一二十年的发展，传统意义上的"专利—产品"的二元结构已进化为"研究

---

❶ 累积创新是指创新来自于以往技术创新或者其他技术创新的改进、移植和综合。参见李玉剑. 专利联盟：战略联盟研究的新领域 [M]. 上海：复旦大学出版社，2006：32.

❷ SHAPIRO C. Navigating the patent thicket：cross licenses, patent pools, and standard setting [J]. Innovation Policy and the Economy，2000，1：119-150.

开发（专利）、技术集成（标准）、元器件制造、整机制造、品牌销售"的多元产业链结构。❶ 不过，无论对于专利权人还是标准实施者，乃至整个社会的发展而言，专利与标准的结合都意义重大。

对于专利权人而言，将专利技术纳入技术标准中将产生巨大的潜在利益：不但能通过在标准推行过程中收取专利许可费获取利润，而且能借助于标准的强制性和约束力，使参与其中的所有成员都必须获得该专利权人的许可授权，增强许可授权的力度，从而达到对市场的控制，同时有助于降低专利实施的成本。此外，专利并入技术标准，还可以突破各国专利法对专利权的时间限制和地域限制。这些也是专利权人将其专利纳入技术标准的动机所在。

对标准实施者而言，专利的标准化为标准实施者提供了自由接近和利用纳入标准中的专利技术的机会，能够使技术上并不发达的主体能够使用并学习新技术，有利于其在新技术的基础上进行创新，并通过从标准体系获得许可从而提高生产能力；同时，标准的制定可能导致产品制造商必须使用某一专利技术，使技术规避不再可能，当产品制造商与专利权人坐到谈判桌前时，他们的谈判能力（尤其是议价能力）也由此被标准改变了。❷

对社会发展而言，技术标准作为一种统一的技术规范，能保障重复性的技术在一定范围内得到统一，保证产品或服务的互换性、兼容性和通用性，从而降低生产成本、促进技术进步，且多样性的减少又为新一代技术的发展提供了临界物和基础，因而允许广泛的新产品和服务建立在此标准之上。❸ 而技术标准使不同的产品相互补充和组合或一起使用，有助于消费者的选择和便利，降低了选择成本，保护了消费者利益。同时，标准化不仅能获得更可靠的产品质

---

❶ 黄铁军. 以 AVS 为例谈专利私权和标准公权的平衡 [J]. 信息技术与标准化，2005（7）：40-43.

❷ 马海生. 专利许可的原则 [D]. 重庆：西南政法大学，2009：6.

❸ 刘淑华. 试论技术标准中的利益平衡 [J]. 科技与法律，2005（4）：16-20.

量和合理价格，也能使环境和安全问题得到考虑，为消费者基本权益设立了坚实的保护屏障。从国际贸易的角度来看，标准中纳入专利可以对外国产品构筑技术壁垒，提高市场准入的门槛，❶ 进而保护本国产业的发展。

5.1.2　标准与专利相结合中的利益冲突

技术标准作为一种统一的技术规范，其目标在于特定技术规范在市场中适用的统一性，追求成为标准的技术规范能够以最小成本被推广使用，追求市场上的产品和服务都符合技术标准的技术规范要求，从而实现市场中技术一致性，因而属于准公共产品；❷ 作为准公共产品的技术标准以普遍适用和促进增长为主要目标，标准的公共性意味着原则上标准使用的非排他性乃至强制性。而作为私权的专利权被授予后，专利权人享有依照自己的意志通过对专利进行占有、使用、收益和处分等方式，独占性支配专利并排斥他人非法干涉的权利，除另法律特别规定，任何单位或者个人未经专利权人许可，都不得实施其专利。专利的私权性取决于专利私人占有的基本特性，且已得到理论界和绝大多数国家的立法实践普遍承认。❸ 因此，将专利纳入标准的实质在于将作为私权的专利权纳入到具有公共产品性质的标准之中。作为准公共产品的标准与作为私权的专利的融合，必将引发各种冲突。

---

❶ 王秀梅. 国际技术标准化中的知识产权问题——法律经济分析 [J]. 管理现代化，2007（3）：14-16.

❷ 郭济环. 国家标准与专利融合后的法律冲突分析与研究 [J]. 科技与法律，2012（2）：21-24.

❸ 吴汉东. 知识产权的私权与人权属性——以《知识产权协议》与《世界人权公约》为对象 [J]. 法学研究，2003（3）：66-78.

5.1.2.1　专利权的私权属性与标准的准公共属性之间的冲突

专利权作为法律拟制的一种私权，其私权性决定了专利权的产生、行使和保护，适用于民法的基本原则和基本规则，强调以权利中心为本位，在规范方法上是以授权性规范为主要内容，在立法重心上是以保护创造者权利为首要。❶作为私权，专利权人享有依照自己的意志通过对专利进行占有、使用、收益和处分等方式，独占性支配专利并排斥他人非法干涉的永久性权利。

而标准是国家为了维护公共利益而设定的产物，具有一定的公共属性。这一公共属性使得标准具有经济学供给上的"外部性"特征，即"是指两个当事人在缺乏任何贸易相关的情况下，由一个当事人向另一个当事人所提供的物品束。"❷这一特征要求社会公众能够共享产品又要求该产品能使人容易取得。这导致标准的所有权（主要是著作权）上具有独特性，即名义上属于国家，但实际上任何人都可以无偿或低价获得并使用。也使得标准的价值基础不是实现所有权人利益的最大化，而是如前文所述科斯社会成本理论中说所主张的最高价值目标——社会总体效用的最大化。

标准与专利结合后，使具有私权属性的专利被纳入到具有公共属性的标准中，公私界限开始混淆，冲突油然而生：私法体现的是权利优位，以确认、保护权利人的权益为第一要义，并始终贯彻此逻辑主线；而标准的公共属性体现的是权利优位，以保护公共利益为第一要义。因而，标准中的专利问题的实质是标准的公共属性与专利私权属性的冲突。❸

❶ 吴汉东.关于知识产权私权属性的再认识——兼评"知识产权公权化"理论 [J].社会科学,2005（10）：58-64.

❷ 郑谦.公共物品的公共性探讨 [J].兰州学刊，2009（9）：41-46.

❸ 郭济环.标准与专利的融合、冲突与协调 [D].北京：中国政法大学，2011：35.

5.1.2.2　专利的垄断属性与标准的统一属性的冲突

作为私权的专利权的本质属性是垄断性和独占性，专利的垄断性要求专利的实施前提是获得许可，未经许可不得推广使用，否则构成侵权。标准的实质是一种统一规定，是一种行为准则，具有一定的强制性。即凡是参与某标准中的行为主体就要受到标准的约束。❶ 因而其本质属性是统一性。独占性与统一性之间存在着内在的冲突，且主要表现为两者实施推广手段上的冲突，即专利权 "禁" 与标准 "促" 的冲突。专利权的权利内容以 "禁" 为重要特征，其实施的前提是获得许可，未经许可不得推广使用，否则构成侵权。专利的价值是通过专利权人自己实施或许可他人实施来实现的。专利权的垄断性坚决反对和杜绝 "搭便车" 行为。而标准的适用以 "促" 为主，强调的是公开性、普遍适用和行业推广。标准的价值并不是由制定主体实施来实现的，而是通过推广使尽可能多的人实施来实现的。标准不专由制定机构实施，甚至可以说制定机构本身并不实施标准，标准制定机构欢迎并支持 "搭便车"。因为 "搭便车" 的人越多，标准的价值才能体现得越彻底，因此，标准制定机构往往采取强制或鼓励的措施或手段来促使标准所有权人之外的第三人尽可能地使用该标准。这种实施推广手段上的差异性使得专利与标准结合之后 "存在了权利行使上的冲突性"。❷

技术标准与专利的结合，不但没有改变专利权的私权属性和垄断特征，从客观方面来看，专利权人还可以借助标准的普遍适用性和某种意义上的强制性增强其对相关技术市场的支配和控制能力。如果标准化下对专利权人的权利不加限制，势必妨碍技术标准化的正常运行，偏离技术标准的公益性、协调性和

---

❶ 黎运智. 从专利技术标准化看专利法定许可问题 [G]// 国家知识产权局条法司. 专利法研究 2006. 北京：知识产权出版社，2007：378.

❷ 潭华霖. 知识产权权利冲突论纲 [D]. 北京：中国政法大学，2007：17.

普适性，甚至在利益的驱使之下，专利权人将专利标准当作谋求其最大垄断利益的工具，对技术标准的实施进行"劫持"，进而造成标准阻抑及竞争阻碍问题。

标准与专利权结合是一把双刃剑，既能促进新技术的产业化，增强产业发展的核心竞争力，又易导致各种权利的滥用，抑制技术创新的发展。当专利借标准行走，此时的专利权不再是一种绝对的私权，专利权对标准的威胁也就昭然若揭。❶ 为了防止在专利被纳入技术标准，特别是成为强制性技术规范以后，标准专利权人借助标准化实现对专利技术的扩大垄断，使专利私权与社会公共利益相冲突，应当在平衡专利权人利益和公共利益的基础上对标准化下的专利权行使进行必要限制。在重视专利权的保护的同时采取措施减少专利权保护阻碍标准实施及阻抑创新的风险。

5.2　运用专利法规制标准必要专利的必要性

5.2.1　标准组织限制专利权的政策及其局限性

面临专利标准化可能产生的标准阻抑及竞争阻碍风险，为了在保障标准顺利实施的同时保障专利权人的权利，几乎所有的标准制定组织都制定了规制标准专利的政策。纵观国家标准组织（ISO、IEC 和 ITU）、主要区域标准组织（CEN、CENELEC 和 ETSI）及主要发达国家标准机构（美国的 ANSI、英国的 BSI 和日本的 JISC）的专利政策，他们在某些细节的规定上体现了各自的独特之处；但在核心的原则上却是相通的：①标准中纳入的专利为必要专利或必要

---

❶ 丁道勤，杨晓娇. 标准化中的专利挟持问题研究 [J]. 法律科学（西北政法大学学报），2011（4）：128-137.

专利要求；②披露原则；③标准化组织必须获得专利权人做出的许可声明后才能将其专利纳入标准；④合理无歧视原则；⑤标准化组织不介入具体的专利许可事务。❶其中，披露原则、FRAND 许可原则和不介入原则构成了各标准组织或机构专利政策的核心。

5.2.1.1　披露原则

披露原则是指标准化组织或标准的发起人为了便于将来推广标准和豁免自己的责任，要求标准提案人在将专利技术纳入标准之前必须披露该技术包含的专利，甚至要求获得专利权人愿意在标准建立后、在合理的条件下进行专利权的许可或无偿许可的声明。❷披露制度使标准组织能够在知悉专利权的情况下选择是否将该专利技术纳入标准，以确保每个标准实施者都能在不受不正当限制的情况下享用标准技术。❸此外，披露原则有助于扫除标准制定过程中的潜在威胁，加快标准制定的进程，进而保障标准的推广，防止专利虚假披露、不披露引起"劫持"技术标准的情况发生，以从源头入手规制标准必要专利的劫持。

然而，目前标准化组织中所谓的披露制度，都是柔性化的披露制度，无强制实施力。例如，《ITU-T / ITU-R /ISO / IEC 共同专利政策实施指南》第一部分的"专利披露"中仅声明："凡是参与组织工作的任何各方应该从一开始就请组织注意任何已知专利或已知专利申请，无论是他们自己的还是其他组织的"。❹

❶ 王益谊，朱翔华 . 标准涉及专利的处置规则：《国家标准涉及专利的管理规定（暂行）》和相关标准实施指南 [M]. 北京：中国标准出版社，2014.

❷ 季任天，王明卓 . 技术标准中的专利披露原则 [J]. 法治研究，2008（12）：8-10.

❸ COWIE M G，LAVELLE J P. Patents covering industry standards: the risks to enforceability due to conduct before standard-setting organizations [J]. AIPLA Quarterly Journal，2002，30（1）：95-151.

❹ 朱翔华 . 国际标准组织专利政策的最新进展 [J]. 中国标准化，2014（3）：78-82.

尽管我国出台的《国家标准涉及专利的管理规定（暂行）》《标准制定的特殊程序第 1 部分：涉及专利的标准》从披露主体、披露客体、披露时间、违反披露义务的后果等方面进行了较为全面的规定，但是，对于违反披露规则的后果，仅规定依照诚实信用原则应当承担相应的法律责任，并没有明确到底承担怎样的法律责任。

5.2.1.2　FRAND 许可原则

FRAND（Fair，Reasonable and Nondiscriminatory）许可原则，即"公平、合理、无歧视"许可原则，意指涉及技术标准的专利权人"公平、合理、无歧视及不可撤销"地将自己所属的必要专利授权给所有技术标准的其他专利权人和实施方。❶该原则普遍存在于标准化组织的知识产权政策或专利政策中，其目的在于对于包含专利权的标准，所有标准实施者都有权以公平、合理、无歧视的原则获得该专利的许可，从而取得来自专利权人不可撤销的许可承诺，并为日后纠纷的解决提供一个准则，❷以实现标准专利人与标准实施之间的利益平衡，保障标准的有效实施。

但是，FRAND 许可原则亦因其本身过于抽象、原则，没有具体的适用规则，因而无法判断具体的许可行为是否符合该原则的要求。且到目前为止，尽管国际上就 FRAND 许可原则的内涵问题进行了广泛而深入的讨论，但一直没有形成共识性的结论，而多数标准制定组织对 FRAND 许可原则也没有进行明确的阐释，因而仅仅是一个政策框架。更重要的是，标准制定组织并未规定当其成

---

❶ SHAPIRO C. Navigating the patent thicket: cross licenses，patent pools, and standard setting [J]. Innovation Policy and the Economy，2000，1：119-150.

❷ 张永忠，王绎凌. 标准必要专利诉讼的国际比较：诉讼类型与裁判经验 [J]. 知识产权，2015（3）：84-91.

员不履行 FRAND 承诺时，应采取何种措施以保障该规则的履行，也没有建立标准必要专利的有效纠纷解决机制。而且各国法律也未明确 FRAND 承诺的法律效力，亦缺少相应的规则指引。

5.2.1.3　不介入原则

一般标准化组织或机构规定，标准中的专利许可由专利权人与标准实施者在标准化组织或机构之外自行协商决定，标准组织不负责专利的鉴别，不介入具体的许可谈判，不涉足由标准中涉及专利引发的专利纠纷。❶

针对标准化下有关专利权的两个主要问题——标准专利的披露和许可，标准组织尽管制定了披露原则、FRAND 原则及不介入原则等专利政策，但这些政策本身及其实施都存在一定的局限性。这些局限性的存在一方面是因为标准组织之所以不愿主动明确或者卷入标准专利许可费率的确定，是担心标准化对竞争会产生潜在的威胁，而这些政策本身可能造成不正当竞争，因此，他们害怕被认为违反反垄断法的价格垄断或其他规定；另一方面，标准组织认为，过于严格的披露规则可能降低企业参加标准制定的热情。❷ 不管这些辩解是否成立，实践中由于这些专利政策本身的局限性引发的纠纷层出不穷，而作为政策制定机构的标准化组织大多置身事外，当事人无法向标准化组织寻求保护，因此只能诉诸司法。❸

然而，作为确保该领域所有的市场参与者能够参与标准专利实施谈判的私

❶ 王益谊，朱翔华. 标准涉及专利的处置规则：《国家标准涉及专利的管理规定（暂行）》和相关标准实施指南 [M]. 北京：中国标准出版社，2014：23.

❷ COWIE M G, LAVELLE J P. Patents Covering Industry Standards: The Risks to Enforceability Due to Conduct before Standard-Setting Organizations [J]. AIPLA Quarterly Journal，2002，30（1）：95-151.

❸ 张永忠，王绎凌. 标准必要专利诉讼的国际比较：诉讼类型与裁判经验 [J]. 知识产权，2015（3）：84-91.

人自治规则，专利政策的主要目标是减少标准实施过程中专利权人的控制，因而在确保相关市场不被专利权人扰乱方面却是必要的。❶ 因此，在涉及专利权人违反标准组织专利政策引起的纠纷中，司法机关通常不会质疑这些政策的合法性，相反，更倾向于审查标准专利纠纷相关当事人的行为。面对专利与标准结合造成的冲突及标准组织有关专利政策在解决相关问题方面的局限性，如何对违反标准组织专利政策的行为进行规制，既能保障专利权人合法权利的实现，又能保障标准的顺利制定与实施，成为司法机关在解决相关纠纷时面临的重要问题。

5.2.2　反垄断法和合同法规制标准必要专利的有限性

5.2.2.1　反垄断法规制的局限性

专利与标准的结合使具有垄断性的专利权可借技术标准的普适性扩张其专利垄断利益，技术标准与专利权的结盟可能导致技术标准被少数人所控制，成为其限制竞争和掠夺巨额垄断利益的工具，一旦标准专利权人滥用其专利权，限制、排除市场竞争，进而损害消费者利益，危及公共利益，就有必要对其进行反垄断法规制。在涉及专利的标准制定和实施过程中发生的排除、限制市场竞争问题有不同的表现形式，违反专利披露义务和虚假承诺可能引起的反垄断问题及违反公平合理无歧视原则可能引起的反垄断问题，是其中两个最为典型和突出的表现。❷ 毫无疑问，在涉及标准专利的纠纷中，一些案件中确实存在反垄断法问题，而反垄断法是以国家公权力的形式对权利的行使进行规范，调

---

❶ LEMLEY M A. Intellectual property rights and standard-setting organizations [J].California Law Review, 2002, 90（6）: 1889-1980.

❷ 王先林 . 关于制定我国滥用知识产权反垄断指南的若干思考 [J]. 价格理论与实践, 2015（10）: 25-29.

节市场秩序，打击垄断行为，进而实现社会整体利益，那么，用反垄断法规制通过国家公权的介入以综合的调整手段可以弥补私法规制手段的局限，能够起到有效地限制标准专利权滥用的作用。

但需要同样注意的是，反垄断法的本质在于保护竞争而不是竞争者，而违反事先披露规则和 FRAND 承诺的问题本身与反垄断法无关。❶ 那么，对于首先表现为合约关系的标准必要专利劫持适用反垄断法进行规制存在一定的局限性。首先，从经济分析方面看，用反垄断规制专利劫持并不会产生多大边际效益，相反如果将错误和行政成本考虑在内的话，还可能产生负面效果。❷ 这是因为，一方面，在判断构成不正当竞争行为上的难度使判断做出的成本较高，而且判断存在错误的风险较大；❸ 另一方面，三倍赔偿和反垄断执行而造成私人诉讼的风险也将使反垄断法规制弊大于利。❹ 其次，反垄断法本身的局限性使其不适宜解决标准必要专利劫持问题。一方面，反垄断法仅规定知识产权垄断"应受"该法规制，但未能解决"如何"规制的问题，❺ 其规则的原则性对于规制复杂多变的专利权滥用行为而言缺乏足够的针对性和可操作性，因而对有关问题的解决不能提供一个明确的解决方案。另一方面，反垄断执法部门处理纠纷时在判断许可费的公平和合理上因缺乏适当的工具、知识和资源可能面临能

---

❶ LIM D. Standard essential patents, trolls, and the smartphone wars : triangulating the end game [J]. Penn State Law Review, 2014, 119（1）: 1-91.

❷ KOBAYASHI B H, WRIGHT J D. Federalism, substantive preemption, and limits on antitrust : An application to patent holdup [J]. Journal of Competition Law and Economics, 2009, 5（3）: 469-516.

❸ KOBAYASHI B H, WRIGHT J D. The limits of antitrust and patent holdup : a reply to cary et al. [J]. Antitrust Law Journal, 2012, 78（2）: 505-526.

❹ LIM D. Standard essential patents, trolls, and the smartphone wars : triangulating the end game [J]. Penn State Law Review, 2014, 119（1）: 1-91.

❺ 季任天，陈乃新 . 专利标准化权利边界及其反垄断法规制 [J]. 湘潭大学学报（哲学社会科学版），2015（6）: 85-88.

力不足的困境，因而在涉及过高的许可费时，难以将其与剥夺性的许可费之间做出区分，没有足够的能力解决专利劫持问题。相反，如果仅仅涉及掠夺性的许可费，应该适用其他方法规制：法院或者其他部门在解决问题时可能能够更好地理解专利法，也更有能力确定一项许可是否公平合理。❶ 此外，在纯粹合同纠纷中引入反垄断法救济将在专利权人参与标准组织和专利转化的激励方面产生不良影响。一方面，在标准组织相关规则不明确的情况下，反垄断的过多规制会削减标准专利权人参与标准制定的信心和意愿，进而不利于创新。因为，越来越多这样的"标准防御"主张正在威胁专利权人参与标准活动的热情，至少一些企业鉴于这些"标准防御"对其专利权实施带来的风险，开始质疑参加标准的意义。❷ 另一方面，让标准专利实施者用反垄断手段抗衡专利权人本身也会加重实施者的负担，即使他们愿意且也有能力拿出足够的证据来证明不正当竞争行为的存在。❸

总而言之，反垄断法应集中解决真正的价格垄断或者操纵欺诈案件，而不是用来规制合同问题和标准组织的政策。在专利标准化背景下，因为标准组织不能明确 FRAND 承诺的内涵，而让以许可费过低为由拒绝许可或者寻求禁令救济以促成谈判的标准必要专利权人承担反垄断法责任本身是有问题的。所以，对于标准必要专利劫持的规制，反垄断法仅在专利权人的目的为排除竞争或者损害竞争对手在二级市场上的竞争能力时才能适用。❹ 因此，对于首

---

❶ PETROVCIC U. Patent hold-up and the limits of competition law : a trans-atlantic perspective[J]. Common Market Law Review, 2013, 50（5）: 1363-1386.

❷ COWIE M G, LAVELLE J P. Patents covering industry standards : the risks to enforceability due to conduct before standard-setting organizations[J].AIPLA Quarterly Journal, 2002, 30（1）: 95-151.

❸ LIM D. Standard essential patents, trolls, and the smartphone wars : triangulating the end game[J].Penn State Law Review, 2014, 119（1）: 1-91.

❹ PETROVCIC U. Patent hold-up and the limits of competition law : a trans-atlantic perspective[J]. Common Market Law Review, 2013, 50（5）: 1363-1386.

先表现为私人自治关系的标准必要专利纠纷适用反垄断法进行规制存在一定的局限性。

5.2.2.2　合同法规制的局限性

标准组织的专利政策本质上是其成员关于标准专利权实施的私人合约，其实施最初是一个合同法问题。❶ 然而，在标准组织的成员违反标准政策的情况下，单纯地适用合同法规制可能存在以下问题：

首先，合同具有相对性，而并不是所有的被控专利侵权人都是标准组织的成员，当有关的专利侵权指控涉及非标准组织成员的情况下，很难运用合同救济来进行维护自身的权益。尽管第三人利益合同问题已经被理论上和时间上渐渐认可——例如，依据美国的《合同法重述》，越来越多的现代案件允许第三方在特定条件下获得信赖救济，因而只要一个承诺人应当合理地意识到其承诺将使合同的另一方或者第三人做出或者不做某些行为，那么，一旦只有执行该承诺才能避免不公平，承诺人就应当受该承诺的约束。❷ 而要满足该规定的要求，实施标准专利的公司必须证明他是基于专利权人许可实施的承诺才实施该专利的。但是，即使依据第三人利益合同理论，适格的原告提起的违约之俗被法院确认，基于违约获得的损害赔偿能不能弥补违约行为造成的全部社会损害并不清楚，因为合同责任通常不包含执行禁止令救济——这里主要指的是强制专利权人给予专利许可。相反，确认违约损害赔偿的主要方式是守约方通过合同执行预期得到的受益。❸ 就 FRAND 许可承诺而言，所谓的预期是推定通过支付合

---

❶ LEMLEY M A. Intellectual property rights and standard-setting organizations [J]. California Law Review, 2002, 90 (6): 1889-1980.

❷ Restatement (Second) of Contracts § 90 (1981).

❸ FARNSWORTH E A. Contracts [M]. 4ed. New York: Wolters Kluwer Law & Business, 2004: 320.

理费用使用标准专利的权利。然而，即使假设专利权人违反 FRAND 许可承诺，受害方将有权获得使用标准专利的权利而不是赔偿其将支付的许可费❶。这种救济也不能完全弥补整个社会因专利权人的违约行为造成的损失。因为其他公司因此依然被禁止使用标准专利，而这将造成依赖相关标准的商品市场的社会净损失。❷

其次，尽管在美国法合同法实践中，上述问题可以通过衡平法上的特定履行❸来解决——合同法通常将损害赔偿金作为主要救济方式，然而在损害赔偿金难以弥补所有损害时，法院会颁发禁令救济，即强制被告履行合同责任。❹但是，有关违反标准组织相关披露义务的履行问题似乎很适合适用特定履行来解决——在违反披露义务的情况下，预期的损害将很难界定，而且禁止令救济在此也不适用。此时主要取决于对于假设在制定标准时标准组织如果知道有关专利权的存在将会怎样这一问题，法院如何做出回答，而这确实是个难题。而且如果强制履行披露义务但不强制许可时，有关损失该如何计算。进而言之，不披露造成的损失是单纯的合同救济不容易弥补的——如果违反不披露义务的后果仅仅是进行披露，专利权人不披露的动机会更大。而本想制定一个公共标准的标准组织实际上制定的是一个私人标准时，只会助长专利权人控制市场的势焰。❺

---

❶ See Ess Tech. v. Pc-Tel，Inc.，1999 U.S. Dist. LEXIS 23227（N.D. Cal. Nov. 2，1999）.

❷ LEMLEY M A. Intellectual property rights and standard-setting organizations [J]. California Law Review，2002，90（6）：1889-1980.

❸ 特定履行（specific performance）：衡平法上对违反合同的一种救济，指强制被告实际履行其合同义务，也即令其完全按原合同中他所承担从事之事来履行清偿。这是一种特殊的、非常性质的救济，法院有自由裁量之权，但也按先例所定之原则行使。

❹ FARNSWORTH E A. Contracts [M]. 4ed. New York：Wolters Kluwer Law & Business，2004：334.

❺ LEMLEY M A. Intellectual property rights and standard-setting organizations [J]. California Law Review，2002，90（6）：1889-1980.

所以，即使将标准组织的相关规则解释为标准组织成员之间的合同，对于违反标准组织相关规则的行为，合同法规制本身也存在很大的局限性。

综上，标准组织保障标准专利实施的政策在平衡标准的制定与实施和专利权保护方面是必不可少的，但其本身存在一定的局限性，而能否弥补这些局限性，赋予这些政策一定的强制性使其能够成为有效的私人秩序主要取决于相关法律对这些政策的态度。而正是由于对于首先表现为私人自治关系的标准必要专利纠纷适用反垄断法进行规制存在一定的局限性，而合同救济不能弥补此类违约行为造成的全部社会损害，且运用合同法规制的方法存在合同执行的问题。实践中，对于违反标准组织专利政策的行为，被诉侵权人倾向于运用专利法有关原则进行抗辩，这些原则主要包括衡平禁止反言、默示许可、禁止专利滥用等，具体选择哪一种抗辩手段，各国的实践乃至一国国内的专利法实践中的做法并不一致。因而，本书基于我国专利法的相关立法与实践，试图论证在我国采用专利默示许可原则规制违反标准组织专利政策行为的正当性和意义。

5.3 默示许可规制标准必要专利的正当性

5.3.1 专利默示许可原则规制违反披露义务行为的合理性

5.3.1.1 明确违反披露义务专利默示许可责任在法理上的正当性

前文已述，专利默示许可在本质上属于默示的意思表示的一种，其与明示的意思表示的根本区别在于"表意之间接性"，具体而言，专利权人的言语、文字、符号及行为或沉默，是否具有表达专利许可的意愿不甚明了，而需要通过对方当事人或者法律进行推定后，方可确认是否存在专利许可意思之表示，而这个过程正是专利默示许可的认定过程。同时，专利默示许可的认定遵循默示意思表示的解释路径，即基于一定的推定基础，通过综合考察当事人的一系列行为明确是否存在专利默示许可。与默示意思表示解释的主要价值立场契合，在专利法领域，专利默示许可制度之所以形成，主要是基于交易安全、公平等价值因素的考量保护专利实施当事人的合理信赖，所以，专利默示许可之认定，亦把保护专利实施当事人的合理信赖作为基本的推定基础，因而遵循信赖保护原则。具体而言，在专利默示许可中，专利权人虽然没有就许可与否做出明确表示，但是其行为或者在特定条件下的沉默使被许可人产生了合理信赖并基于这种信赖而有所作为此时如果尊重专利许可人的选择，被许可人的信赖利益将得不到保护甚至产生无法挽回的损失，为了公平等的考虑，即使保护被许可人的合理信赖可能与专利权人的真实意图相违背，也应当认定专利默示许可的成立。而标准必要专利权人违反标准组织披露规则的行为从法理上讲符合专利默示许可的逻辑构成。

首先，依据默示意思表示理论，在特定情形下通过沉默方式发出的意思表示也构成默示的意思表示，而所谓的特定情形包括两种：事实上的特定情况，具体而言如当事人之间的具体约定、交易惯例或者行业规定等以及法律规定的特定情形。而标准必要专利权人不披露的行为之所以构成意思表示，也在于这种特定情形的客观存在。具体而言，通常情况下，依据标准组织的专利政策，参与标准制定的标准必要专利权人有义务披露其拥有的标准必要专利，尤其在我国这种义务已经通过法律法规的形式在《国家标准涉及专利的管理规定（暂行）》中予以明确："在国家标准制修订的任何阶段，参与标准制修订的组织或者个人应当尽早向相关全国专业标准化技术委员会或者归口单位披露其拥有和知悉的必要专利，同时提供有关专利信息及相应证明材料，并对所提供证明材料的真实性负责。参与标准制定的组织或者个人未按要求披露其拥有的专利，违反诚实信用原则的，应当承担相应的法律责任。"❶ 所以，在标准组织相关规定或者法律明确规定披露义务的前提下，标准必要专利权人不披露的行为符合在特定情形下通过沉默方式发出的意思表示的要求，因而符合默示意思表示形式上的要求。

其次，前文已述，技术标准具有统一性，其实质上是一种行为准则，具有一定的强制性，其价值是通过推广使尽可能多的人实施来实现的。正因如此，无论是相关国际标准组织❷ 制定的《ITU-T / ITU-R / ISO /IEC 共同专利政策》，还是我国关于标准实施的《国家标准涉及专利的管理规定（暂行）》❸ 都明确，在标准的制定过程中，对于标准必要专利，专利权人须做出相应的许可声明——一般包括三种类型：在公平、合理、无歧视基础上免费许可、在公平、合理、无歧视基础上收费许可或者不同意按照前两种方式进行专利实施许可，而且对于第三种情形，除了强制标准外，标准的制定不能包括相关专利，以使标准的实施不受专利权人垄断权利的干涉。所以，如果专利权人按照标准组织相关规定或者法律规定事先披露其拥有的标准必要专利的，其必须做出相应的许可声明，如果不愿意进行许可，则其专利不会被纳入标准。那么，标准必要专利权人在明知这些要求及其自身的披露义务的前提下在标准制定的过程中不披露相关标准必要专利的行为，必然使标准的实施者产生这样一种信赖：其所实施的标准中并不包含相关专利，或者专利权人放弃其相关专利权。

❶《国家标准涉及专利的管理规定（暂行）》第五条。

❷ 国际标准化组织 ISO、国际电工委员会 IEC 和国际电信联盟 ITU 为了确保全世界范围内技术和系统的兼容性，以 ITU－T 的专利政策为基础于 2006 年 3 月制定了三个组织共同的专利政策——《ITU-T / ITU-R / ISO /IEC 共同专利政策》，并在 2007 年 3 月发布了《ITU-T / ITU-R / ISO / IEC 共同专利政策实施指南》。

❸ 参见《国家标准涉及专利的管理规定（暂行）》第 9 条、第 10 条和第 12 条。

此时，在标准实施者因信赖标准必要专利权人的沉默而实施标准相关准备的情况下，如果允许专利权人肆意主张其专利权，势必造成标准实施者信赖利益的损失，为了保护标准实施者的信赖利益，有必要推定专利权人在标准制定过程中违反披露义务的行为构成其对标准必要专利权行使的默示的放弃，至少对其标准必要专利的实施构成了默示的许可。而这也符合专利默示许可原则的价值追求——基于交易安全、公平等价值因素的考量保护专利实施当事人的合理信赖。

5.3.1.2　明确违反披露义务专利默示许可责任的制度价值

1. 美国司法实践的经验

在美国，对于违反标准组织披露义务的行为，主要援用衡平法中的禁止反言原则（Equitable Estoppel）、迟误原则（Laches）和默示许可原则（Implied License）等进行侵权抗辩。

其中，禁止反言原则和以衡平禁止反言原则为基础的默示许可的主要构成要件都包括三个方面：①专利权人通过误导性的言语或者行为使专利实施人合理地认为专利权人允许其实施有关专利，这里的"言语或者行为"包含明确的声明、行为、不作为或者在有义务明确说明时的沉默等；②被控侵权人信赖该言语或行为；③如果支持专利权人的诉求对被控侵权人明显不公平。两者的不同之处主要在于：首先，两者在认定时的侧重点不一样。衡平禁止反言侧重于对专利权人不再行使其专利权的"误导性行为"的认定。就该原则在违反标准组织披露义务纠纷中的适用而言，侧重对专利权人应该履行披露义务而没有进行披露的行为本身使标准实施者认为专利权人不再行使其标准专利权的认定。而默示许可则侧重于对允许制造、使用或出售专利的许可的认定❶，且其成

---

❶ Wang Labs., Inc. v. Mitsubishi Elecs. Am., Inc., 103 F.3d 1571（Fed. Cir. 1997）..

立需要在分析专利权人和专利实施人全部行为的基础上才能明确。就该原则在违反标准组织披露义务纠纷中的适用而言，必须能够从专利权人和被诉侵权人的行为中推出被诉侵权人已获得实施标准必要专利的许可。其次，两者适用的结果不同。美国联邦巡回法院在 A.C. 奥克曼公司诉 R.L. 查迪斯建筑公司（A. C. Aukerman Co. v. R.L. Chaides Constr. Co.）案 ❶（以下称 Aukerman 案）中指出衡平禁止反言的适用结果是排除专利权人就其涉诉专利权能够获得的所有救济，包括过去或将来能够得到的损害赔偿以及任何禁令救济，因此对因信赖专利权人"误导性行为"而实施专利的所有被诉侵权人均适用；而默示许可的成立仅仅为涉诉侵权人提供抗辩，而不能排除专利权人基于同一理由向其他侵权人提起侵权之诉，例如在 Wang Lab. 案中，美国联邦巡回法院认为，依据现有证据 Wang 的行为构成了对 Mitsubishi 的默示许可，该默示许可的成立只能使 Mitsubishi 获得了一项不可撤销的免费许可，但其并不能禁止 Wang 继续向 Mitsubishi 之外实施涉诉标准必要专利的其他人提起侵权诉讼。尽管禁止反言原则适用结果的严重性能够防范标准专利权人在执行披露政策时的不正当行为，但正是考虑到适用该原则的后果是排除所有的诉讼，在 Aukerman 案中，美国联邦巡回法院认为，"被告应当承担证明该抗辩成立的举证责任，而不是推定成立。而且，即使被诉侵权人证明衡平禁止反言的所有构成要件都成立，法院也可以在考虑其他任何涉及当事人双方利益的事实的基础上使用自由裁量权决定是否适用衡平禁止反言抗辩来排除所有相关诉讼。"

迟误原则作为专利侵权的抗辩手段，其适用需要满足两个条件：①专利权人怠于提起侵权诉讼超过了合理的期限；②专利权人这一延迟提起侵权诉讼的行为使被诉侵权人受到损失。其中，第一项所说期限应当从专利侵权人知道侵权行为之日起计算，第二项的损失及包括经济损失也包含其他损失，比如因时

---

❶ A. C. Aukerman Co. v. R. L. Chaides Constr. Co., 960 F.2d 1020（Fed. Cir. 1992）.

间推移造成的证据丢失使被诉侵权人不能据该证据提出系统的抗辩。❶ 在专利侵权纠纷中，迟误原则的适用结果仅为否定提起侵权诉讼时间点之前的侵权行为，而不能禁止该时间点之后专利权人针对被诉侵权人行使专利权。

在处理专利权人违反标准组织披露义务的纠纷时，虽然被诉侵权人会援用以上原则进行侵权抗辩，但由于禁止反言原则适用结果的严重性，美国法院通常通过严格的举证责任限制该原则的适用，进而根据具体的情形适用迟误原则或者默示许可原则处理相关纠纷。例如，美国联邦第四巡回上诉法院在波特仪器公司诉存储技术公司（Potter Instrument Co. v. Storage Technology Corp.）案 ❷ 中认为，"适用禁止反言原则可能产生法院无法预期的后果"，因而支持原审法院援用迟误原则做出判决。但是衡平法上的迟误原则和默示许可原则在规制标准必要专利权人不披露行为时亦存在一定的局限性。就迟误原则而言，其适用结果仅能阻止专利权人对其提起侵权诉讼之前的行为主张专利侵权，不能禁止专利权人向在该时间点之后实施标准必要专利的标准实施者行使专利权，且迟误原则适用的前提是专利权人知道侵权行为的存在，因而仅能为被诉侵权人提供抗辩，所以，该原则的适用仍使所涉标准的实施者处于随时被指控专利侵权的风险中。而默示许可原则的适用尽管能够排除专利权人向专利实施者提起侵权之诉，但衡平法上的默示许可原则亦仅为涉诉侵权人提供侵权抗辩，因而也不能禁止违反披露义务的专利权人向其他标准实施者提起侵权诉讼。

尽管面对专利权人违反标准组织披露义务的纠纷，美国专利法中的这些衡平法原则在解决个案时能够兼顾案件当事人之间的利益平衡，但他们自身在适用上的局限性，尤其是他们不能为标准实施者整体提供侵权豁免，因而仍使标

---

❶ COWIE M G, LAVELLE J P. Patents covering industry standards: the risks to enforceability due to conduct before standard-setting organizations [J]. AIPLA Quarterly Journal，2002，30（1）：95-151.

❷ Potter Instrument Co. v. Storage Technology Corp.，454 U.S. 832（U.S. 1981）

准实施者处于被控专利侵权的风险之中，在一定程度上有碍于标准的顺利实施。此外，正是由于在存在不同的侵权抗辩原则，实践中可能导致违反披露义务的专利权人承担不同的责任，这种不确定性的存在除了可能造成不必要的诉讼外，还可能影响标准的制定和实施——专利权人需要确定法院将判定其承担怎样的责任，而确定责任的存在能够增加标准制定者制定公开标准的信心，正因如此，有学者指出，法院在对待不披露案件时应当形成一致的裁判路径。❶ 不过，总体而言，美国法院在运用专利法规制手段处理涉及专利权人违反标准组织披露义务的纠纷时，主要基于三个层面的考虑：首先，鉴于标准组织披露政策在标准制定和实施中的意义，违反标准组织披露义务的专利权人必须承担一定的不利后果。其次，对专利权人违反披露义务所应承担责任的设定必须考虑标准的顺利实施。最后，必要时还需要考虑公平因素，在违反义务人承担不利后果的基础上兼顾当事人之间的利益平衡。

2. 我国规定违反披露义务专利默示许可责任的合理性和意义

与美国作为判例法国家主要适用专利法中的衡平法原则解决违反标准组织披露义务引起的纠纷不同，成文法国家面对司法实践中该类纠纷适用哪一规则进行裁判的困境，有必要将解决纠纷的基本规则上升到立法层面，以在有效指导司法裁判的同时，也为标准制定和实施各方提供明确的行为指导。其中，明确专利权人违反标准组织披露义务的行为究竟应当承担什么样的责任是相关立法工作的重中之重。这一责任的明确一方面需要借鉴美国等国家在解决相关问题方面的司法经验，同时还要兼顾成文法国家自身的状况。就我国而言，本书认为，《专利法修订草案（送审稿）》第 85 条之所以明确规定违反标准组织披露

---

❶ SCHNECK D M. Setting the standard : Problems presented to patent holders participating in the creation of industry uniformity standards [J]. Hastings Communications and Entertainment Law Journal, 1998, 20（3）: 641-664.

义务的专利权人应当承担默示许可责任，主要基于以下考虑。

首先，标准组织的披露政策对标准的制定和实施都具有积极的意义，对于专利权人违反披露义务的行为，法律必须设定一定的不利后果，且这一不利后果是相对于专利权人主动披露并做出相应许可声明而言的。而明确违反披露义务应承担默示许可责任即能实现这一目的：专利权人因此丧失了拒绝被许可人实施专利的权利，使标准实施者因此获得了专利侵权豁免，且在默示许可的具体执行中，标准专利实施者获得了相对于 FRAND 许可的谈判优势：在标准必要专利权人进行披露并做出 FRAND 承诺的情况下，标准必要专利权人仅需依照"公平、合理、无歧视"的许可标准与标准实施人进行专利许可磋商，对于不愿意支付"公平、合理、无歧视"许可费的标准实施者，标准必要专利权人有权拒绝许可；对于违反披露义务的标准必要专利权人而言，默示许可责任的明确使其丧失了拒绝愿意支付许可费的被许可人实施专利的权利，且在默示许可原则的规制下，标准必要专利权人最终获得的许可费可能低于正常的许可使用费。

其次，标准专利权人责任的设定必须兼顾标准的顺利实施。而默示许可原则的适用本身能够促进专利的运用和实施，因而与标准的顺利实施并不相悖。同时，对于专利权人违反披露义务的行为，法律明确规定的默示许可责任为所有标准实施者提供一个免于被诉侵权的安全港，这在一定程度上保障了标准本身的公开性，促进标准的顺利实施。此外，法律明确规定专利权人违反标准组织披露义务应承担的责任，能够为专利权人及标准实施者提供明确的行为指导，进而有利于标准的制定与实施。

其三，标准专利权人责任的设定还需考虑标准专利实施当事人之间的利益平衡，亦即在为专利权人设定不利后果的同时还应根据具体情形在必要时考虑公平因素。默示许可责任的承担仅使专利权人丧失了拒绝许可的权利，但默示许可不代表免费许可，具体的许可条件法律留待当事人私下协商，且在协商不成时，可以通过司法途径解决，此时，司法机关可以结合具体的情形在公平的基础上运用自由裁量权进行裁决。

其四，专利默示许可是一种默示的意思表示，因而受到民法的调整。我国《民法通则》第 56 条明确规定："民事法律行为可以采取书面形式、口头形式或者其他形式。法律规定是特定形式的，应当依照法律规定。"，而《专利法》第 12 条规定"任何单位或者个人实施他人专利的，应当与专利权人订立实施许可合同，向专利权人支付专利使用费。……"根据该规定，作为特别法的专利法并未限制专利许可合同的订立形式，因而专利法在制度设计上并不排除专利默示许可。然而，《最高人民法院关于贯彻执行〈中华人民共和国民法通则〉若干问题的意见》第 66 条规定："一方当事人向对方当事人提出民事权利的要求，对方未用语言或者文字明确表示意见，但其行为表明已接受的，可以认定为默示。不作为的默示只有在法律有规定或者当事人双方有约定的情况下，才可以视为意思表示。"由此，默示分为作为的默示和不作为的默示，且不作为的默示构成意思表示需要法律的明确规定或当事人的明确约定。如此，在专利法中，因标准专利权人不披露行为构成的默示许可仅在法律有明确规定的情况下才能被视为意思表示。

此外，在我国，通过法律明确标准必要专利权人违反披露义务的默示许可责任，能够有效防止标准制定和实施中的机会主义行为。具体而言，如果标准必要专利权人违反披露义务的责任不明确，在标准的制定过程中，由于信息的天然不对称，标准必要专利权人便有动机实施机会主义行为，最典型的比如前文所述的标准必要专利权人在标准制定过程中没有披露其拥有的标准必要专利，在标准实施者已经投入了相应的专用性资产的情况下进行的敲竹杠行为。这种行为必然使潜在的标准实施者不得不面临极大的机会主义威胁，进而影响标准的顺利实施。而法律对标准必要专利权人违反披露义务的责任的事先明确，能够有效地防止标准必要专利权人基于标准的推广获得的扩大垄断地位实施机会主义行为，因而能够保障标准的顺利实施。

最后，明确标准必要专利权人违反披露义务的默示许可责任，符合科斯法律经济学关于社会总体效用最大化的追求。前文已述，技术标准作为一种统一的技术规范，能够保证产品或服务的互换性、兼容性和通用性，从而降低生产成本、促进技术进步，使不同的产品相互补充和组合或一起使用，有助于消费者的选择和便利，降低了选择成本，保护了消费者利益。同时标准化不仅能获得更可靠的产品质量和合理价格，也能使环境和安全问题得到考虑，为消费者基本权益设立了坚实的保护屏障。而将专利技术纳入标准，通过建立先进的标准以促进最新技术的推广与运用，实现技术创新与科技传播的融合，并保障该技术所生产的产品或服务能够兼容、通用和互换，消除国际贸易壁垒，从而减少消费者的适应成本及避免社会资源浪费，从而带来包括创新发展、产业升级、经济质量和效益增加及社会福利水平提高等综合社会效益。所以，标准的制定和实施及专利的标准化无论对于社会经济发展、科技创新及其运用还是以消费者为主的社会福利水平的提高都意义重大。在专利标准化下，专利权人垄断权的不当实施必然危及标准的顺利实施，而对于标准制定中专利权人不披露其拥有的标准必要专利的行为，明确其构成标准必要专利的默示许可，则能够在不减损专利权人利益的前提下 ❶，保障标准的顺利实施，进而有助于实现与标准有关的资源或财产的效用最大化。

---

❶ 上文已述，默示许可责任的承担仅使专利权人丧失了拒绝许可的权利，并没有剥夺其应得的专利许可费。

5.3.2　将 FRAND 承诺解释为专利默示许可的正当性

5.3.2.1　关于 FRAND 承诺法律效力的争议

与违反标准组织披露义务应当承当一定的不利后果不同，专利权人在标准制定中主动做出 FRAND 承诺的行为本身符合标准组织的政策要求，而留待法律解决的问题是明确 FRAND 承诺的法律效力以保障 FRAND 承诺的履行，否则，仅有承诺本身是没有意义的。然而，到目前为止，实践中和学术界尚未就 FRAND 承诺的法律效力形成一致意见。

实践中，美国现行主流的做法是将专利权人违反 FRAND 承诺的行为视作对合同义务的违反，进而适用合同法解决专利权人违反 FRAND 承诺引发的纠纷。例如，在微软公司诉摩托罗拉移动公司（Microsoft Corp. v. Motorola Mobility，Inc.）案 ❶ 中，美国华盛顿州西区联邦地方法院将标准专利权人对于标准制定组织进行的 FRAND 承诺认定为第三方利益合同，认为该案中 Motorola 对 IEEE 和 ITU 有关 FRAND 承诺并不构成单方行为，并且该承诺事实上已经构成了双方合同关系：不论是 ITU 所要求的书面说明还是 IEEE 对标准专利权人的书面确认，都属于一种合同上的要约，而 Motorola 已经对 ITU 做出的书面说明或是对 IEEE 做出的书面确认，都已经构成合同上的承诺。至于 Motorola 所质疑的合同对价关系，法院认为，在标准制定组织同意把专利权人的专利纳入标准，或是作为辅助性技术以作为交换专利权人同意 FRAND 要求的对价关系时，在要约承诺与合同对价都已经具备的条件下，不能主张合同无效。该法院进一步认定包括 Microsoft 以及潜在 Motorola 的专利许可对象都是 FRAND 合同的直接受益人。在我国，司法实践中亦没有明确 FRAND 承诺的法律效力。作为我国法院审结的第一个涉及标准必要专利权人违反 FRAND 承诺

---

❶ Microsoft Corp. v. Motorola，Inc.，854 F. Supp. 2d 993（W.D. Wash. 2012）.

的民事诉讼案件，在华为公司诉美国 IDC 公司标准必要专利使用费纠纷案 ❶ 中，广东省高级人民法院认为，"FRAND 义务的含义是'公平、合理、无歧视'许可义务，对于愿意支付合理使用费的善意标准使用者，标准必要专利权人不得径直拒绝许可。"且认为专利权人负有 FRAND 许可义务的依据是《民法通则》和《合同法》中的诚实信用原则。

与此同时，理论上亦不乏关于 FRAND 承诺法律效力的探讨：针对美国司法实践中将 FRAND 承诺解释为第三方利益合同并适用合同法解决相关纠纷的状况，有学者认为，在标准实施者使用了专利但未向权利人支付许可费的情况下，法院仍然把专利权人收取过高的许可费视为违反 FRAND 合同的主要问题是不妥的，而这显然不是出于一般的合同关系。❷ 针对我国法院在华为诉美国 IDC 案中对 FRAND 承诺的态度，王晓晔认为，将违反 FRAND 承诺视为违反反垄断法要比视为违反合同法或者违反民法更恰当、更直接。❸ 也有学者提出，应将 FRAND 承诺理解为标准必要专利权人对标准实施者及潜在的实施者负有以符合 FRAND 条件许可的义务，该义务与供水、供电、供气等垄断企业所担负强制缔约义务相似。❹

5.3.2.2 将 FRAND 承诺解释为专利默示许可的合理性与意义

FRAND 许可本身是一个专利许可问题，而专利许可本质上是一种合同行为，当然需要适用合同法来解决 FRAND 许可中遇到的问题，那么将标准必要

---

❶ 案例号：（2013）粤高法民三终字第 305 号。

❷ PAGE W H. Judging monopolistic pricing: F/rand and antitrust injury [J]. Texas Intellectual Property Law Journal，2014，22（2）：181-208.

❸ 王晓晔. 标准必要专利反垄断诉讼问题研究 [J]. 中国法学，2015（6）：217-238.

❹ 叶若思，祝建军，陈文全. 标准必要专利使用费纠纷中 FRAND 规则的司法适用——评华为公司诉美国 IDC 公司标准必要专利使用费纠纷案 [J]. 电子知识产权，2013（4）：54-61.

专利权人对标准组织做出的 FRAND 承诺视作合同并无不妥，但是在同时兼顾标准必要专利权的保护和标准实施的专利标准化背景下，仅仅赋予 FRAND 承诺以合同效力将存在一定的局限性。首先，合同法的首要原则便是意思自治，因而在合同的订立、履行及有关合同纠纷的处理中首先尊重当事人的意思自治。而标准必要专利的 FRAND 许可如果尊重当事人的意思自治，可能使标准必要专利权人挟专利权之利器阻碍标准的实施。其次，前文已述，合同救济具有补偿性，法院通常不会进行对合同的履行进行司法强制，更倾向于根据违约方违反合同的行为责令赔偿守约方遭受到的损失。但是这样的救济至少对于禁止使用公开标准的标准实施者来讲是远远不够的。最后，即使法院根据个案的具体情况判定强制履行合同，这种利益平衡的结果仅仅适用于个案，并不能为愿意接受 FRAND 许可的所有标准实施者提供"安全港"，这使得事先做出 FRAND 许可承诺的标准必要专利权人仍有动机以控诉专利侵权为由劫持标准实施者。

鉴于仅仅赋予标准必要专利权人明确做出的 FRAND 承诺以合同效力的局限性，有必要运用专利法中的相关原则来规制标准必要专利权人违反 FRAND 承诺的行为，而专利默示许可原则可以作为最优选择。

（1）将 FRAND 承诺解释为专利默示许可在法理上的合理性。

首先，由于专利默示许可属于默示的意思表示的一种，而依据默示意思表示理论，除了在特定情形下通过沉默方式发出的意思表示也构成默示的意思表示外，默示的意思表示主要是通过其他可推断的行为发出的意思表示，也即某种行为或者某种言语表述，虽然不能直接表达特定的法律行为意思，但是可以间接地表达这样意思，或者说，可以从直接表达出来的内容或者从事的行为中，推知出行为人要表达的法律行为意思。就标准必要专利权人在标准制定过程中做出的 FRAND 承诺而言，尽管不能因此认定在标准必要专利权人与标准实施者之间存在明确的许可，但是标准制定的目的在于推广、实施，标准必要专利权人将其专利纳入标准时明知相关专利技术会随着标准的实施而被标准实施者使用，那么其保证以 FRAND 原则许可其所拥有的标准必要专利的行为足以使标准实施者合理地认为，他们只需依据公平、合理、无歧视原则支付许可费便有权自由地实施标准必要专利。

其次，可推断的意思表示，通常与通过话语表达的意思表示具有相同的效果，如果表意人对他所使用的符号发生了错误，以至于表意人所指的意义与解释结果不符时，表意人也可因表示内容发生了错误而撤销表示。但是，如果他人依据表意人的行为已经产生了正当的信赖利益，且这种信赖利益值得被保护，那么，表意人行使撤销权的行为有违信赖保护原则，因而不得撤销。而这也是默示意思表示之所以成立并有效的正当性所在。在标准的制定与实施中，因为标准必要专利权人做出同意以 FRAND 原则进行许可的行为，影响到标准的有效制定和顺利实施，具体而言，前文已述，如果标准必要专利权人不同意以公平、合理、无歧视的原则进行许可，标准的制定不能包括相关专利，因此，在标准制定时，标准必要专利权人做出的 FRAND 承诺是标准必要专利所涉标准有效制定和顺利实施的前提。所以，在标准制定时标准必要专利权人做出 FRAND 承诺的行为，必定使标准的制定者乃至潜在的标准实施者产生这样的信赖：专利权人做出的承诺是有效的，只要标准实施者支付公平、合理、无歧视的许可费，专利权人不能拒绝许可。那么，为了保护标准制定者及标准实施者基于标准必要专利权人的 FRAND 承诺产生的正当信赖，在标准的实施过程中，只要标准实施者支付合理的对价，标准必要专利权人不得拒绝许可。而这也符合专利默示许可的逻辑构成。

（2）将 FRAND 承诺解释为专利默示许可的意义。

在专利标准化背景下，将标准必要专利权人做出 FRAND 承诺的行为解释为专利默示许可而不仅仅是其与标准组织之间的合同关系会更有意义：

　　首先，合同抗辩和专利默示许可抗辩在权利救济上存在重大的区别——如果适用合同抗辩，法院不能进行司法强制许可，只能根据专利权人违反合同的行为责令赔偿被控侵权人遭受到的损失，而这样的救济至少对于禁止使用公开标准的被控侵权人来讲是远远不够的；相反，对于违背默示许可的专利权人的行为，法院通常会判决强制执行许可，留待解决的问题则主要集中在许可的范围和许可费的多少上，而不包含禁令、三倍赔偿和律师费，因而能够缩小该类案件的诉讼争议范围。这一方面能够为标准必要专利实施相关当事方提供明确的行为指引，也为标准组织事前解决有关问题提供了可能：标准组织可以尝试着为标准必要专利的许可费设定一个标准，相反，一旦专利权人拥有诉请侵权的机会，标准组织便无权如此。❶

　　其次，将标准必要专利权人做出 FRAND 承诺的行为视为专利默示许可，能保证所有标准实施者都能从该许可中受益，即使他们没有对违反有关合同的行为提起诉讼，而这既是标准组织的期待，也是标准制定和实施的价值追求。

　　最后，将标准必要专利权人做出 FRAND 承诺的行为视为专利默示许可，能够减少专利权人的机会主义行为。如果将 FRAND 承诺仅仅视为标准必要专利权人与标准组织之间的合同关系，专利权人有动机对标准实施者提起侵权诉讼——通过提起侵权之诉可能获得比合理许可费更多的利益，而明确专利权人已经默示许可可以预防这些机会主义行为。同时，这也可以减少法院依赖反垄断法等手段规制该类机会主义行为的需求。

---

❶ LEMLEY M A. Intellectual property rights and standard-setting organizations [J]. California Law Review, 2002, 90（6）: 1889-1980.

5.4　默示许可规制标准必要专利面临的"反向劫持"问题及解决路径

5.4.1　"反向劫持"及其危害

适用专利默示许可规制标准必要专利的目的在于弥补标准组织专利政策的局限性，限制标准必要专利权的实施，防止标准必要专利权人利用标准锁定效应"劫持"标准实施者，且专利默示许可的适用本身除了能够保护专利实施人的信赖利益，又可以为专利权人提供必要救济，因而有助于实现专利权保护与专利实施之间的利益平衡。因而，其在事先防范和事后规制标准必要专利权人滥用专利权对标准实施者进行专利"劫持"方面具有积极意义。然而，专利默示许可在本质上是一种合同关系，在司法实践中一旦认定专利默示许可的存在，当事人之间便是合同关系而非侵权关系，专利权人因此无权提起诸如要求停止侵权、损害赔偿等专利侵权的诉讼请求。❶ 如此，在标准必要专利纠纷中，专利默示许可的适用意味着标准必要专利权人与标准必要专利实施者之间为合同关系，且标准必要专利权人不得基于单方面原因拒绝许可，这在原则上阻却了惩罚性赔偿和禁令救济 ❷ 的适用。这一阻却很可能会产生标准必要专利实施者进行反向专利"劫持"的威胁：当认识到其面临的严重法律后果不是禁令，而只是经第三方介入之后以一定的许可费率继续实施专利，标准必要专利实施者便有动机一方面大胆地实施标准必要专利，一方面假借与标准专利权人进行许可谈判而延迟支付甚至是不支付许可费。

---

❶ 袁真富. 基于侵权抗辩之专利默示许可探究 [J]. 法学，2010（12）：108-119.
❷ 禁令救济是英美法系中的概念，在我国侵权责任法中对应的概念为责令停止侵权行为，不过在专利法理论上，禁令救济的使用相对较多，这里为了行文的方便，也统称为禁令救济。

　　然而，禁令救济是专利保护的核心权利，对于保证权利人补偿研发投资，鼓励创新具有重要意义，❶ 在标准必要专利的许可谈判中，标准必要专利权人寻求禁令救济的可能性在一定程度上能够有效促成许可谈判。因此，完全禁止标准专利权人寻求禁令救济所产生的"反向劫持"威胁将造成几个方面的影响：首先，"反向劫持"可能导致关于标准必要专利许可使用费率的市场谈判机制最终失灵，这一方面会严重消耗标准必要专利权人和标准实施者各方面的成本，❷ 另一方面因市场谈判机制失灵引发的相关纠纷会加重相关行政机关乃至司法机关的工作负担，同时，迫使并非市场主体的相关机关成为标准必要专利的定价主体，可能会造成公权力过多地干涉社会资源的配置。其次，"反向劫持"威胁可能抑制标准必要专利权人将先进技术纳入标准乃至进行创新的积极性。因为限制标准必要专利权人在相关诉讼中只能依法进行专利许可，相当于强制专利权人通过烦琐冗长且不确定的许可谈判或者诉讼程序达成许可协议，其最终获得的专利许可很可能不足以补偿已经付出的专利技术研发投入等成本。如此一来，标准必要权利人无法通过专利许可合理补偿其前期投入，进而会抑制创新，阻碍标准实施，最终导致社会利益受损。❸

5.4.2　标准必要专利的默示许可与禁令救济之间的关系

　　面对标准必要专利的默示许可可能造成的"反向劫持"威胁，有必要明确适用专利默示许可规制标准必要专利的实施是否意味着标准必要专利权人丧失

---

❶ 王斌.关于标准必要专利禁令救济的思考 [J].电子知识产权，2014（11）：31-34.

❷ 李扬.如何应对"FRAND 劫持" [N].中国知识产权报，2015-06-10（11）.

❸ 叶高芬，张洁.也谈标准必要专利的禁令救济规则以利益平衡为核心 [J].竞争政策研究，2016（5）：51-61.

了获得禁令救济的权利，亦即理清标准必要专利默示许可规则与专利侵权禁令救济原则之间的关系。

5.4.2.1　标准必要专利的默示许可并不排除禁令救济

适用默示许可规制标准必要专利的目的在于平衡标准必要专利权人和标准必要专利实施者乃至以标准实施者为代表的公共利益之间的利益平衡，且专利默示许可原则的重点在于对专利实施者信赖利益的保护。其中，违反披露义务的默示许可仅能使标准必要利权人丧失拒绝被许可人实施专利的权利，标准必要专利权人不得对实施标准的标准必要专利实施者提起专利侵权。但是，违反披露义务的默示许可仅仅保障标准必要专利实施者获得不被拒绝许可的权利，具体的标准必要专利许可条件则由许可当事人私下协商。那么，一旦标准必要专利实施者超出专利默示许可所保护的信赖利益范围实施不合理地拖延许可谈判或者延迟支付许可费等行为，就有必要恢复标准必要专利权人寻求禁令救济的权利。

就标准必要专利权人的 FRAND 承诺而言，尽管 FRAND 承诺表达了权利人允许标准使用人使用其专利的意愿，但是这种同意是明确建立在以 FRAND 补偿作为交换的前提之上的，而非免费使用。❶ 因而适用默示许可规制违反 FRAND 承诺的行为也仅仅保障标准必要专利实施者能够获得 FRAND 许可，对于其不合理地履行 FRAND 许可的行为，标准必要专利权人应有权禁止其实施标准必要专利。也正因如此，我国《最高人民法院关于审理侵犯专利权纠纷案件应用法律若干问题的解释（二）》第二十四条并没有完全剥夺标准必要专利权人寻求禁令救济的权利，而仅仅明确在哪些条件下法院不会支持专利权人请求停止标准实施行为的主张。

---

❶ 王斌 . 关于标准必要专利禁令救济的思考 [J]. 电子知识产权，2014（11）：31-34.

5.4.2.2 坚持有条件的禁令救济原则

尽管标准必要专利的默示许可并不排除禁令救济，但是，禁令救济的初衷是保护专利制度的价值，其起到的作用主要是弥补其他救济方式对专利权人救济的不足❶，只有其他救济方式无法弥补或者避免权利人的损害时，才适宜提供禁令救济。尤其是在专利标准化下，制定标准是为了推广标准的适用，而非让标准必要专利权人处于垄断地位，如果允许标准必要专利权人像一般专利权人那样可以不加限制地提起禁令请求，而执法机关亦可以轻易对未经许可使用标准必要专利的实施者责以停止侵权责任，则相当于排除了对标准的适用，这与标准制定的目的背道而驰。❷ 因此，相比于其他普通专利侵权案件，在标准化下禁令救济的适用条件更加谨慎、更加严格。

首先，专利默示许可本质上是一种合同，因此双方当事人均需诚实地履行合同义务，只有在标准必要专利权人合理地履行了相关许可义务，而被许可人却恶意拒绝合理的许可条件或恶意怠于协商的情况下，被许可人才不应被允许继续侵犯专利权，在满足其他禁令救济适用的前提下，标准必要专利权人仍可获得禁令救济。

其次，其他救济方式无法弥补或者避免专利权人的损害。禁令原本属于衡平法上的救济措施，在保护专利权方面能起到其他救济措施无法替代的作用，只有其他救济方式（损害赔偿等）无法弥补或者避免权利人的损害时，才适宜运用禁令救济，它更属于一种预防性救济措施。尤其在专利标准化下，标准必要专利的实施与否涉及标准能否顺利实施，因而必须优先适用在其他救济方式。

---

❶ Apple, Inc. v. Motorola, Inc.,（2012）869 F. Supp. 2d 901.

❷ 祝建军. 标准必要专利禁令救济的成立条件 [J]. 人民司法（应用），2016（1）：54-59.

最后，应考虑双方当事人的利益平衡和公共利益。标准必要专利的实施不仅关系到专利权的保护和对专利权人进行创新活动的激励、标准实施者的生产活动，更关涉到技术的标准化、产业的发展及消费者利益，因而在衡量是否适用禁令救济时，除了考察原告是否遭受了不可弥补的损害，该损害是否用其他救济方式无法弥补外，主要权衡的是诉讼双方的利益，即原告遭受的损失与被告因禁令遭受的损害的比较，此外，禁令是否会对公共利益造成损害。❶

标准必要专利的默示许可与禁令救济之间不是非你即我的单一选择关系，本质上还是专利权人利益和被许可人利益及公共利益之间的平衡，是否适用禁令救济本身并没有具体明确的标准，因而需要根据案件的具体情况交由法官在利益平衡中进行自由裁量。

5.5　标准必要专利的默示许可规制在我国的运用及其完善

5.5.1　我国的相关立法及司法实践及存在的问题

5.5.1.1　标准必要专利的默示许可规制在我国的司法现状

适用专利默示许可规制标准必要专利，最早出现在我国相关的司法实践中。在前文所述的河南省天工药业有限公司与广西南宁邕江药业有限公司侵犯发明专利权纠纷上诉案中，被控侵权人首次使用专利默示许可作为专利侵权抗辩手段对抗标准必要专利权人的侵权指控，只不过法院最终并没有采纳被控侵权人

---

❶ 张宇初. 技术标准中专利许可 FRAND 原则与专利权禁令救济关系研究（节选）[J]. 科技创新与知识产权，2013（1）：1-26.

的意见，而是认定其行为构成专利侵权。幸运的是，在同一年发生的季某、刘某与朝阳市兴诺建筑工程有限公司专利侵权纠纷一案中，针对辽宁高院关于朝阳兴诺公司按照建设部颁发的行业标准〈复合载体夯扩桩设计规程〉设计、施工而实施标准中专利的行为是否构成侵犯专利权的相关请示，最高人民法院通过复函的方式，明确此类行为属于专利的默示许可，因而不构成侵权。该案是我国法院面对关于标准中纳入专利问题的第一次明确意见，对此后地方法院相关案件的审理指明了方向，加之前文所述默示许可在规制标准必要专利方面的价值，因而具有重要的指导意义。但是，由于我国相关实践经验的缺乏及对相关问题的认识上的不充分，最高院的这一复函存在诸多不足之处：一方面，因为，复函明确，只要"专利权人参与了标准的制定或者经其同意，将专利纳入国家、行业或者地方标准的"，就"视为专利权人许可他人在实施标准的同时实施该专利"，限制专利权人的条件比较宽泛；而且，专利权人一旦被视为许可他人实施专利，就无法取得"正常的许可使用费"，只能得到"数额明显低于正常"的许可使用费。因而对专利权人的限制比较多，可能负面影响专利权人参与标准化的积极性。❶另一方面，最高人民法院在这一复函中的意见是主要是在考虑标准制定机关没有建立有关标准中专利信息的公开披露及使用制度的情况下做出的，而在《国家标准涉及专利的管理规定（暂行）》已经明确我国有关国家标准涉及专利相关政策的前提下，如果专利权人已经按照相关标准政策进行了标准的披露并愿意同任何申请人在合理和非歧视的条款和条件下就使用授权许可证进行谈判，最高人民法院在该复函中的意见便不能适用。此外，由于最高人民法院的这一复函仅仅针对个案，所以不具有普适性，因而不能作为裁判的直接依据予以援用。正因如此，在 2012 年最高人民法院提审的张某廷诉衡水子

---

❶ 孙捷，仲惟兵，刘文霞. 国内企业技术标准纳入专利的司法实践历程 [J]. 中国标准化，2017（2）：45-50.

牙河建筑工程有限公司侵害发明专利权纠纷案 ❶ 中，对于二审法院依据最高人民法院民三他字第 4 号答复函做出的判决 ❷，最高人民法院首先明确了（2008）民三他字第 4 号文件只针对个案，不应作为裁判案件的直接依据予以引援。进而否认了该案中基于专利权人的披露行为形成的专利免费使用许可的存在，因为"专利权人已经履行了专利披露义务，并在有关标准的文件中明确记载了专利权人及其联系方式，所以相关标准的实施者不能从中推出专利权人向公众开放了免费的专利使用许可的意图，因而本案不存在专利权人有意隐瞒专利权的行为导致标准的实施者产生该技术为无须付费的公知技术的信赖，那么，在未经专利权人许可使用，拒绝支付许可费的情况下，原则上，专利侵权救济不应当受到限制"。并在实践中首次提出了标准必要专利的许可应当遵循 FRAND 原则，即"实施该标准，应当取得专利权人的许可，根据公平合理无歧视的原则，支付许可费"。

至此，对于标准必要专利权的规制，我国司法实践中已经形成了相对明确的态度：首先，专利权人参与了标准的制定或者经其同意，将专利纳入国家、行业或者地方标准的，视为专利权人许可他人在实施标准的同时实施该专利；其次，在专利权人已经履行披露义务的前提下，未经专利权人许可使用，拒绝支付许可费的，原则上，专利侵权救济不应当受到限制；最后，默示许可不等于免费许可，对于已经履行披露义务的标准必要专利的实施，应当取得专利权人的许可，根据公平合理无歧视的原则，支付许可费。然而，尽管最

---

❶ 衡水铭健工程橡胶有限公司与徐斌等侵害发明专利权纠纷上诉案，案例号：（2016）陕民终 567 号。

❷ 二审法院判决（河北省高级人民法院（2011）冀民三终字第 15 号）认为："涉案专利被纳入河北省地方标准，专利权人参与了该标准的制定，故应视为专利权人张某廷许可他人在实施标准的同时实施该专利，子牙河公司的有关实施行为不属于《专利法》所规定的侵害专利权的行为。但是子牙河公司依法应支付张某廷一定数额的专利使用费。因张某廷涉案专利的正常许可使用费难以确定，酌情确定子牙河公司应支付给张某廷专利使用费 10 万元。"其中的 10 万元明显低于专利权人原审中要求赔偿的 114.464 万元。

高人民法院在相关案件的审理中明确了其就相关问题的态度，但是，由于中国属于成文法国家，最高人民法院针对单个案件的复函或者判决，对于其他案件的审理仅具有指导意义，由于个案的情况并不可能完全一致，所以不能直接为其他案件所援用。再者，标准必要专利相关纠纷相对复杂，现有的司法经验并不能解决所有的问题。因此，亟须通过立法对标准必要专利的具体规制进行明确。

5.5.1.2　标准必要专利的默示许可规制在我国的立法尝试及存在的不足

正是由于涉及标准的专利纠纷的复杂性及司法实践的需要，我国《专利法》第四次修改明确规定了标准必要专利权人违反披露义务的默示许可责任，这一规定为标准必要专利权人违反披露义务的行为明确了法律后果，一方面，作为对《国家标准涉及专利的管理规定（暂行）》第二章第五条规定的一种衔接，完善了法律规范的逻辑结构；另一方面也呼应了司法实践中处理有关纠纷的需求。此外，如上文所述，适用默示许可规制标准必要专利能够更好地平衡标准必要专利权的保护与标准的顺利实施之间的关系，有助于实现专利技术与市场的结合，降低了许可谈判的成本，❶ 作为我国专利制度的一项新的尝试，从一定程度上来说，对于促进标准的制定和实施增加了一种保障，❷ 因此，对促进先进技术的推广应用，推动相关产业发展，维护专利人、标准实施者、消费者各方利益和诚实信用市场精神的构建，都具有重要意义，也能够为我国创新驱动经济发展质量的提升和经济结构供给侧改革提供政策的支持。不过，对于标准必要专利默示许可规则体系的构建而言，此次《专利法》修改还存在如下问题。

---

❶ 张志成.《专利法》第四次修订案草案要点解析 [J].法律适用，2015（11）：35-42.
❷ 朱翔华.我国标准专利问题的立法规制之分析 [J].中国标准化，2016（10）：47-56.

其一，就《专利法修订草案（送审稿）》第85条而言，首先，该规定适用范围不明确且缺乏涵盖性：其仅指出国家标准的制定，对是否适用于国家标准采用国际标准中涉及的问题及行业标准、地方标准没有明确。其次，草案中指出，专利权人愿意许可，但如果许可费用双方不能达成一致时，由国务院专利行政部门裁决，这一点值得商榷。因为，涉及专利默示许可的使用费争议本质上是合同纠纷，行政机构没有必要介入私法自治领域，更何况，双方当事人到"国务院专利行政部门"请求解决许可使用费争议，并且可能经历行政裁决、法院一审和二审等三道程序，徒增双方当事人的成本负担和程序负担。❶

其二，《专利法》此次修改仅仅规定了标准必要专利权人违反披露义务时的默示许可责任，并没有明确标准必要专利权人违反FRAND许可承诺的法律后果。

其三，对标准必要专利权人在专利默示许可规制下是否拥有获得禁令救济的权利也没有给出明确的态度，而标准化下"专利劫持"与"反向劫持"问题的有效解决有赖于法律对这些问题的明确。

5.5.2 完善标准必要专利默示许可规制体系的建议

对于标准必要专利的默示许可规则体系的构建中存在的上述问题，本书拟提出以下建议：

其一，完善《专利法修订草案（送审稿）》第85条：基于上文的论述，违反披露义务的默示许可责任对于解决违反披露义务的标准必要问题具有积极意义，且能够适用于涉及任何类型标准的相关问题中，而在我国实践中，除了国家标准外亦有诸多行业标准和地方标准，因此，建议在该条增加一款："参与行业标准和地方标准制定中涉及标准必要专利的，可以参照上述规定。"与此同时，

---

❶ 袁真富. 标准涉及的专利默示许可问题研究 [J]. 知识产权, 2016（9）: 81-87.

在《专利法实施细则》中明确该条的国家标准包括采用国际标准的国家标准。此外，对于标准必要专利使用许可费，如果双方就使用费协商不成的，应当直接向人民法院起诉，且考虑到该类争议的专业性及复杂性，应由具有专利纠纷管辖权的中级以上法院管辖。

其二，如前文所述，将 FRAND 承诺解释为默示许可符合适用默示许可原则的内在要求，即能避免将其解释为一般合同所带来的问题，也不会出现标准必要专利实施当事人之间利益的失衡，同时还有利于法院对此类纠纷的解决，所以，建议明确标准必要专利权人违反 FRAND 承诺及相关许可义务的默示许可责任。

其三，尽管标准必要专利的默示许可规制会在一定程度上限制禁令救济的适用，但是，禁令救济的起点是保护专利权人的利益，进而保护专利制度的价值，而标准必要专利的默示许可规制的起点是在保护专利权人合理利益的前提下保障标准的顺利实施，因此两者并不冲突。而且，尽管禁令救济在保护专利权方面能起到其他救济措施无法替代的作用，但它更属于一种预防性救济措施，只有在专利权人证明其受到的损害通过其他途径无法获得足够救济时才能适用。此外，涉及标准必要专利的案件不同于一般的专利侵权案件，涉及更多产业竞争者、消费者等社会公共利益。所以，在标准必要专利的默示许可规制下，建议适用有条件的禁令救济原则，并明确在标准必要专利的默示许可规制下标准必要专利权人获得禁令救济的条件：（1）在标准必要专利权人合理地履行了专利默示许可相关义务的情况下，被许可人恶意拖延谈判时间、拒绝合理的许可条件、延迟协商或者怠于支付双方已达成的许可使用费率或法院、仲裁机构依法确立的使用费率等。（2）其他救济方式无法弥补或者避免专利权人的损害。（3）应考虑禁令的颁发对公共利益的影响，其中主要考虑对标准实施者、消费者乃至标准本身的影响。

5.6　本章小结

专利标准化中相关问题的解决是一项复杂的系统工程，需要从不同视角积极探索解决之道，要实现标准与知识产权高度融合，既方便标准的顺利实施，又确保专利权得到有效保护，保持专利标准化过程中的利益均衡。适用专利法中的默示许可原则规制标准必要专利，首先确保了以意思自治为基础的自我协调，从而保障了私法自治解决路径的优先适用，同时也能够有效兼顾标准的顺利实施和专利权保护。作为成文法系国家，我国《专利法》此次修订尝试在《专利法》中对标准专利问题加以规定，明确规定标准必要专利权人违反披露义务的默示许可责任，这对于统一判决的标准和处理的尺度都具有一定的积极作用，可谓在解决专利标准化中相关问题时我国专利制度的一大突破。但是，明确标准必要专利权人违反披露义务的默示许可责任仅仅是一个开始，面对这项复杂的系统工程，《专利法》的这一举措势必在诸多方面造成影响，因而，在《专利法》今后的实施中，有必要通过建立相应的衔接机制完善标准必要专利规章制度。

第 6 章　专利间接侵权的默示许可抗辩

6.1　专利间接侵权的基本理论

6.1.1　专利间接侵权及其构成

6.1.1.1　专利间接侵权及在我国建立专利间接侵权制度的必要性

专利间接侵权，简而言之，系未经专利权人的同意，以间接的方式实施其发明的行为，即行为人的行为并不构成专利侵权，但是却鼓励、怂恿、教唆别人实施的专利侵权行为。❶ 在不同的国家专利间接侵权的行为类型并不一致，在美国，专利间接侵权包括两种行为类型：诱导侵权（inducement to infringement）和辅助侵权（contributory infringement），其中，辅助侵权是指提供发明的重要组成部分以供他人侵犯专利之用的行为，在该类专利间接侵权案件中，从相关产品不存在实质性非侵权用途中便能够直接推出被控侵权人的侵权意图；而诱导侵权的适用范围较宽泛，系指积极诱使他人侵犯专利权的所有

---

❶ 田力普. 关于专利保护与专利侵权中若干基本问题的研究 [J]. 中国专利与商标，1996（3）：10-26.

行为，在这类专利间接侵权案件中，是否构成间接侵权，主要从被控侵权人及相关当事人的行为中进行认定。❶而在其他一些国家，将间接侵权行为仅仅限定为销售、提供某种"产品"或"物品"的行为，并不包括除此之外的其他教唆、帮助行为，比如，在欧盟，《欧洲专利公约》第 26 条将间接侵权行为的客体限定为与专利发明的实质性特征有关的"产品"；日本专利法第 101 条亦将专利间接侵权的客体限定为实施专利技术的"物品"。❷尽管我国《专利法》尚没有明确专利间接侵权制度，但是，依据近年来正在修订的《专利法修订草案（送审稿）》第 62 条❸和《最高人民法院关于审理侵犯专利权纠纷案件应用法律若干问题的解释（二）》第 21 条❹的有关规定，对于专利间接侵权，与美国的做法类似，我国亦规定了辅助侵权和诱导侵权两种类型的专利间接侵权。就本书的论述而言，由于实践中，涉及诱导侵权的案件中适用默示许可进行抗辩的情形并不常见，且此类案件中，有关专利默示许可抗辩适用的争议较少，而适用专利默示许可进行侵权抗辩的案件主要为辅助侵权类型的间接侵权案件，且此类案件中有关专利默示许可抗辩的适用存在诸多争议，所以，本书主要讨论专利

---

❶ RADER M N. Toward a coherent law of inducement to infringe : why the federal circuit should adopt the hewlett-packard standard for intent under § 271(b) [J]. Federal Circuit Bar Journal, 2001, 10（3）: 299-334.

❷ 尹新天. 专利权的保护 [M]. 2 版. 北京：知识产权出版社，2005 : 530.

❸ 明知有关产品系专门用于实施专利的原材料、中间物、零部件、设备，未经专利权人许可，为生产经营目的将该产品提供给他人实施了侵犯专利权的行为的，应当与侵权人承担连带责任。明知有关产品、方法属于专利产品或者专利方法，未经专利权人许可，为生产经营目的诱导他人实施了侵犯该专利权的行为的，应当与侵权人承担连带责任。

❹ 明知有关产品系专门用于实施专利的材料、设备、零部件、中间物等，未经专利权人许可，为生产经营目的将该产品提供给他人实施了侵犯专利权的行为，权利人主张该提供者的行为属于侵权责任法第九条规定的帮助他人实施侵权行为的，人民法院应予支持。明知有关产品、方法被授予专利权，未经专利权人许可，为生产经营目的积极诱导他人实施了侵犯专利权的行为，权利人主张该诱导者的行为属于侵权责任法第九条规定的教唆他人实施侵权行为的，人民法院应予支持。

默示许可抗辩在辅助侵权类型专利间接侵权案件中的适用。

　　专利间接侵权制度肇始于美国的司法实践，早在美国 1952 年专利法从立法上明确专利间接侵权制度之前，专利间接侵权制度已经在美国的判例法土壤生根发芽——1871 年对华莱士诉福尔摩斯（Wallace v. Holmes）案❶的判决第一次在美国明确地认定他人制造或者销售用于专利装置或者专利方法的非专利部件也可以被认定为侵权专利权的行为，这一立场在 1909 年的利兹凯特林公司诉维克多谈话机公司（Leeds & Catlin Co. v. Victor Talking Machine Co.）案❷中得到了美国最高法院的支持："任何人未经许可而实施获得专利保护的组合的，都构成了侵犯专利权的行为，任何人促使上述行为发生的，也构成侵犯该专利权的行为。"只不过，在早期美国的专利法实践中，由于法院关于专利间接侵权的结论源于侵权法上的共同侵权行为理论，"间接侵权"与"连带侵权"经常被交替采用，后来随着实践的不断发展和相关理论的完善，专利间接侵权才渐渐脱离侵权法上的共同侵权行为理论并发展成专利法的一项独立原则，❸并经由一系列案例的发展和 1952 年专利法的成文化，逐渐形成了一项成熟的法律制度。继美国之后，许多国家和地区先后在专利法中规定了专利间接侵权制度，如欧盟、英国、德国、法国、日本、匈牙利、冰岛、挪威、芬兰、立陶宛、韩国、中国香港地区等。❹

　　专利间接侵权制度之所以被诸多国家在专利法予以确立，源于其独立的制度价值：一方面，专利间接侵权制度能够弥补传统专利侵权认定标准对专利权保护的不足。依据传统专利直接侵权的判定原则，只有相关产品或者方法落入

---

❶ Wallace v. Holmes，29 F. Cas. 74（C.C.D. Conn. 1871）.

❷ Leeds & Catlin Co. v. Victor Talking Machine Co.，213 U.S. 325（U.S. 1909）.

❸ ROBERTSON L. Rational limits of contributory infringement [J]. Journal of the Patent Office Society，1951，33（12）：857-875.

❹ 张玉敏，邓宏光. 专利间接侵权制度三论 [J]. 学术论坛，2006（1）：141-144.

了专利权的保护范围，才能构成专利侵权。然而实践中，有些人为了避免专利侵权，并不实施专利权利要求范围内的所有要求或技术特征，而只是实现其中的一部分或者一项技术特征，或者某项发明专利由数个条件构成时，不实施其所有的条件。按照传统专利直接侵权判断标准，这些并不构成侵权。那么，如果仅专利产品的最终组装由个人或家庭完成时，生产并提供组装零件的厂家便没有侵权责任，如此，专利权的效力将被大大削弱。❶ 而专利间接侵权制度正好弥补了传统专利侵权判定中存在的这一漏洞。另一方面，尽管有学者认为专利间接侵权属于共同侵权范畴，且共同侵权中已经包含了一般间接侵权，因而不宜在专利法中具体规定专利间接侵权，❷ 但正如多数学者所认识到的，❸ 专利间接侵权并不是单纯的共同侵权，它是专利法中最棘手的问题之一，因为专利权不仅仅属于私权，它还具有公共政策属性，因而专利间接侵权问题涉及多种利益之间的矛盾与平衡，此外，两者在立法理念、认定标准、诉讼参与和责任承担等方面存在重大的明显区别，❹ 因此应当在专利法中建构独立的专利间接侵权制度，而不应固守传统民法中的"共同侵权"理论。❺

就我国而言，目前尚没有在《专利法》中明确规定专利间接侵权制度，尽

---

❶ 程永顺.专利诉讼 [M].北京：专利文献出版社，1994：79.

❷ 贾小龙.专利法需要怎样的"间接侵权"——专利间接侵权若干基本问题探讨 [J].电子知识产权，2008（9）：15-18；杨萌，郑志柱.专利间接侵权与专利侵权判定原则 [J].知识产权，2011（4）：55-58.

❸ 张玉敏，邓宏光.专利间接侵权制度三论 [J].学术论坛，2006（1）：141-144；王凌红.我国专利间接侵权制度的立法方向以利益平衡为视点求解《专利法》第三次修改的未决立法课题 [J].电子知识产权，2009（6）：14-18；陈武，胡杰.专利间接侵权制度初论 [J].知识产权，2006（1）：60-64；邓宏光.专利间接侵权与共同侵权关系探析 [J].电子知识产权，2006（4）：21-24；王国柱.我国知识产权间接侵权制度的立法构造——兼论知识产权间接侵权与多数人侵权的差异 [J].东北大学学报（社会科学版），2015（3）：295-299.

❹ 邓宏光.专利间接侵权与共同侵权关系探析 [J].电子知识产权，2006（4）：21-24.

❺ 张玉敏，邓宏光.专利间接侵权制度三论 [J].学术论坛，2006（1）：141-144.

管在 2008 年《专利法》第三次修改时，不少专家学者针对专利间接侵权制度的构建提出了各种观点和建议，但是最终由于存在着许多无法解决的分歧导致专利间接侵权制度仍未被纳入到我国的专利法律制度中。❶ 而这也被有关学者称为《专利法》第三次修改留下来的遗憾。❷ 与此同时，近年来，我国司法实践中关于专利间接侵权的案件越来越多，❸ 但是由于《专利法》尚未就专利间接侵权问题做出明确规定，造成了实践中司法裁判的尺度不一。例如，在杭州路加罗布贸易有限公司与陈欢侵害外观设计专利权纠纷案中，法院依据《侵权责任法》第 9 条和《专利法》中侵权判定的相关规定，明确了专利间接侵权的适用条件：一是被诉侵权人明知制造、许诺销售、销售、进口的产品系他人外观设计专利中特有的组成部分，该产品用途单一，或虽被诉侵权人制造、许诺销售、销售、进口的产品不是他人外观设计专利中特有的组成部分，但侵权人具有积极诱导他人实施专利的行为，如提供图纸、方案，产品宣传时强调可以实施专利等；二是直接的专利侵权行为的存在。而在株式会社普利司通与福建省晋江市英山橡胶工业有限公司、建新橡胶（福建）有限公司等侵害外观设计专利权纠纷案

---

❶ 王凌红 . 我国专利间接侵权制度的立法方向以利益平衡为视点求解《专利法》第三次修改的未决立法课题 [J]. 电子知识产权，2009（6）：14-18.

❷ 程永顺 .《专利法》第三次修改留下的遗憾——以保护专利权为视角 [J]. 电子知识产权，2009（5）：11-15.

❸ 例如，杭州路加罗布贸易有限公司与陈欢侵害外观设计专利权纠纷案，案例号：（2015）金义知民初字第 535 号；株式会社普利司通与福建省晋江市英山橡胶工业有限公司、建新橡胶（福建）有限公司等侵害外观设计专利权纠纷案，案例号：（2014）豫法知民终字第 5 号；银川东方京宁建材科技有限公司、张连勤与天津保兴建材工贸有限公司实用新型专利转让合同纠纷案，案例号：（2014）民提字第 89 号；张向阳与姜雄知识产权纠纷案，案例号：（2013）浙知终字第 287 号；上海风翼空调设备有限公司与上海北林电子技术有限公司、上海工二空调设备有限公司侵害发明专利权纠纷案，案例号：（2013）沪高民三（知）终字第 85 号；柏万清、成都难寻物品营销服务中心、上海添香实业有限公司侵犯实用新型专利权纠纷案，案例号：（2011）川民终字第 391 号；重庆新原兴药业有限公司与诺瓦提斯公司专利侵权纠纷案，案例号：（2008）渝高法民终字第 230 号；吴积国与瑞安市天宇机械有限公司侵犯实用新型专利权纠纷案，案例号：（2008）浙民三终字第 333 号等。

中，河南省高级人民法院并没有适用共同侵权理论来解决专利间接侵权问题，相反在该案中认为："胎面胶系轮胎最外层的部件，完整的包括轮胎胎体，其功能仅限于生产轮胎，其与轮胎胎体黏合形成了轮胎，因此胎面胶是生产轮胎的关键部件，胎面胶的外观也直接决定了轮胎的外观。建新公司等生产、销售的胎面胶产品系黑象公司生产侵权轮胎的关键部件，英山公司、建新公司的行为构成间接侵权。"其主要法律依据为《专利法》第65条。在吴积国与瑞安市天宇机械有限公司侵犯实用新型专利权纠纷案中，浙江省高级人民法院则认为："所谓间接侵权，通常是指行为人实施的行为并不构成直接侵犯他人专利权，但却故意诱导、怂恿、教唆别人实施他人专利，发生直接的侵权行为，行为人在主观上有诱导或唆使别人侵犯他人专利权的故意，客观上为别人直接侵权行为的发生提供了必要的条件。间接侵权的对象仅限于专用品，即除了构成实施他人专利技术的一部分之外，并无其他用途。并且，间接侵权应以直接侵权的发生为前提条件，未证明直接侵权存在的，不成立间接侵权。"尽管新近出台的司法解释 ❶ 就专利间接侵权问题做出了相关规定，但其并没有突破专利间接侵权行为的适用依据，而只是在共同侵权的框架下明确间接侵权责任而已，上文已述，专利权作为一种特殊的权利，共同侵权理论并不能解决专利间接侵权涉及的所有问题。综合上文所述专利间接侵权制度的独立制度价值，我国亦有必要建立独立的专利间接侵权制度，而《专利法修订草案（送审稿）》第62条对专利间接侵权制度的明确可谓满足了我国司法实践中对专利间接侵权制度的需求，因而具有积极的理论和实践意义。

6.1.1.2　专利间接侵权的构成要件

对于专利间接侵权的构成要件，在不同的国家有不同的要求。这里主要从客观要件和主观要件两个方面进行考察。

---

❶《最高人民法院关于审理侵犯专利权纠纷案件应用法律若干问题的解释（二）》第21条。

（1）专利间接侵权的客观要件。

首先，就专利间接侵权的对象而言，按照美国专利法第 271 条（c）款的规定，构成辅助侵权的产品应当是"为用于侵犯专利权而专门制造或者专门改装的产品，且该产品不是一种常用商品或者具有实质性非侵权用途的商品"。由此可以看出，在美国判断辅助侵权是否成立的客观要件是被控侵权产品是否为具有非侵权用途的常用产品（noninfringing use staple commodities）。根据美国的有关判例 ❶，被控侵权人举证证明的非侵权用途不能是杜撰的（farfetched）、虚假的（illusory）、不能实现的（impractical）或者纯粹实验性质的（merely experimental）。❷ 而依据《欧共体专利公约》第 26 条，专利间接侵权中的被控侵权人提供的产品必须是"与专利发明的实质性特征相关的常用商品（staple commercial products relating to an essential element of that invention）。"这里的"常用商品"与美国所说的"常用产品"并不是一个范围内的概念，相反，在欧洲，所谓的"常用商品"具有比较狭窄的含义——一方面，常用商品应当是具有多种用途的常用基本商品，罕见的化学物质、微生物等，即使有几种不同的用途也难于被认定为常用商品；另一方面，常用商品应当有规范的制造者并在开放市场上通常能够买得到，仅仅只在一个或者两个地点有销售或者只有通过特殊的专门订货才能获得的商品难于被认定为常用商品，因此，它必须是商业上通常能够获得的，而且具有一定程度的顾客认知性。❸ 由此，在欧洲，并不限定构成间接侵权行为的产品除了用于实施专利技术之外没有别的用途，但是该产品必须是与发明的实质性特征相关的"常用商品"。在日本，构成间接侵权的对

---

❶ 例如，1963 年的 Fromberg, Inc. v. Thornhill, 315 F.2d 407（5th Cir. Tex. 1963）.

❷ 尹新天 . 专利权的保护 [M]. 2 版 . 北京：知识产权出版社，2005：521.

❸ BENYAMINI A. Patent infringement in the european community（IIC studies）[M]. New York: John Wiley & Sons Ltd, 1993：229-235.

象仅限于"仅仅只能用于实施专利技术的物品",在实践中,有关的证明主要集中在相关产品有没有其他用途,而且在日本的有关判例中,法院明确:"在讨论有关物品是否具有'其他用途'时,仅仅举出物品的实验性用途或者一时性用途是不充分的,它必须是一种从商业角度来看具有实用价值的用途,这种用途应当具有被人们所承认的通用性。"❶ 在我国,无论是《最高人民法院关于审理侵犯专利权纠纷案件应用法律若干问题的解释(二)》第 21 条的规定还是《专利法修订草案(送审稿)》第 62 条均将辅助侵权型专利间接侵权的对象限定为"专门用于实施专利的材料、设备、零部件、中间物等"。

其次,关于专利间接侵权行为的类型和范围,美国规定了许诺销售、销售或进口;欧共体则规定了提供或者许诺提供;日本规定了生产、转让、进口、许诺转让;我国则只规定了提供这一种行为类型。除了美国外,上述国家都将专利间接侵权行为限定为以商业为目的的行为。

(2)专利间接侵权的主观要件。

对于被控侵权人主观上的要求,美国专利法要求行为人"知道"其提供的产品是专门用于实施专利技术,且这里的知道包括两层含义;第一,被控侵权人知道有某一专利权的存在;第二,被控侵权人知道其提供的产品是专门用于实施该专利的。按相关司法判例的解释,这里的"知道"不仅指"事实上实际知道",也包括"可推定知道"。❷ 日本专利法则要求间接侵权人"明知该发明是专利发明及明知该物件用于该发明的实施",这里只包含了"明知",而不涉及"应知"的主观认识,目的在于避免间接侵权的范围过于宽泛。❸《欧洲专利公约》第 26 条虽然规定了被控侵权人应当有一定程度的知晓,但是其规定是"知

---

❶ 鸿常夫.日本专利判例精选 [M].张遵逵,郝庆芬,译.北京:专利文献出版社,1991:278-292.

❷ 康添雄.美国专利间接侵权研究 [D].重庆:西南政法大学,2006:36.

❸ 蔡元臻.论日本专利间接侵权构成要件及其对我国的启示 [J].河北法学,2017(1):133-142.

道或者实际情况表明显然应当知道"，因而相比美国规定的"必须知道"，欧洲
要求的知晓程度更低一些。我国《最高人民法院关于审理侵犯专利权纠纷案件
应用法律若干问题的解释（二）》和《专利法修订草案（送审稿）》则要求专利
间接侵权人主观上是"明知有关产品系专门用于实施专利的材料、设备、零部件、
中间物等"，对此，有关学者认为这里的"明知"应仅限于知道专利存在和知道
他人的行为落入专利保护范围。❶

（3）专利间接侵权与直接侵权的关系。

专利间接侵权原则的终极目的在于加强和延伸对专利权的保护，维护专
利权人的经济利益，并非旨在对非专利产品实施垄断和谋取不当利益，❷ 而专
利间接侵权行为之所以影响到专利权人的经济利益，其根源在于直接侵权行
为的存在或者存在直接侵权的危险。尽管 1984 年美国专利法的修改明确了一
种直接侵权行为的存在不一定需要经过法院认定的例子，❸ 但是对于其他类型
的辅助侵权，在美国司法实践中始终坚持一致的立场，即如果没有直接侵权
行为发生，就不能认定间接侵权行为，只不过，对于"有直接侵权行为发生"
的含义存在不同的理解而已——一种观点要求必须实际发生间接侵权行为，
而另一种观点则认为，只要能够证明被控侵权产品的购买者一旦使用该产品
就会构成直接侵权即可，也即只要存在直接侵权的危险即可。对此，美国最
高法院并没有进行过明确表态，具体如何适用通常由下级法院根据案件的具
体情况进行具体裁量。《欧洲专利公约》关于这一问题的做法与美国相比存在
明显不同，其并没有将直接侵权行为的发生作为构成专利间接侵权行为的先

---

❶ 闫文军，金黎峰. 专利间接侵权的比较与适用——兼评 2016 年最高人民法院司法解释的相关规定 [J].
知识产权，2016（7）：47-53.

❷ 康添雄. 美国专利间接侵权研究 [D]. 重庆：西南政法大学，2006：25.

❸ 即美国专利法第 271 条（f）款的规定。

决条件，而是将专利间接侵权行为视为一种单独的侵犯专利权的行为。❶ 在日本,有关直接侵权的必要性也有"独立论"❷"从属论"❸及"修正论"❹三种观点，目前以"独立论"为主流。对于专利间接侵权和直接侵权的关系，尽管我国的《最高人民法院关于审理侵犯专利权纠纷案件应用法律若干问题的解释（二）》和《专利法修订草案（送审稿）》没有明确规定，但是，通过对相关法条的分析，"实施了侵犯专利权的行为"这一表述似乎意味着我国相关立法遵循的是"从属说"，即要求专利直接侵权行为已经发生，才能认定专利间接侵权的成立。

通过上文对主要国家和地区专利间接侵权构成要件的考察，可以发现，各国有关专利间接侵权的构成各不相同，这体现了制止间接侵权行为的不同思路，各有特点。究其原因，这体现了各国面对是否需更有力地保护专利权这一问题的不同政策选择。就美国而言，由于立法上对于构成专利间接侵权行为的对象、范围及被控侵权人的主观故意等要求较为宽松，所以在实践中通常要求间接侵权的构成以直接侵权的存在为前提条件，以防止专利权人权利的无限扩张，而且在美国的司法实践中，被控侵权人可以通过权利滥用和

---

❶ 尹新天. 专利权的保护 [M]. 2 版. 北京：知识产权出版社，2005：525.

❷ 即专利间接侵权作为一种独立的专利侵权类型，在具体认定中不以专利直接侵权行为的发生为依据。例如欧洲的做法。

❸ 专利间接侵权的认定严格要求：如果没有直接侵权行为发生，就不能认定间接侵权行为。如美国实践中的主流观点。

❹ 依据修正论，既然侵权物品属于"非专用品"，也就意味着即便间接侵权人明知其提供的物品可以被用于直接侵权，也不会必然导致直接侵权的发生。如果只是考虑到专利权人的利益而限制此类物品的制造和流通，将该物品用于非侵权用途的第三人的经济活动便会遭到钳制，从而影响到社会的整体利益。因此，在认定专利间接侵权时，要求原告举证证明间接侵权人确实将间接侵权物品提供给了将其用于实施直接侵权行为的一方，以此来证明直接侵权的极高盖然性。否则，无论是停止侵害请求权（日本法中的"停止使用请求权"）和损害赔偿请求权都应当予以适当限制。参见田村善之. 日本现代知识产权法理论 [M]. 李扬，等，译. 北京：法律出版社，2010.

默示许可抗辩来对抗专利权人的侵权指控，所以相对于其他国家，美国专利法对于专利间接侵权的构成条件并没有做出过于严格的限制。而这也是美国作为知识产权强国，为了维护本国专利权人的利益做出的制度选择——不仅通过扩大专利间接侵权的适用范围为专利权人提供充分的保护可能，还试图通过专利法第 271 条（f）款将美国专利的保护领域扩大到美国以外的其他国家和地区。

6.1.2　专利间接侵权的抗辩

专利间接侵权原则的确立具有两面性：一方面，为了提供切实有效的专利权保护，防止他人通过生产、销售专利技术的核心部分来绕过专利权，建立间接侵权原则是十分必要的，具有明显的现实意义；另一方面，间接侵权将专利权的保护范围扩大到其本身没有获得专利权的产品，又有明显的不合理扩大专利权保护范围的危险，一旦超出合理的范围，就有与竞争法抵触的可能。❶ 所以如上文所述，各国都试图通过明确专利间接侵权的适用条件来界定专利间接侵权的适用范围。除此之外，在司法实践中，通过明确被控侵权人的侵权抗辩，亦能够从另一个侧面规范专利间接侵权的适用，以防止专利权人垄断范围的不当扩张。由于专利间接侵权及其抗辩在美国的发展相对成熟，而且后文主要探讨美国专利间接侵权的默示许可抗辩及与之相关的问题，所以，这里以美国的有关司法实践为主，探讨专利间接侵权的抗辩。

在美国司法实践中，针对专利间接侵权，被控侵权人可以适用的抗辩手段相对较多，权利滥用、默示许可、专利无效、禁止反言等都可以成为专利间接侵权的抗辩事由，不过纵观美国的司法实践，权利滥用原则和默示许可原则是

---

❶ 尹新天. 专利权的保护 [M]. 2 版. 北京：知识产权出版社，2005：511.

其中最重要的抗辩原则，美国关于专利间接侵权原则的争议和演变，也主要针对这两个原则与专利间接侵权之间的矛盾展开。

6.1.2.1 专利权滥用原则

间接侵权原则与专利权滥用原则之间的博弈和抗衡贯穿了间接侵权理论产生、发展和完善的历史过程。❶ 在专利法上，权利滥用原则意味着，专利权人权利的扩张超越了法律明确的权利边界，而依据间接侵权，为了保护专利权人基于专利权的垄断利益被不当攫取，法律允许专利权人基于其专利权的权利的适度扩张 ❷。因此，在运用专利间接侵权维护专利权人的合理垄断利益时，必须明确一个界限，以区分专利权人的行为是合理地行使其权利还是构成了权利滥用。❸

在 1952 年美国专利法明确确立专利间接侵权之前，专利间接侵权制度只是成长于普通法的判例法土壤中，面对实践中的专利间接侵权指控，权利滥用原则作为主要的对抗势力在相关的司法实践中相应而生，在利益平衡原则的驱使下，权利滥用原则和专利间接侵权之间的冲突与斗争尤为激烈。面对专利间接侵权与专利权滥用之间的冲突与实践中无法梳理的混乱关系，美国1952 年专利法在明确专利间接侵权制度的同时，亦试图在辅助侵权原则与专利滥用原则之间达成一个和解。❹ 依据美国 1952 年专利法第 271 条（d）款，三类行为被明确排除在权利滥用之外：①从某种行为上获利，这种行为若未经其同意而实施便会构成专利辅助侵权。②许可或授权他人实施某种行为，

❶ 康添雄，田晓玲.美国专利间接侵权的判定与抗辩 [J].知识产权，2006（6）：86-90.

❷ Stearns v. Tinker and Rasor，252 F.2d 589（9th Cir. 1957）.

❸ GAUTHIER M E. Contributory infringement [J]. Boston University Law Review，1961，41（4）：547-556.

❹ RICH G S. Infringement under section 271 of the patent act of 1952 [J]. George Washington Law Review，1953，21（5）：521-546.

这种行为若未经其同意而实施便会构成专利辅助侵权。③为对抗专利侵权或辅助侵权而寻求实现其专利的行为。但在美国，立法对司法的影响力向来不容乐观，❶而且由于制定法规范的封闭性，在一些未为规定的特殊情形下，仍需借助法官的衡量而为判断。因此，即使是在辅助侵权制度成文法化后，辅助侵权原则与权利滥用原则之间的冲突仍未完全平息。❷为此，1988 的专利法修正案在第 271 条（d）款下增设了④、⑤两项不视为权利滥用的例外规定：④对专利许可或使用任何专利权利的拒绝；⑤以购取另一专利的许可或权利或者购买一项独立的产品作为专利权利许可或专利物品出售的条件的行为，除非根据具体情形，专利所有人在附条件许可或销售的专利或专利产品的相关市场上拥有了市场力量。然而，在 1988 年的修正案中，立法者似乎意识到了在辅助侵权和权利滥用之间划定一条明确界限的困难性以及在专利权滥用和辅助侵权之间划分界限的行为很可能涉及反垄断法的运用，因而，立法者试图采用一种更为模糊的处理路径，即在具体的规定中，使用"根据具体情形""市场力量"及"相关市场"等更为模糊的概念，并将在个案审判时具体判定是否构成权利滥用的权利授权给法官们。

6.1.2.2　专利间接侵权的默示许可抗辩及其在我国引入的必要性

正是由于在实践中适用权利滥用原则进行专利间接侵权抗辩存在的复杂性及困难性，在美国的司法实践中，还存在另外一种主要的专利间接侵权抗辩手段——专利默示许可原则。专利默示许可原则源于专利直接侵权实践中，依据该原则如果专利实施者获得了实施专利发明的默示许可，则其行为不构成专利侵权。如前文所述，专利默示许可在实践中可以适用于多种情形，即

---

❶ 伯纳姆.英美法导论 [M].林懿芝，译.北京：中国政法大学出版社，2003：43.

❷ 宁立志.专利辅助侵权制度中的法度边界之争美国法例变迁的启示 [J].法学评论，2010（5）：35-45.

存在于涉及专利产品销售的案件，也可依据当事人的行为推定出专利默示许可的存在。在专利间接侵权实践中，尤其是涉及专利辅助侵权的实践中，由于专利间接侵权的成立须以直接侵权的发生为条件，也即只要推翻了专利直接侵权的存在，即不存在专利间接侵权。所以，专利默示许可的适用也主要遵循其在专利直接侵权中的适用逻辑，具体而言，也即专利间接侵权人利用专利直接侵权人可能获得的默示许可对抗专利间接侵权指控——通过证明专利间接侵权之前提（直接侵权）的不成立来否定其成立。因而此被称为"釜底抽薪"之策。❶ 由于通过购买专利产品部件获得专利默示许可的存在能够有效限制专利间接侵权的适用，在美国，专利默示许可已经成为法院用以平衡与专利间接侵权相关的专利权人利益和以专利产品部件购买者为主的社会公共利益的主要手段。

由于专利间接侵权的默示许可抗辩源于一个基本的前提——专利间接侵权以直接侵权的发生为条件，相比欧盟 ❷、英国 ❸、日本 ❹、韩国 ❺ 等国对于"间接侵权的成立必须以直接侵权行为的发生为前提"这一条件的突破，如前

---

❶ 宁立志. 专利辅助侵权制度中的法度边界之争——美国法例变迁的启示 [J]. 法学评论，2010（5）：35-45.

❷《欧洲专利公约》并没有将直接侵权行为的发生作为构成专利间接侵权行为的先决条件，而是将专利间接侵权行为视为一种单独的侵犯专利权的行为。参见尹新天. 专利权的保护 [M]. 2 版. 北京：知识产权出版社，2005：525.

❸ 在英国，专利辅助侵权行为并不以专利直接侵权行为的发生为前提条件。参见：国家知识产权局条法司.《专利法》及《专利法实施细则》第三次修改专题研究报告（中）[G]. 北京：知识产权出版社，2006：1603.

❹ 日本专利法亦没有明确要求间接侵权的成立必须以直接侵权行为的发生为前提，在理论上和实践中，有关直接侵权的必要性尽管存在"独立论"、"从属论"及"修正论"三种观点，但目前仍以"独立论"为主流。参见：蔡元臻. 论日本专利间接侵权构成要件及其对我国的启示 [J]. 河北法学，2017（1）：133-142.

❺ 韩国专利法并没有明确规定间接侵权的成立必须以直接侵权行为为前提，不过实践中，亦为独立说占优势。参见：申惠恩. 韩国专利权间接侵权制度研究 [J]. 知识产权，2015（4）：143-148.

文所述，对于专利间接侵权和直接侵权的关系，我国的《最高人民法院关于审理侵犯专利权纠纷案件应用法律若干问题的解释（二）》和《专利法修订草案（送审稿）》选择了"从属说"，即专利间接侵权的成立须以专利直接侵权行为的存在为前提。而且，在实践中，为了限制专利间接侵权的适用范围，法院在具体裁判中亦坚持"间接侵权的认定以直接侵权的发生为前提"的"从属说"，所以，无论在我国的立法上还是司法实践中，"从属说"依旧居于优势地位。那么，在坚持"专利间接侵权以直接侵权的发生为前提"这一立场的前提下，专利间接侵权人利用专利直接侵权人可能获得的默示许可对抗专利间接侵权指控，便具有充分的制度需求。此外，专利默示许可抗辩在我国具有一定的法律基础和实践经验。一方面，专利默示许可是一种默示的意思表示，因而受到《民法》的调整。我国《民法通则》第 56 条明确规定民事法律行为可采取书面形式以外的其他形式。作为特别法的《专利法》并未限制专利许可合同订立形式，因而在制度设计上并不排除专利默示许可。❶ 而《专利法修订草案（送审稿）》第 85条亦试图通过立法的方式明确提出了标准必要专利的默示许可责任 ❷。此外，国家知识产权局在 2016 年 5 月 11 日印发的《专利侵权行为认定指南（试行）》中亦将"基于产品销售产生的默示许可"列为不作为侵犯专利权的情形之一，且所谓的"产品"不限于专利产品，还包含实施专利发明的零部件及专用设备 ❸。因此，我国并不否认专利默示许可的效力及其适用。另一方面，尽管在我国的司法实践中，尚未出现适用默示许可进行专利间接侵权抗辩的案例，但是，近年来，在我国的专利司法审判实践中，专利默示许可业已发展成为一种新型的

---

❶ 朱雪忠，李闯豪 . 论默示许可原则对标准必要专利的规制 [J]. 科技进步与对策，2016（23）：98-104.

❷《专利法修订草案（送审稿）》第 85 条。

❸《专利侵权行为认定指南（试行）》第 2 章第 1 节第二部分相关规定。

侵权抗辩制度，并被越来越多的案件所适用。●其中，在 2007 年季某、刘某与朝阳市兴诺建筑工程有限公司专利侵权纠纷案中，最高人民法院亦通过复函的方式，明确此类行为属于专利的默示许可，因而不构成侵权。而在 2012 年，最高人民法院在关于江苏省微生物研究所有限责任公司与福州海王福药制药有限公司、辽宁省知识产权局、辽宁民生中一药业有限公司、常州方圆制药有限公司专利侵权纠纷处理决定再审案的裁定书中亦对于专利默示许可在专利产品原材料销售中的适用给予了肯定的回答："专利法（2000 修正）第十二条的规定并非效力性强制性规定，未订立书面实施许可合同并不意味着必然不存在专利实施许可合同关系。因此，专利实施许可并不只有书面许可一种方式，默示许可亦是专利实施许可的方式之一。例如，如果某种物品的唯一合理的商业用途就是用于实施某项专利，专利权人或者经专利权人许可的第三人将该物品销售给他人的行为本身就意味着默示许可购买人实施该项专利。"而这些都将为专利间接侵权默示许可抗辩提供丰富的实践经验。所以，在我国亦存在适用默示许可进行专利间接侵权抗辩的制度基础。因此，一旦专利间接侵权制度在我国确立，司法实践中涉及专利间接侵权的案件将会不断涌现，因而也将面临专利间接侵权适用中的两个首要问题：专利间接侵权的认定和抗辩。其中，作为主要抗辩手段，默示许可原则在专利间接侵权抗辩中的适用也将成为司法实践中面临的一个主要问题。但到目前为止，我国司法实践中尚未出现有关专利间接侵权默示许可抗辩的案件，理论上的探讨也并不充分——现有研究主要集中在对

● 例如，河南省天工药业有限公司与广西南宁邕江药业有限公司侵犯发明专利权纠纷上诉案；季某、刘某与朝阳市兴诺建筑工程有限公司专利侵权纠纷案；张某廷诉衡水子牙河建筑工程有限公司侵害发明专利权纠纷案；江苏省微生物研究所有限责任公司与福州海王福药制药有限公司、辽宁省知识产权局、辽宁民生中一药业有限公司、常州方圆制药有限公司专利侵权纠纷处理决定再审，案例号：（2011）知行字第 99 号；湘潭市科达丽实业有限公司与杭州贝科玻璃钢制品有限公司知识产权纠纷案，案例号：（2012）浙知终字第 20 号等。

美国专利间接侵权默示许可抗辩适用状况的介绍上,● 或者仅是提出了美国专利间接侵权默示许可抗辩中存在的问题，但并没有结合我国的制度需求进一步明确专利间接侵权默示许可抗辩在我国的具体适用,● 因而有必要考察经验丰富的美国在相关方面的实践发展，吸取其在专利间接侵权默示许可抗辩适用中的经验，为我国今后司法实践中适用默示许可进行专利间接侵权抗辩提供必要的营养供给。

然而，由于在美国，专利间接侵权默示许可抗辩的适用主要以默示许可抗辩在专利直接侵权抗辩中的适用作为理论和实践源泉。而在专利直接侵权案件中，对于被控侵权人提出的默示许可抗辩，法院主要依据其与专利权人双方之间的关系判定默示许可的存在与否，这无可厚非。但在专利间接侵权制度将专利权的保护范围从禁止他人制销完整的专利产品扩张到禁止他人制销专利产品主要组成部分的背景之下,● 美国实践中对于专利间接侵权默示许可抗辩的认定依旧遵循其在专利直接侵权抗辩中的适用逻辑似有不妥。而明确专利间接侵权默示许可抗辩的适用事关专利间接侵权制度的价值、专利实施人信赖利益的保护及专利权人利益与社会公共利益之间的平衡，并最终影响到实践中相关案件的正确处理。因此，本章旨在研究美国专利间接侵权默示许可抗辩的适用，分析其中存在的问题，并探究问题的根源及其解决路径，进而结合我国的制度需求探讨我国相关的路径选择。

● 康添雄 . 美国专利间接侵权研究 [D]. 重庆 : 西南政法大学，2006 : 1-59；王凌红 . 我国专利间接侵权制度的立法方向以利益平衡为视点求解《专利法》第三次修改的未决立法课题 [J]. 电子知识产权，2009（6）：14-18; 闫宏 . 专利默示许可规则探析 [D]. 北京 : 清华大学，2007 : 1-36.

● 张耕，陈瑜 . 美国专利默示许可与间接侵权 : 冲突中的平衡 [J]. 政法论丛，2016（5）：69-76.

● 宁立志 . 专利辅助侵权制度中的法度边界之争美国法例变迁的启示 [J]. 法学评论，2010（5）：35-45.

6.2 专利间接侵权默示许可抗辩在美国的实践及其反思

6.2.1 美国专利间接侵权默示许可抗辩的适用标准

在 1952 年美国专利法确立专利间接侵权制度之前，实践中和理论上关于专利间接侵权的适用和讨论主要集中在该制度的合理与否及其与权利滥用原则的冲突与调和上，而默示许可抗辩主要适用于专利直接侵权案件中。直到专利间接侵权制度被美国立法明确之后，司法实践中适用默示许可进行专利间接侵权抗辩的案件才不断涌现。1986 年美国联邦巡回上诉法院审结的金属线圈系统公司诉科纳斯无限公司（Met-Coil Systems Corporation v. Korners Unlimited，Inc.）案 ❶（以下称 Met-Coil 案）作为专利间接侵权默示许可抗辩的适用典范，不断为后期类似案件的审理所援用，其确立的专利间接侵权默示许可抗辩适用标准，对其他法院审理相关案件产生了深远的影响，并逐渐被确立为法院判定专利间接侵权默示许可抗辩成立的裁判标准。这里将以 Met-Coil 案为主要考察对象，并结合相关案例的分析，梳理美国专利间接侵权默示许可抗辩的适用标准。

在 Met-Coil 案中，原告 Met-Coil 公司作为一项方法专利 ❷ 的受让人，制造并出售将金属管道末端弯曲成凸缘的轧辊成型机和配套的角件，被告 Korners 公司因生产并出售其中的角件被 Met-Coil 公司以构成专利间接侵权为由诉至法院。在一审中，被告基于其生产的角件主要出售给购买 Met-Coil 公司轧辊成型机的顾客且轧辊成型机除了用于实施涉诉专利方法外没有其他用途的事实认为，

---

❶ Met-Coil Sys. Corp. v. Korners Unlimited，Inc.，803 F.2d 684（Fed. Cir. 1986）.

❷ 该方法专利的权利要求中包含：将金属管道各部分的末端弯曲成完整的凸缘，与特殊形状的角件咬合，然后把各部分拴接在一起的方法。

从 Met-Coil 公司购买轧辊成型机的顾客获得了实施相关专利方法的默示许可，因而他们的行为不构成直接侵权，因不存在直接侵权，所以其出售角件给这些顾客的行为并不构成间接侵权。Met-Coil 公司则认为，从其销售辊轧成型机的行为中并不必然推出默示许可的存在。对此，原审法院依据 Univis Lens 案指出，Met-Coil 公司出售的辊轧成型机作为实施涉案方法专利的核心部件，除了实施方法专利外没有其他的用途，因而购买 Met-Coil 公司辊轧成型机的顾客获得了利用该核心部件实施专利方法剩余步骤的默示许可。

Met-Coil 公司不服一审判决提起上诉，在二审中，Met-Coil 公司指出，原审法院认定默示许可存在的依据错误，因为本案与 Univis Lens 案的基本事实并不一致，应依据 Bandag 案的标准判断是否存在默示许可。法院在判断该案是否满足 Bandag 案的两要件时，争议的焦点在于该案中"销售的具体情形"能否清楚地推断出默示许可的存在，且将重点集中在 Met-Coil 公司在出售辊轧成型机时是否做出了明确的限制。因为 Met-Coil 公司没有证据证明其在销售时对辊轧成型机的使用做出限制，二审法院认为，从专利权人对只能实施专利方法的非专利部件的无限制销售可以推出该非专利部件的购买者获得了实施相关专利方法的默示许可，并最终维持一审法院的判决。

Met-Coil 案作为首个适用默示许可原则进行涉及方法专利组合的专利间接侵权抗辩案件，其确立的默示许可抗辩适用标准：第一，专利权人或被许可人销售的产品除了用于实施专利方法外，没有其他用途；第二，专利权人或被许可销售人在销售时没有做出明确的限制，对此后同类案件的审理产生了深远的影响。❶ 更

---

❶ 例如，在 1996 年的 Elkay Manufacturing Company v. Ebco Manufacturing Company 案 和 1999 年的 Glass Equipment Development, Incorporated v. Besten, Inc. 案等涉及实施专利方法产品部件的间接侵权案件中，有关法院直接依据 Met-Coil 案的标准判断默示许可的存在。See Elkay Mfg. Co. v. Ebco Mfg. Co., 42 U.S.P.Q.2D（BNA）1555（Fed. Cir. Oct. 29, 1996）; Glass Equip. Dev., Inc. v. Besten, Inc., 174 F.3d 1337（Fed. Cir. 1999）.

重要的是，在 2003 年安东 / 鲍尔公司诉帕格有限公司（Anton/Bauer，Inc. v. PAG，Ltd.）案 ❶（以下称 Anton/Bauer 案）中，美国联邦巡回法院直接将 Met-Coil 案的标准适用于涉及产品专利组合的专利间接侵权案件——法院直接援引 Met-Coil 案并遵循该案认定默示许可的标准判定默示许可的成立：首先，Anton/Bauer 公司出售的母盘没有非侵权用途；其次，因为没有证据证明 Anton/Bauer 公司在出售母盘给终端消费者或电视摄像机企业时对母盘的使用做出明确限制，因此，从 Anton/Bauer 公司出售仅能作为专利产品部件的母盘的行为中能够推出其允许母盘购买者使用母盘组成专利组合的默示许可。作为默示许可抗辩在专利产品组合间接侵权案件中的适用典范，该案关于间接侵权默示许可抗辩的裁判逻辑亦不断为此后联邦巡回上诉法院及地方法院审理相关案件所援用。❷ 自此，在美国司法实践中，无论是涉及方法专利还是产品专利的间接侵权案件，对默示许可原则的适用开始形成统一的标准：首先，专利权人或被许可人销售的产品除了用于实施专利外，没有实质性非侵权用途；其次，销售的具体情形清楚地表明或能够推断出默示许可的存在（在该类案件中，法院主要考察专利权人或被许可销售人在销售时是否做出明确的限制）。

---

❶ Anton/Bauer，Inc. v. PAG，Ltd.，329 F.3d 1343（Fed. Cir. 2003）. 在该案中，原告 Anton/Bauer 公司是一项产品专利的专利权人，该产品专利为包含母盘和公盘的产品组合，Anton/Bauer 公司生产并销售母盘和带有公盘的电池组，但其并没有将两个部件组合销售，而是将母盘直接销售给电视摄像机企业，由这些企业将其组合在摄像机等相关产品中出售给消费者，Anton/Bauer 公司同时也将母盘作为替换零件销售给终端使用者，且直接销售带有公盘的电池组。被告 PAG 公司因其生产并销售的电池组也包含一个可以使该电池组与 Anton/Bauer 公司的母盘连接使用的公盘被 Anton/Bauer 公司起诉构成专利间接侵权。

❷ See Canon Inc. v. GCC Int'l，Ltd.，450 F. Supp. 2d 243（S.D.N.Y. 2006）；Erbe Electromedizin GmbH v. Canady Tech. LLC，529 F. Supp. 2d 577（W.D. Pa. 2007）；Pandora Jewelry，LLC v. Chamilia，LLC，2008 U.S. Dist. LEXIS 61064（D. Md. Aug. 8，2008）；Zenith Elecs. Corp. v. PDI Commun. Sys.，522 F.3d 1348（Fed. Cir. 2008）；Norgren Automation Solutions，Inc. v. K & A Tool Co.，2013 U.S. Dist. LEXIS 41854（E.D. Mich. Mar. 26，2013）.

6.2.2 美国专利间接侵权默示许可抗辩适用中存在的问题

6.2.2.1 Univis Lens 案的默示许可判断标准不适用于专利间接侵权默示许可抗辩

1942 年联邦最高法院审理的 Univis Lens 案, 作为权利穷竭类默示许可 ❶ 认定的典型案件, 争议的核心问题之一是 Univis Lens 公司销售只能实施专利方法的镜片毛坯的行为是否用尽其专利权, 因为镜片毛坯是实施相关专利方法的唯一核心部件。对此, 美国联邦最高法院认为,"当 Univis Lens 公司将镜片毛坯卖给批发商时, 镜片毛坯的所有权已经发生转移, 且镜片毛坯的购买者获得了利用镜片毛坯实施剩余专利方法步骤的许可。因为不管是专利产品还是非专利产品, 消费者购买之后应当获得使用和再售的权利, 基于相同的道理, 只能实施专利方法的非专利产品的授权销售意味着专利权人对与该产品有关的专利权的放弃。"因为该案相关专利方法的实施只需一种非专利产品, 所以, 在镜片毛坯来自专利权人或者其授权处的情况下, 美国联邦最高法院从授权销售仅能实施专利方法的镜片毛坯的行为中推出使用镜片毛坯实施专利方法的默示许可或者认定专利权人的专利权在销售只能实施方法专利的镜片毛坯后用尽并无不当。

然而, 与 Univis Lens 案相关专利方法的实施仅需镜片毛坯一个产品部件不同, 在 Met-Coil 案中, 相关方法专利的实施除了需要辊轧成型机外, 还需相配套的角件, 两者缺一不可, 且这两个主要部件专利权人均有销售。但法院在判断 Met-Coil 案中是否存在默示许可时, 并没有对两案的重要事实进行区分, 相反直接将 Univis Lens 案中美国联邦最高法院的论断适用于该案默示许可的判

---

❶ 权利穷竭型默示许可主要适用于这一情形 : 有关产品并非专利产品, 但其除了实施专利方法外没有其他实质性用途, 且专利方法的实施仅需这一件关键产品即可, 亦即这一产品承载着专利方法实施的全部使命, 购买者购买这一产品后即可实施相关专利方法, 无须另行购买其他配套产品。

断。然而，这一做法并不合理：首先，如上文所述，两案判断是否存在默示许可的基本事实存在关键性的不同，因而不能在 Met-Coil 案中简单地类推适用 Univis Lens 案的判断标准；更重要的是，在 Met-Coil 案中，因为相关专利方法的实施需要两个关键部件，与 Univis Lens 案中镜片毛坯作为实施专利方法的唯一产品部件而承载着专利权人基于专利权的所有利益不同，其中任何一个部件都不能完全承载专利权人的专利权，所以仅从消费者购买 Met-Coil 公司销售的其中一个部件即辊轧成型机的行为并不必然推出专利权人专利权的用尽，或者消费者获得了将该部件与从非授权处购买的角件组合实施相关专利方法的默示许可。这一结论同样适用于 Anton/Bauer 案，尽管该案涉及的是产品组合专利，但其与 Met-Coil 案具有相通之处，即专利的实施需要两个或两个以上关键部件，而消费者仅从专利权人授权处购得其中部分部件，并与被控侵权人销售的部件配合使用。因此，美国联邦巡回法院在 Met-Coil 案和 Anton/Bauer 案中将 Univis Lens 案中美国联邦最高法院确立的原则作为分析是否存在默示许可的依据并不妥当。

6.2.2.2　专利间接侵权在适用禁止反言类默示许可抗辩中的不足

禁止反言类默示许可主要源于衡平法上的禁止反言原则，依据禁止反言原则，如果被控侵权人是基于对专利权人行为的信赖而实施专利，专利权人不得据此声称被控侵权人侵犯其专利权，[1] 目的在于阻止许可人"在已获得对价的许可范围内部分收回许可"。[2] 其典型案例为 1984 年的 Bandag 案，该案系关于实施专利权人轮胎翻新方法专利的直接侵权案件，在该案中，被告因利用从已经终止授权的经销商处购买的包含预硫化胎面胶在内的轮胎翻新设备实施专利方

---

[1] Stickle v. Heublein, Inc., 716 F.2d 1550, 1559（Fed. Cir. 1983）.

[2] AMP, Inc. v. United States, 182 Ct. Cl. 86（Ct. Cl. 1968）.

法被控侵权。在该案的审理中美国联邦巡回上诉法院提出了禁止反言类默示许可适用的两要件：第一，专利权人或被许可人销售的产品除了用于实施专利权人的专利技术之外，没有别的用途；第二，销售的具体情形清楚地表明或能够推断出默示许可的存在。

在 Met-Coil 案中，美国联邦巡回法院在判断是否存在默示许可时依赖 1984 年 Bandag 案确立的禁止反言类默示许可分析路径本身并无不当，因为在该类案件中，既不能适用 Univis Lens 案确立的权利穷竭类默示许可，也不存在默许修理的适用空间，因而只能从案件相关当事人的行为中判断是否存在默示许可。❶而 Bandag 案确立的禁止反言类默示许可适用的关键亦在于对专利权人及专利实施人一系列行为的分析。

而问题在于，在司法实践中，禁止反言类默示许可的判定是一个法律问题，需要通过对案件当事人全部行为的分析判断是否存在默示许可。❷从这一点出发，Bandag 案将默示许可的认定落脚于对"销售的具体情形"的判断并无不妥，但"销售的具体情形"的认定本身存在极大的不确定性，而在专利间接侵权案件中，法院对于"销售的具体情形"的判断主要局限于考察专利权人或其被许可人在销售相关产品部件时是否做出了明确的限制。那么，在专利间接侵权案件中在相关产品部件不存在实质性非侵权用途的情况下能否仅从专利权人无限制的销售推出默示许可的存在？显然，这并不符合禁止反言类默示许可的适用宗旨，相反，在专利间接侵权制度背景下，如果专利发明的实施需要多个必不可少的产品部件的配合，且这几个产品部件除了实施专利发明外没有其他实质性用途，在判断第三方购买者仅从专利权人处购买其中一个产品部件的行为是否包含将该产品部件与从非授权处购买的其他部件组合实施专利发明的默示许

---

❶ Anton/Bauer, Inc. v. PAG, Ltd., 329 F.3d 1343（Fed. Cir. 2003）.

❷ Wang Labs., Inc. v. Mitsubishi Elecs. Am., Inc., 103 F.3d 1571（Fed. Cir. 1997）.

可时，不能仅以专利权人销售该产品部件时没有做出限制为由认定默示许可的存在，而应当在分析案件当事人一系列行为的基础上进行综合考量。所以，在 Met-Coil 案中依据 Bandag 案的分析路径判断是否存在默示许可时，将"销售的具体情形"的判断仅仅局限于专利权人在销售时是否做出明确的限制是不合理的。也正因如此，在 1996 年的埃尔凯制造公司（Elkay Mfg. Co.）中，美国联邦巡回上诉法院的 Rader 法官明确指出，没有限制的销售不一定能够推出默示许可的存在，相反，从艾尔凯黑鹰（Elkay-Blackhawk）许可协议中仅能推出 Blackhawk 有权制造和销售瓶盖，并不能推出 Elkay 授权其实施相关专利的默示许可。

6.2.2.3　现有的默示许可适用标准缺乏对专利权人合法利益的考量

根据美国专利法有关规定 ❶，专利间接侵权的成立需要满足几个条件：第一，相关产品是专利产品的重要组成部分或者是实施专利方法的主要材料或装置；第二，被控侵权人明知其出售的这些产品是专门为组成专利产品或者实施专利方法所用；第三，这些产品不是具有实质性非侵权用途的常用物品或商品。那么，仅就被控侵权人的行为是否构成专利间接侵权而言，在 Met-Coil 案中，角件作为实施专利方法的主要装置，除了与辊轧成型机配套实施专利方法外没有其他实质性用途。而且在一审中被控侵权人 Korners 公司承认，其生产的"C"牌角件是专门与 Met-Coil 公司生产的辊轧成型机配套使用而且只卖给购买 Met-

---

❶ 美国专利法第 271 条对间接侵权规定如下：

（b）任何人积极诱使他人侵犯专利则应承担侵权责任。

（c）任何人出售某项专利机器、产品、组合物及合成物的组成部分或者出售用于实施某项专利方法的材料或装置，从而构成发明的重要部分，且他明知其所贩卖者是为侵犯专利权而专门制造的或者专门供侵犯专利权使用的，而且这样的部件、材料或者装置不是具有实质性非侵权用途的常用物品或商品，则其应承担辅助侵权的责任。

Coil 公司辊轧成型机的顾客，❶ 因而，可以认定 Korners 公司明知其出售的角件是专门用作实施 Met-Coil 公司相关专利方法。所以，Korners 公司的行为符合专利间接侵权的成立要件。同样，在 Anton/Bauer 案中，连接在电池组上的公盘作为组合专利产品的重要组成部分，除了与母盘组合构成专利产品外没有其他实质性用途，且经原审法院查明，被告 PAG 公司生产的 L75 号电池组上亦安装一个使该电池组能够与 Anton/Bauer 公司生产的实施 "204" 号专利 ❷ 发明的母盘相连接的公盘，更重要的是，PAG 公司曾就其设计的 L75 号电池组能否与 Anton/Bauer 公司的 "204" 号专利技术相对应征求过专利专家的意见，同时其在 L75 号电池组的广告中明确指出，该电池组可以用于 Anton/Bauer 公司生产的含有母盘的产品。❸ 正是基于这些事实，原审法院认定 PAG 公司明知其生产并出售的配有公盘的电池组是专门与 Anton/Bauer 公司生产的含有母盘的产品一起组成专利产品。所以，PAG 公司的行为构成间接侵权。那么，依据美国专利法，在上述两案中，被控侵权人应当承担专利间接侵权责任。

但是，在这两个案件中，法院不但没有考虑被控侵权人的间接侵权行为对专利间接侵权制度赋予专利权人合法利益的侵害，相反依据直接侵权默示许可抗辩的适用标准判定专利间接侵权默示许可抗辩是否成立。这一裁判逻辑的结果可能产生这样一种矛盾：一方面，因为明知其出售的产品系专门用于实施专利方法或者组成专利产品，被控间接侵权人在成立间接侵权方面存在主观过错；另一方面，依据美国司法实践中现有的认定标准，因为存在默示许可，第三方购买者并不构成直接侵权。因为没有直接侵权就不存在间接侵权，此时默示许可原则的适用在使第三方购买者免责的同时可能保护一个有过错的销售者，❹ 并

---

❶ Met-Coil Sys. Corp. v. Korners Unlimited, Inc., 628 F. Supp. 130（W.D. Pa. 1986）.

❷ 为该案涉案专利。

❸ Anton/Bauer, Inc. v. PAG, Ltd., 2002 U.S. Dist. LEXIS 11583（D. Conn. June 13, 2002）.

❹ 德雷特勒. 知识产权许可（上）[M]. 王春燕，译. 北京：清华大学出版社，2003：197.

最终严重破坏法定的间接侵权制度——专利间接侵权制度设立的初衷在于有效保护专利权人的利益，将专利权保护范围进行合理的扩张，防止专利权人基于专利权的存在应当获得的利益被他人不当攫取。那么在相关产品落入专利间接侵权制度保护范围的情况下，依据美国现有的默示许可认定标准免除被控间接侵权人的侵权责任，无异于剥夺了专利间接侵权制度赋予专利权人的合法垄断利益。

尽管如美国联邦巡回上诉法院在 Anton/Bauer 案中的质疑一样，为了全面实现其专利权，Anton/Bauer 公司可以就母盘和公盘分别申请专利，或者将他们组合出售，或者在分别出售时列明使用的限制性条件，这样就可以避免今后可能出现的默示许可抗辩。但是这些质疑并不一定站得住脚站：就 Anton/Bauer 案而言，首先，依据专利申请的审查原则，就公盘和母盘分别申请专利并不一定行得通。其次，Anton/Bauer 公司将母盘和公盘分别出售而不是整体组合后出售，既可能是由于技术上的障碍，也或者是出于消费者方便使用的考虑。况且，在产业专业化和多样化分工的今天，将涉及一项技术的生产活动分散于不同的商业个体的现象并不鲜见。因而法律并不能预设不合理的后果以迫使专利权人放弃现实需求去做一些无谓的战略考量。此外，专利权人在销售产品部件时为排除因产品部件的销售产生的默示许可而对产品部件的使用做出明确限制的做法既不现实也没有必要。一方面，这种以通知方式消除默示许可的权利，仅仅是理论性的，它在现实中作用甚微。另一方面，并不是所有实施专利的产品部件都受到专利间接侵权制度的保护，因而，在明确其生产销售的母盘和公盘均在专利法第 271 条 C 款的保护范围之内的情况下，Anton/Bauer 公司没有必要再对其母盘和公盘的销售做出明确的限制，❶况且，在其他同类产品厂商无限制销

---

❶ LECHLEITER D M. Dividing the（statutory）baby under anton/bauer:using the doctrine of implied license to circumvent § 271（c）protection for components of a patented combination [J]. John Marshall Review of Intellectual Property Law，2004，3（2）：355-396.

售产品的情况下，Anton/Bauer 公司的限制性销售可能会产生竞争法上的不利。

也许正是基于对以上问题的考虑，近年来，一些地方法院在遭遇类似案件时，尽管慑于有关判例的先例效应而依然遵从这些判例中关于专利间接侵权默示许可抗辩的适用标准，但其在判断是否存在默示许可时亦阳奉阴违地进行一些避免适用该标准的实践。例如，在 2013 年的诺冠自动化解决方案公司诉 K&A 工具公司案（Norgren Automation Solutions，Inc. v. K&A Tool Co.）❶ 中，针对被告援用 Anton/Bauer 案中相关标准提出的默示许可抗辩，美国密歇根州东部地区地方法院认为，尽管 K&A Tool 公司的主张有充分的事实依据，但是，其并没有提供证据证明该公司生产的"适配器"卖给了购买 Norgren Automation Solutions 公司"接收器"的消费者，而 K&A Tool 公司有义务明确购买该公司生产的"适配器"的消费者使用的"接收器"是否来自专利权人没有限制的销售，并因此驳回了 K&A Tool 公司的默示许可抗辩。

6.3　专利间接侵权默示许可抗辩适用的完善进路

正如有学者在论述相关问题时所言，建立专利间接侵权制度的真实目的并不在于限制专利产品合法拥有者使用其购买的专利产品或者实施专利方法的行为，而在于限制为使用专利产品或者实施专利方法而提供零部件的企业的不当

---

❶ Norgren Automation Solutions，Inc. v. K & A Tool Co.，2013 U.S. Dist. LEXIS 41854（E.D. Mich. Mar. 26，2013）. 在该案中，原告 Norgren Automation Solutions 公司作为一项安装装置（该装置允许工业工具被连接到一个自动化的系统上，如机器人或者移动轨道，且是一个由"接收器"和"适配器"组合而成的产品组合）的专利权人，基于实践应用的需要，并没有将该装置组合销售，而是分别生产和销售"接收器"和"适配器"，被告 K&A Tool 公司因其生产销售的"适配器"除了与原告生产的"接收器"组合成安装装置外没有其他用途而被原告起诉构成专利间接侵权。

行为，❶ 所以，明确专利间接侵权制度的保护范围是专利间接侵权默示许可抗辩的适用前提。同时，专利默示许可原则的本质目的在于维护专利实施人的信赖利益，而间接侵权默示许可抗辩的适用亦关系到非专利产品市场的正常竞争秩序、公众自由使用现有技术的权利等社会公共利益，所以，其适用标准的明确必须重视并合理平衡各方之间的利益。通过上文对美国相关司法实践的考察和分析，应当从三个方面入手明确专利间接侵权默示许可抗辩的适用：首先，专利间接侵权默示许可抗辩适用的前提在于判断被控侵权产品是否在专利间接侵权制度的保护范围内；其次，专利间接侵权默示许可抗辩适用的关键在于明确第三方购买者信赖利益的范围；最后，专利间接侵权默示许可抗辩适用的最终目的是为了有效平衡案件各当事方之间的利益。

6.3.1 明确专利权人基于专利间接侵权制度的垄断利益范围

专利间接侵权制度具有两面性：一方面，为了提供切实有效的专利权保护，防止他人通过生产销售专利技术的核心部分来绕过专利权，建立间接侵权制度具有明显的现实意义；另一方面，间接侵权将专利权的保护扩大到本身没有获得专利权的产品，又有明显的不合理扩大专利权保护范围的危险，一旦超出合理的范围，就有与竞争法相抵触的可能。❷ 因此，凡是在其专利法中规定专利间接侵权的国家都面临一个问题：在专利间接侵权制度背景下，必须把握专利权保护的度，厘清专利权的合理行使与专利权滥用之间的界限。而把握专利权

---

❶ 李扬. 修理、更换、回收利用是否构成专利权侵害 [J]. 法律科学（西北政法大学学报），2008（6）：78-88.

❷ 尹新天. 专利权的保护 [M]. 2 版. 北京：知识产权出版社，2005：511.

保护的度的重点则在于明晰专利间接侵权制度保护的垄断利益范围。

就美国而言，尽管美国专利法就专利间接侵权进行了明文规定，但是由于立法并未清晰界定专利间接侵权制度的保护边界，加之美国特有的普通法传统，美国司法实践中和理论上关于专利权保护的度的争议不绝于耳。然纵观美国有关专利间接侵权制度的立法及司法发展历程，专利间接侵权制度的保护范围虽未臻明晰但也不是无章可循。

首先，依据美国专利法第 271 条 C 款的规定，构成专利间接侵权的保护对象需要满足三个条件：第一，该产品部件系专利发明的重要部分；第二，不是具有实质性非侵权用途的常用物品或商品；第三，被控侵权人明知其出售的产品为侵犯专利权而专门制造或者专门供侵犯专利权使用。相较于日本、韩国等国在专利法中规定明确的行为类型，美国专利法的这一条规定属于一般性规定，尽管不甚明确，但弹性的立法规定或可以最大限度地为专利间接侵权保护对象的确定提供法律依据。可能正是立法规定上的相对宽泛，美国司法实践中形成了专利间接侵权的成立须以直接侵权的成立为前提的判定标准以限制专利间接侵权的适用。然而，在判定专利间接侵权时不加区分情形地以直接侵权的成立为前提是否合理在司法实践中尤其是理论上不无争议。

其次，依据该条 D 款的规定，一个产品部件一旦构成专利间接侵权的保护对象，专利权人将被赋予以下垄断权利：其一，就该产品部件获利；其二，就该产品部件许可或授权他人实施某种行为；其三，就业已发生的专利间接侵权行为寻求救济；其四，拒绝专利许可或者任何使用专利权的行为；其五，为防止专利间接侵权而进行的合法搭售。因而，对于属于专利间接侵权制度保护对象的产品部件，专利权人有权就该产品的销售获得相应的垄断利益，也有权阻止其他人窃取其法定的垄断利益。

最后，尽管在美国立法对司法的影响力向来不容乐观，❶但伴随着司法实践中专利间接侵权制度和权利滥用原则的冲突和调和，两者的关系也日渐明晰，尤其是在 1980 年的道森化学工公司诉罗门哈斯公司（Dawson Chem. Co. v. Rohm & Haas Co.）案 ❷ 中，美国联邦最高法院就专利间接侵权制度与权利滥用原则的关系摆明了态度——因为敌稗（一种除草剂）是实施原告发明的重要成分，且符合专利法第 271 条 C 款的条件，所以原告拒绝许可他人销售敌稗及进行搭售的行为是符合专利法第 271 条 D 款意旨的。自此，在美国，对于符合专利法第 271 条 C 款条件的产品部件，专利权人享有该条 D 款赋予的垄断权利。那么，正如前文有关 Met-Coil 案和 Anton/Bauer 案的分析，在角件和公盘属于美国专利法第 271 条 C 款保护对象的情况下，被告生产角件和公盘的行为实属对原告依据美国专利法第 271 条 D 款应得垄断利益的侵蚀。

6.3.2　明晰第三方购买者的信赖利益范围

在相关产品部件属于专利间接侵权制度保护范围的情况下，被控侵权人能否依据默示许可原则获得侵权豁免的关键在于，第三方购买者是否获得了默示许可及获得默示许可的范围。前文已述，默示许可作为专利侵权的抗辩手段，其认定是一个由法院主导的法律问题，❸相对于明示许可对专利权人意思表示的尊重，在专利法实践中，面对专利权人的侵权指控，之所以认定专利默示许可的成立而限制专利权人的权利，主要是出于对专利实施人合理信赖利益的保护，进而实现公平、效率、安全等价值目标。也可以说，适用专利默示许可的

❶ 宁立志. 专利辅助侵权制度中的法度边界之争美国法例变迁的启示 [J]. 法学评论，2010（5）：35-45.

❷ Dawson Chem. Co. v. Rohm & Haas Co., 448 U.S. 176（U.S. 1980），在该案中，美国联邦最高法院最终认定专利权人不构成权利滥用，并判决被告承担间接侵权责任。

❸ Wang Labs., Inc. v. Mitsubishi Elecs. Am., Inc., 103 F.3d 1571（Fed. Cir. 1997）.

最终目的是保护专利实施人的合理信赖利益。因而，在专利间接侵权案件中，第三方购买者是否获得默示许可及默示许可范围的判定最终依赖于对各方当事人行为的具体分析，且重点在于判断第三方购买者基于专利权人的行为产生信赖的合理性。而这里的合理信赖的明确也应当遵循前文所述的专利默示许可认定中对合理信赖判断的要求：在存在专利权人"误导性"行为的前提下——在专利间接侵权案件中，专利权人应意识到，如果其没有做出明确的限制，专利产品部件的购买者在购买该部件后会为了实施专利发明而购买其他的专利产品部件，而专利权人没有对专利产品部件的购买者购买其他专利产品部件的行为进行限制，是否存在专利默示许可的判断应主要集中在第三方购买者信赖合理性的判断上。也即，一方面，第三方购买者的信赖是善意的，即对于专利权人不会进行专利许可的真实心理状态，第三方购买者是明知的或者是应当知道的。另一方面，所谓的信赖并非被控侵权人单方面的期待，必须是综合考察所有当事人行为的基础上，以一般理性人在类似情形下的选择为标准，确定被控侵权人的信赖是否合理。同时，必须明确对于第三方购买者信赖的产生是否具有可归责性。因此，在专利间接侵权案件中，即在第三方购买者仅从专利权人或其授权处购买部分产品部件的情形下，应对专利权人及该第三方购买者的行为进行具体分析，以明确该第三方购买者是否产生了使用该产品部件实施专利发明的合理信赖。

以 Met-Coil 案为例，Met-Coil 公司相关专利方法的实施需要轧辊成型机和角件两个缺一不可的产品部件，且两者均不是具有实质性非侵权用途的常用商品，因此，只有将 Met-Coil 公司生产的轧辊成型机和角件一起使用才能实施相关专利方法。那么，能否从 Met-Coil 公司向第三方购买者出售轧辊成型机的行为中推出 Met-Coil 公司允许该第三方购买者实施相关专利方法乃至将轧辊成型机与其从其他厂家（未经专利权人授权）购买的角件组合实施专利方法的默示许可？由于第三方购买者购买的轧辊成型机除了实施专利方法外没有非侵权用途，所以其从 Met-Coil 公司购得该部件后应当有权依据该部件的唯一用途即实施专利方法的方式使用该部件，但由于专利方法的实施还需配套的角件，所以这一权利仅保证了使用轧辊成型机行为本身的合法，而第三方购买者将该部件与从非授权处购买的角件组合实施 Met-Coil 公司专利方法的行为本身是否合法并不得而知，相反应当从 Met-Coil 公司与第三方购买者双方的行为中去判断。

首先，就第三方购买者信赖的善意与否而言，由于相关专利方法的实施除了轧辊成型机外，角件的购买必不可少，那么在其购买轧辊成型机时应当明确使用仅此一个部件并不能实施相关专利方法，相反还应购买配套的角件。在专利权人和其他厂商均出售角件的情况下，第三方购买者在进行购买选择时应当意识到其使用专利权人生产的角件与其他厂商生产的角件的区别，但其最终选择购买其他厂商生产的角件，更多地应是基于价格上的考虑——专利权人销售的角件因为包含有补偿技术研发等费用价格相对较高，而非对 Met-Coil 公司出售轧辊成型机行为的信赖。也可以说，对于专利权人不会因仅购买专利产品主要部件中的一个而许可其实施整个专利发明的真实心理状态，第三方购买者是明知的或者是应当知道的。因而第三方购买者基于从 Met-Coil 公司购买轧辊成型机这一事实所产生的信赖利益应仅限于其可以使用该轧辊成型机实施专利方法。如果允许第三方购买者以其实施专利发明的一个产品部件有合法权源为由而获得整个专利侵权抗辩，将会严重侵蚀专利权人的利益。

其次，就 Met-Coil 公司而言，一方面，因为其专利方法的实施需要轧辊成型机和角件两个重要部件，且两个部件均在专利间接侵权制度的保护范围内，因而其基于生产专业化及客户使用上的方便将两个部件分别生产并出售的行为并无不当；另一方面，Met-Coil 公司作为相关专利方法的专利权人，在其通过生产并出售实施专利方法的两个重要部件以弥补研发该专利技术的投入及获得公开该专利技术的补偿的情况下，该公司有权通过两种部件的销售获取合法垄断利益，那么，在消费者仅从该公司处购买一个产品部件所支付的费用不足以作为其实施该公司专利方法的对价的情况下，并不能从专利权人出售这一部件的行为中推出其允许消费者实施整个专利方法的默示许可。相反，站在专利权人的角度，只有实施专利方法的全部重要部件都来自 Met-Coil 公司或其授权处，购买者才能获得实施相关专利方法的默示许可。所以，从第三方购买者仅购买专利产品主要部件中部分部件的行为中不能够推出专利权人允许消费者实施整个专利方法的意思表示。同时，在专利间接侵权制度将专利权的保护范围扩张至专利产品主要组成部件的前提下，专利权人有权基于生产专业化及客户方便使用的需要将两个部件分别生产并出售，因而，在被控专利间接侵权人生产销售只能用于实施专利发明的专利产品部件的行为构成间接侵权的情况下，对于第三方购买者依据其购买的主要专利产品部件中的部分部件来自专利权人的授权销售而产生的实施整个专利发明的信赖，专利权人没有可归责性。

因此，在有关专利发明的实施需要多个部件且这些部件均在专利间接侵权制度的保护范围内，当第三方购买者仅从专利权人及其授权处购买部分产品部件的情况下，为了有效保护专利权人的合法利益，应当对该第三方购买者的信赖利益进行狭义解释，即该第三方购买者仅获得为了实施专利发明使用该产品部件的许可，而非可以将该部件与其从任何地方购买的其他部件组合实施专利发明的默示许可。

6.3.3　实现案件各当事方之间的利益平衡

当一个专利发明的实施需要两个产品部件，且专利权人或其授权者分别生产并出售这两个部件时，如果欲实施该专利发明的购买者仅从专利权人或其授权处购买其中一个产品部件，并将其与从非授权处购买的另一产品部件组合实施专利发明，此时应该追究谁的责任及如何追究？这一问题既涉及专利权人与被控间接侵权人之间对专利发明中"未授予专利的组成部件"这一领土的争夺，❶也关涉到第三方购买者的信赖利益，因此，需要在明确专利权人基于专利间接侵权制度的垄断利益范围与第三方购买者的信赖利益范围的基础上进行利益平衡。

由于第三方购买者并没有获得将其从专利权人或其授权处购买的其中一个产品部件，与从非授权处购买的另一产品部件组合实施专利发明的默示许可，其将两个部件组合实施专利发明的行为并不能获得侵权豁免。但是，一方面，基于第三方购买者从专利权人处购买部分产品部件而获得的部分授权，其实施有关专利发明的行为存在一定的合理性；另一方面，在专利间接侵权制度下，专利间接侵权人的行为对专利权人造成的利益损失更为直接，也更为致命，而直接追究专利直接侵权人的责任并不现实，直接追究专利间接侵权人的责任更为合理、有效，而这也是专利间接侵权制度存在的价值所在。那么，在上述情形下，使第三方购买者基于其部分行为的合理性而免于承担责任，进而直接追究间接侵权人的责任，更能在有效地保护专利权人的权利的同时，兼顾第三方购买者的合理信赖利益。不过，在实践中具体如何操作，应当交由法官在个案中根据案件的具体情况进行自由裁量。在自由裁量中既要保障专利权人的合法利益不被无端侵蚀，也要确保专利权人的权利边界不被无限扩大，并影响到非专利产品的正常竞争秩序；既要保护第三方购买者的合理信赖利益，也要避免对该信赖利益的范围进行盲目扩张、并以此为由保护有过错的间接侵权人。

---

❶ 宁立志.专利辅助侵权制度中的法度边界之争美国法例变迁的启示 [J].法学评论，2010（5）：35-45.

6.4　我国专利间接侵权默示许可抗辩适用的路径选择

专利间接侵权默示许可抗辩在美国司法实践中经过多年的发展虽然形成了一定的适用标准，但正如上文所述，这一适用标准还不甚合理，而这既可能是由于司法机关在相关问题解决上的疏漏，也抑或是在美国专利间接侵权制度背景下司法机关刻意选择的结果——美国专利间接侵权制度的发展史本是一部关于专利权人利益与相关利益之间的冲突、调和的错综复杂历史，期间美国法院的态度并非一成不变，而是在专利权人利益和公共利益之间不停地摇摆。❶ 美国法院在确定专利间接侵权默示许可抗辩的适用标准时，可能是基于这样的考虑：美国专利法对专利间接侵权的保护范围规定得相对宽泛，因而有必要通过放宽默示许可原则的适用条件以限制专利间接侵权原则的适用空间。那么，在我国明确提出确立专利间接侵权制度的背景下，有必要引入专利间接侵权默示许可抗辩，而专利间接侵权默示许可抗辩的适用标准亦须在吸取美国有关经验教训的基础上结合我国专利制度的价值取向予以明确。

6.4.1　在我国明确专利间接侵权默示许可抗辩的适用应厘清的几个问题

6.4.1.1　我国专利间接侵权制度的保护范围

尽管学界及司法实践中关于我国间接侵权制度的保护范围争议颇多，但通过对专利法司法解释（二）和《专利法修订草案（送审稿）》有关规定的分析可

---

❶ 宁立志. 专利辅助侵权制度中的法度边界之争美国法例变迁的启示 [J]. 法学评论，2010（5）：35-45.

以发现，我国目前倾向于对专利间接侵权制度的引进采取保守态度——尽管根据专利权保护的必要性及司法实践中相关纠纷解决的需要，专利间接侵权制度在我国的确立势在必得，但立法机关及司法机关对专利间接侵权的保护范围进行了明确的限制：只有"专门用于实施专利的原材料、中间物、零部件、设备"才能成为专利间接侵权制度的保护对象，且被控侵权人的行为应为经营性行为。这既可能是基于立法上的谨慎态度，也可能是为了契合我国当前专利权保护的需要所做的明确选择。

如此，在我国司法实践中进行专利间接侵权默示许可抗辩时，应当在我国的制度背景下分析专利间接侵权制度赋予专利权人的权利范围：一方面，被控侵权产品应为专门用于实施专利发明的产品部件；另一方面，第三方购买者在专利权人或其授权处购买的产品部件也系专门用于实施专利发明的产品部件。只有在明确专利间接侵权制度保护的专利权人利益受到影响的情况下，才会出现专利权人的权利保护与第三方购买者信赖利益保护之间的交锋，因而才有必要明确此时第三方购买者的信赖利益范围及被控间接侵权人能否因此而获得侵权豁免。

6.4.1.2　我国专利制度的价值取向

从国家层面而言，"知识产权制度是一个社会政策的工具"，是否保护知识产权，对哪些知识赋予知识产权，如何保护知识产权，是一个国家根据现实发展状况和未来发展需要所做出的制度选择和安排。[1] 从这个角度考虑，美国司法实践中所一直遵循的专利间接侵权默示许可抗辩适用标准可能正是美国司法机关秉持对专利间接侵权适度保护的司法考量所做的刻意安排：通过对默示许可原则的扩大解释来限制专利间接侵权原则的适用。如此，欲进一步明确专利

---

[1] 吴汉东.政府公共政策与知识产权制度 [N].光明日报，2006-10-10（1）.

间接侵权默示许可抗辩在我国的适用标准，有必要探究我国专利制度在专利间接侵权问题上的价值取向。

专利间接侵权制度是为了弥补专利直接侵权制度对专利权保护的不足而设置，是为了充分保护专利权人的利益而对专利权保护范围的合理扩张，加之专利间接侵权的判定涉及各方利益的衡量，相对于一般共同侵权的认定其中涉及更多的制度问题，从而超出了一般共同侵权理论的处理范围。❶ 因此，在我国当前鼓励创新、加强知识产权保护的背景下，通过设立专利间接侵权制度以更好地保护专利权既符合我国当前的社会经济发展需求，也能够为司法实践中相关纠纷的解决提供明确的法律依据。但同时，间接侵权是在直接侵权求偿不能的情况下，为保护权利人而对专利权保护范围的适度扩张，从权利人与公众的利益平衡考量，应该对间接侵权的认定作严格限制。

那么，在被控侵权产品属于我国专利间接侵权制度保护范围的情况下，专利间接侵权人能否依据第三方购买者实施专利发明的部分产品部件来自于专利权人的授权销售而获得侵权豁免的关键在于我国现行专利制度在认定默示许可上的态度。我国《专利法》并没有就专利默示许可的适用做出明确规定，实践中默示许可抗辩也主要适用于直接侵权案件中，尽管国家知识产权局在 2016 年5 月 11 日印发的《专利侵权行为认定指南（试行）》中将"基于产品销售产生的默示许可"列为不作为侵犯专利权的情形之一，且所谓的"产品"不限于专利产品，还包含实施专利发明的零部件及专用设备。但是，该文件中明确的适用标准 ❷ 是在我国没有确立专利间接侵权制度的背景下适用默示许可原则进行专利直接侵权抗辩的适用条件。而一旦专利间接侵权制度在我国确立，根据《专利法》第四次修改中提出的专利间接侵权认定标准，我国相关专利立法对专利

❶ 宁立志.专利辅助侵权制度中的法度边界之争美国法例变迁的启示 [J].法学评论，2010（5）：35-45.

❷《专利侵权行为认定指南（试行）》第 2 章第 1 节第二部分相关规定。

间接侵权的适用进行了最大化限制，如果基于第三方购买者实施专利发明的部分产品部件（当然应当满足前文所述的除了实施专利外不具有实质性非侵权用途的条件）来自于专利权人或者其授权者无限制的销售而认定该第三方购买者的行为构成默示许可，因默示许可阻却了直接侵权的成立，间接侵权也不复存在，此时默示许可的适用将使本来有限的专利间接侵权保护制度受到极大的削弱，专利间接侵权制度赋予专利权人的仅有利益也将得不到有效保障。因而，为了加强专利权保护，切实保护专利权人的合法利益，促进技术创新，在我国适用默示许可原则进行专利间接侵权抗辩时，应当摒弃美国扩大化解释默示许可原则的做法，对默示许可原则进行狭义解释，即只有实施专利发明的所有产品部件均来自专利权人或其授权处时，第三方购买者方才获得实施该专利发明的默示许可。

6.4.2 我国专利间接侵权默示许可抗辩的适用条件

6.4.2.1 从被控侵权人方面证明默示许可成立的条件

在专利间接侵权案件中，尽管被控侵权人生产并销售的产品部件属于专利间接侵权制度的保护对象，但是若被控侵权人依据相关证据能够证明其从专利权人处获得了生产或销售相关专利部件的默示许可，专利权人就不得禁止被控侵权人销售相关产品部件。而这类默示许可的认定依据为禁止反言原则，具体的判断主要依赖于对专利权人和被控侵权人行为的具体分析，而且应当由提出默示许可抗辩的被控侵权人承担证明默示许可成立的举证责任，同时应当满足以下条件：

首先，专利权人的行为（这里的行为包括明确的声明、行为、不作为或者在有义务明确说明时的沉默等）使被控侵权人合理地认为专利权人允许其制造并销售相关产品部件，或者专利权人明知被控侵权人生产并制造相关产品部件而没有表示反对；其次，被控侵权人基于对专利权人以上行为的信赖而从事相关产品部件的生产和销售；其三，如果支持专利权人的诉求对被控侵权人明显不公平，或者专利权人已经基于这种默许从被控侵权人的行为里获得了相应补偿。

6.4.2.2　从第三方购买者方面证明默示许可成立的条件

我国专利法司法解释（二）第 21 条要求，专利间接侵权的成立必须以直接侵权的存在为前提，因而，只要被控侵权人能够证明第三方购买者从专利权人处获得了实施专利发明的默示许可，即可以不存在直接侵权为由否定间接侵权的成立。不过被控侵权人欲从第三方购买者方面证明默示许可抗辩的成立，必须满足以下几个条件：

首先，第三方购买者购买的产品部件除了组合实施专利发明外不存在其他实质性用途。这一点与构成专利间接侵权的客体要件要求基本一致，即该产品部件系专门用于实施专利发明，除此之外不具有其他经济性或者实用性的用途。

其次，第三方购买者实施专利发明所需的重要部件均来自专利权人或其授权处。其中，所谓重要部件系要求该部件是实施专利发明所必不可少的，且其作用仅在于组合实施专利发明，或者说这些部件在专利间接侵权制度的保护范围内。而且这一条件的成立前提为这些部件均能够从专利权人或其授权处购得。

最后，专利权人在销售这些产品部件时没有做出明确的限制。所谓的限制必须是专利权人在销售这些产品部件之前或者销售之时做出的。

6.5　本章小结

专利间接侵权制度的本质在于对专利权人权利的合理扩张，旨在保护专利权人基于专利权的应得利益，而专利权人垄断利益的扩张不可避免地影响到专利实施人、社会公众的利益，因而专利间接侵权制度涉及的问题相对复杂。那么，在专利间接侵权制度下适用默示许可原则进行专利间接侵权抗辩时，必须十分注意专利默示许可原则与专利间接侵权制度之间的合理衔接，明晰各个原则的内涵，契合专利间接侵权制度的设立目的。加之每个国家专利间接侵权制度的保护范围并不尽相同，且各个国家对于专利间接侵权涉及的各种问题的解决会基于价值取向的差异而做出不同的选择，所以，在明确专利默示许可原则在专利间接侵权抗辩中的适用条件时，需要在明晰各个国家专利间接侵权制度设立目的基础上进行综合考量。

第 7 章　我国专利默示许可法律制度的构建

7.1　我国建立专利默示许可制度的必要性

7.1.1　专利默示许可制度具有独立的制度价值

专利默示许可制度作为专利法上的一项独立制度，前文已述，与权利穷竭、强制许可、当然许可乃至其他知识产权默示许可相比，具有自身的特点和制度功能，因而不能为这些原则或规则所替代。同时专利默示许可原则能够在平衡许可当事人利益关系的基础上有效规制交易中存在的机会主义行为。而且在特定情形下，专利默示许可能够有效地减少交易成本，并能在不减损专利权人利益的基础上，实现社会总体效用的最大化。除此之外，专利默示许可之所以能够发展成为一种独立的专利许可原则，归根结底在于其相对于专利明示许可的独立制度价值——专利默示许可制度特殊的许可推定机制，既能通过对专利实施人合理信赖的保护实现专利的合理公正实施，又能在一定程度上促进专利实施和运用的高效进行，并进而实现相关利益间的平衡。

7.1.1.1 通过对合理信赖的保护实现专利的合理公正实施

专利实施许可是指专利权人允许他人在一定范围内以制造、使用、许诺销售、销售、进口等方式（或其中一种方式）运用专利技术，同时被许可方按约定支付许可使用费给专利权人的法律关系。专利实施许可不仅是专利权运用的主要方式之一，更是专利制度得以正常运行不可或缺的重要内容。❶ 订立书面的专利实施许可合同，也即通过明示的方式进行专利实施许可是通常情况下进行专利实施许可的主要形式，这一形式的专利实施许可是专利实施双方意思自治的体现，能够充分体现专利实施许可双方的愿望与需求。但是，在实践中，一方面，由于专利实施许可双方当事人相关经验及知识的欠缺或者信息的不对称等因素，仅仅订立书面的专利实施许可合同，合同的完备性与公平性难以完全满足，专利实施许可合同的目的也难以全面实现。另一方面，现代社会的飞速发展要求人们之间对于一些交易以更为快速、便捷的方式做出意思表示，而每一次意思表示均严格按照法律的要求以明确而正式的方式做出既不符合效率的要求也是不现实的。❷ 而专利默示许可，是在尊重专利实施许可合同当事人意思自治的前提下，为了保护当事人的合理信赖进而保证合同履行的合理公正，而推定专利实施许可当事人之间成立的专利实施许可法律关系。因而能够在尊重和保护专利实施许可合同双方当事人意思自治的前提下，通过将习惯上的合理性、事实上的必要性及法律上的强制性融入专利实施许可合同的推断过程中，确保专利实施许可合同中的权利义务关系更加符合公平与诚信的要求，进而达到利益平衡之目的。同时，由于专利默示许可的适用并不排斥当事人之间的合意，其前提是不与明示的合同条款相抵触，专利实施许可双方能够用明示的限制性

---

❶ 马碧玉.专利实施许可制度比较考察 [J].云南大学学报（法学版），2015（4）：13-18.

❷ 黄佳.默示意思表示解释理论研究 [D].长春：吉林大学，2012：1.

条款来排除其适用,因而能够充分尊重当事人的意思自治,在公平诚信的基础上,确保专利实施许可合同的成立并得到合理公正地履行。此外,专利默示许可也能够为专利实施许可双方当事人未能通过达成书面的专利实施许可合同,而是采用更加简便、习惯的或者约定成俗的方式达成的专利实施许可得到充分的制度保障。

与此同时,不同于一般的私权,专利权具有垄断性,且作为专利权客体的专利技术具有无形性和对实体物的依附性,对专利权的保护必然延及专利权的有形载体,即专利产品或者用以实施专利权的产品,因此,专利法赋予专利权人基于专利权对附着专利权的有形载体的控制权。这意味着,基于专利权保护的需要,专利权人可以对专利产品或者用以实施专利权的产品的销售和使用进行一定的控制。但是,专利产品或者用以实施专利权的产品区别于一般产品的关键在于购买这些产品的人的主要目的并不在于将这些产品当作一般物品使用,而是使用这些产品实施专利发明。而对于专利权人来讲,专利实施权系专利权的主要内容之一,未经专利权人许可实施,任何人不得实施专利发明,且这里的实施除了制造、销售、进口等方式外,最重要的一种方式就是使用,即以专利产品或者用以实施专利权的产品为载体对专利发明的实施。那么在这一前提下,一旦专利的实施仅限定为明示的许可,即意味着,专利产品或者用以实施专利权的产品的购买者若要利用这些物品实施专利发明,必须获得专利权人明示的许可。而这不仅会阻碍专利产品或者相关产品购买者就这些产品所享有的物权权益的实现,还会导致专利权人垄断权的无限扩张,进而侵蚀以专利产品或相关产品消费者为主的社会公共利益,并进而减损专利发明的社会价值。对于这一问题,尽管各国专利法都在一定程度上明确了权利穷竭原则,但是,在我国，依据《专利法》第 69 条第 1 项 ❶ 的规定，在我国权利穷竭原则只能使涉及合法售出的产品本身的专利权被穷竭，也即权利穷竭原则在适用范围上仅限于基于专利产品或者依照专利方法直接获得的产品销售引发的纠纷中，并不能使与合法销售的产品相关联的其他专利权也被穷竭。而实践中由上述问题引发的纠纷不仅仅限于涉及专利产品销售的情形，其至少还存在几种典型情况：

其一，专利权人仅仅获得了一项方法专利权，该专利方法的实施需要采用一种专用设备，但是该专用设备本身并没有获得专利保护。在专利权人或者其被许可人售出这种专用设备的前提下，购买者利用从利权人或者其被许可人处购买的专用设备来实施方法专利权利要求保护的专利方法，是否还需要另行获得专利权人的许可？

其二，专利权人获得了一项产品专利权，该专利权人或者其被许可人销售专门用于组装该专利产品的部件，购买者用其从利权人或者其被许可人处购买的专用部件来组装该专利产品，是否还需要获得专利权人的许可？

其三，一项发明专利包括两项独立权利要求，其中一项独立权利要求保护的是一种专利方法，另一项独立权利要求保护的是一种用于实施该专利方法的专用设备。那么，在专利权人或者其被许可人售出这种专用设备的前提下，购买者用它来实施方法独立权利要求所保护的专利方法，是否还需要另行获得该专利权人的许可？ ❷

在实践中，这些情形十分常见，而对这些问题采取怎样的态度，不仅关系到专利的合理实施，还关系到专利制度能否以适当、合理的方式运作。而以保

---

❶《专利法》第 69 条规定："有下列情形之一的，不视为侵犯专利权：（一）专利产品或者依照专利方法直接获得的产品，由专利权人或者经其许可的单位、个人售出后，使用、许诺销售、销售、进口该产品的；……。"

❷ 尹新天 . 专利权的保护 [M]. 2 版 . 北京：知识产权出版社，2005：66.

护合理信赖为宗旨的专利默示许可制度能够为这一问题的解决提供制度上的出路。如前文所述，依据专利默示许可原则，一件产品如果除了用于实施专利方法或者组成专利产品外没有其他的实质性用途，那么，除非专利权人或者其被许可人在销售相关专用设备时以明示形式提出限制性条件，否则从专利权人或者其被许可人处购买该产品的购买者有理由相信其能够利用这些产品实施专利方法或者组成专利产品，为了保护这些产品购买者的合理信赖，应当推定其获得了利用该产品实施专利方法或者组成专利产品的默示许可，而无须另行得到专利权人的许可。

如此，在这些情形下，对于除了用于实施专利方法或者组成专利产品外没有其他实质性用途的产品，只要专利权人在销售时没有做出明确的限制，从专利权人或者其被许可人处购买相关产品的购买者即可依据默示许可的存在利用这些产品实施专利发明。

正因如此，在专利法实践中相对成熟的美国、英国、德国、日本等国家均利用专利默示许可原则来解决上文所述的问题。而在我国无论是立法上还是实践中，也开始尝试着利用专利默示许可原则来解决这些问题。例如，在国家知识产权局的提议下，2008 年《专利法》修改专门将原第 12 条中的"书面"二字删除，即在为必要情况下认定实施专利的默示许可扫除障碍，对完善我国的专利默示许可制度具有重要意义。此外，国家知识产权局在 2016 年 5 月 11 日印发的《专利侵权行为认定指南（试行）》中明确将"基于产品销售产生的默示许可"列为不作为侵犯专利权的情形之一，且所谓的"产品"不限于专利产品，还包含实施专利发明的零部件及专用设备。而最高人民法院在关于江苏省微生物研究所有限责任公司与福州海王福药制药有限公司、辽宁省知识产权局、辽宁民生中一药业有限公司、常州方圆制药有限公司专利侵权纠纷处理决定再审案的裁定书中亦指出："如果某种物品的唯一合理的商业用途就是用于实施某项专利，专利权人或者经专利权人许可的第三人将该物品销售给他人的行为本身就意味着默示许可购买人实施该项专利。"

7.1.1.2 促进专利实施和运用的高效进行

首先，专利制度的宗旨在于"保护专利权人的合法权益，鼓励发明创造，推动发明创造的应用，提高创新能力，促进科学技术进步和经济社会发展"❶，其中，"保护专利权人的合法权益，鼓励发明创造"是手段，"推动发明创造的应用"为桥梁，"提高创新能力，促进科学技术进步和经济社会发展"则为目的。换句话来讲，就专利制度的目的——促进科学技术进步和经济社会发展的实现而言，仅有发明创造的存在是不够的，必须将发明创造予以实施和运用才能够得以实现。正因如此，前文已述，相对于著作权和商标权等其他知识产权，专利权的保护要有利于其客体也就是发明创造的推广利用。所以，专利默示许可在功能上区别于版权默示许可和商标权默示许可的最大不同在于专利默示许可对专利实施和运用的促进。具体而言，专利默示许可的适用，无论基于产品销售、合同关系还是其他的交往关系，对于专利权人和专利技术使用人而言，都是出于对专利技术的有效利用，都是为了最大限度地发挥专利技术的社会价值。❷所以在实践中无论是涉及产品销售的情形中，还是涉及当事人行为的情形中，只要满足特定的条件，在判定是否适用专利默示许可时，基于促进专利实施的考虑，法院在充分考察案件各方当事人的合理期待的基础上，倾向于判定默示许可的成立。

其次，专利实施和运用的主要手段即为专利实施许可，尽管书面许可在实

---

❶《专利法》第1条。

❷ 杨德桥. 合同视角下的专利默示许可研究——以美中两国的司法实践为考察对象 [J]. 北方法学，2017（1）：56-70.

践中是专利实施的主要形式，但是如前文所述，也存在诸多非书面专利实施许
可的情形。专利法的立法精神在于通过保护专利权，最终达到促进专利技术更
为广泛地得到应用，如果在非书面专利实施许可合同的情况下，认定该专利实
施许可合同无效，那么被许可人将会处于侵犯专利权的境地，如此一来，势必
会打击被许可人实施专利的积极性，这样将不利于专利技术的推广和实施。❶
而允许非书面形式的专利实施许可合同无疑可以破除法律形式主义下的严格解
释制度所造成的对合同生效与履行的束缚——在专利实施许可合同的订立阶段，
如采用明示合同文本，暂且不考虑当事人的有限理性，若当事人将所涉事项全
部纳入，不仅合同内容拖沓冗长，而且将导致合同订立成本的极大增加，❷ 而专
利默示许可根据权利人的行为或交易背景，基于诚实信用而推定默示许可的存
在，能够简化交易程序，节约合同订立成本，从而提高专利许可交易的效率，
促进专利的实施和运用。

此外，通过法律明确特定情形下存在的专利默示许可，亦能够促进先进技
术的推广利用。而这主要表现在涉及技术标准的情形中。具体而言，在当今社
会"技术专利化、专利标准化"已成为时代潮流，技术标准的强制实施性可以
为专利权人带来垄断利益，因此专利权人通过各种方式想方设法将其专利纳入
技术标准以获取高额利润，导致许多行业标准中已经无法避开专利技术，而在
标准必要专利的实施过程中也会出现越来越多专利权人与实施者之间的矛盾。❸

---

❶ 闫小刚 . 关于专利实施许可合同形式的两个问题 [C] // 中华全国专利代理人协会 . 实施国家知识产权
战略，促进专利代理行业发展——2010 年中华全国专利代理人协会年会暨首届知识产权论坛论文
集 . 北京：知识产权出版社，2010：604-606.

❷ 郭威 . 版权默示许可制度研究 [M]. 北京：中国法制出版社，2014：49.

❸ 李丹 . 标准必要专利默示许可制度的探析——以《专利法》第四次修改为视角 [C] // 中国知识产权法
学研究会 . 中国知识产权法学研究会 2015 年年会论文集 . 北京：中国人民大学知识产权学院，2015：
104-109.

如何有效地解决这一矛盾，不仅关系到专利权人利益的实现，更关系到相关技术标准的顺利实施。此时，如果将标准必要专利的实施许可交由市场中的相关主体通过意思自治的方式自主进行，标准专利权人与标准实施者之间地位的不平等，乃至信息的不对称，必然增加标准必要专利实施许可的谈判成本，甚至阻碍谈判的达成。但无论是技术标准本身还是专利技术，其最重要的价值是实施和运用，在专利标准化下，如果技术标准不能被顺利实施，专利技术利用标准进行推广利用的价值也将无法实现。而标准必要专利的默示许可作为促进标准及其相关专利技术实施和运用的措施之一，通过明确专利权人违反标准组织披露义务的默示许可责任或者通过将专利权人做出的 FRAND 承诺解释为默示许可，能够妥善处理标准与专利之间的关系，防止专利权人权利的滥用使得涉及专利技术的标准得以正常、合理、高效运行和实施，促进先进专利技术的推广应用，并推动相关产业发展，同时确保专利权人相关利益的实现，因而对维护专利权人、标准实施者和消费者各方利益具有重要意义。❶ 正因如此，不仅在相关的实践中，对于被控侵权人提出的专利默示许可抗辩，只要符合情形，法院一般予以认可，而且在我国明确加快标准化工作进程、推动技术标准的加快供给、完善标准化协调推进机制之际❷，《专利法》第四次修改亦明确提出了标准必要专利的默示许可。

7.1.1.3 实现专利法上的利益平衡

纵观专利法的发展史，利益平衡始终是其发展的主旋律。专利法一方面赋

---

❶ 李文江.我国专利默示许可制度探析——兼论《专利法修订草案（送审稿）》第 85 条 [J]. 知识产权，2015（12）：78-82.

❷ 国务院关于印发深化标准化工作改革方案的通知 [EB/OL].（2015-03-26）[2017-01-16]. http：//www.gov.cn/zhengce/content/2015/03/26/content_9557.htm.

予专利权人以垄断权，并为其提供了充分的保护，另一方面，专利法的目的在于促进经济和社会的进步，因此必须通过制度的设计保证专利技术的顺利实施和广泛运用。而专利权的保护和专利的广泛运用之间存在着天然的矛盾，专利法必须通过制度的安排通过利益平衡来实现相关矛盾的化解。专利默示许可不仅是与专利明示许可并列的专利许可方式，从深层次上来说，专利默示许可能够在一定程度上维系专利法领域内的利益平衡，使专利权人与其他利益相关者之间构成互相牵制的格局，在充分保护专利权的同时，又防止专利权对于权利范围之外领域的蚕食。❶ 因此可以称之为实现专利法上利益平衡的一种制度建构，而这也是专利默示许可作为制度性存在的根本价值所在。

具体而言，一方面，专利的默示许可适用于专利权的许可人没有明确授权的情形之下，这种不明确的授权状态将许可行为置于效力不明确的状态，无论是对许可人还是对被许可人而言，这种悬而未决的状态都会给其利益带来损害或者损害之虞，此时通过一定的手段对双方当事人之间的行为效力加以认定就十分必要，无论是通过意思表示的解释，还是通过信赖利益的保护来认定默示许可，均是从公平的立场对双方当事人利益进行调整和分配的利益平衡。❷

另一方面，在专利法的诸多领域都存在着利益失衡的风险，而在相关领域对专利默示许可的引入，无疑有助于实现相关利益主体之间的利益平衡。例如，在涉及标准的专利的实施中，如前文所述，由于专利权的垄断特性与标准的准公共性之间的内在冲突，有关标准必要专利问题的解决是否有效、合理直接关系到这一内在冲突的解决，而在标准必要专利问题的解决中建立相应的专利默示许可制度，既有助于涉及专利标准的顺利实施，又能够保障专利权人合理利益的实现，因而有利于实现相关利益间的平衡。而在涉及专利产品及与专利实

---

❶ 张耕，陈瑜.美国专利默示许可与间接侵权：冲突中的平衡 [J]. 政法论丛，2016（5）：69-76.

❷ 王国柱.知识产权默示许可制度研究 [D].长春：吉林大学，2013：52.

施有关的产品销售的实践中，由于赋予专利权人权利的初衷在于使其获得由专利发明产生之收益，为了确保这一目的实现，必须保障专利发明的使用具有排他性。但专利权人将相关产品售出后，买受人取得产品的所有权，所有权与专利权同为对世权，具有强大的排他效力，所有权人理所当然对自己所有之物拥有使用、处分的权利，如果这一权利随时被专利权人所控制，则所有权将面临不确定、不安全的处境。因此，必须在专利权人和所有权人之间进行利益平衡。❶而通过专利默示许可及以专利默示许可为理论基础的权利穷竭对专利权进行适当的限制，能够有效地实现相关利益间的平衡。

7.1.2　司法实践对专利默示许可适用的需要

与专利默示许可的适用相对成熟的美国、英国等国相比，以专利默示许可为由进行专利侵权抗辩的案件，自进入二十一世纪以来，才在我国的专利司法实践中初露端倪。作为应对，我国司法机关也开始尝试着在相关案件中对专利默示许可等进行解释。而近年来，随着相关司法实践的发展，正如最高人民法院在《最高人民法院知识产权案件年度报告（2014 年）》❷中所指出的，有关专利默示许可的案件在我国司法实践中日益增多，并被不断地适用于不同类型的专利侵权案件中——目前，在我国适用专利默示许可进行专利侵权抗辩的案件主要有三种：因实施技术标准或技术推广项目中纳入的专利而涉及专利默示许

---

❶ 陈瑜. 专利默示许可与权利穷竭的比较分析以社会政策背景为视角 [J]. 西南政法大学学报，2016（2）：92-99.

❷《最高人民法院知识产权案件年度报告（2014 年）》指出："在专利民事案件中，专利与标准结合、默示许可的认定等新类型法律问题开始出现。"

可的案件、❶因销售专利产品的专用零部件或用于实施专利方法的专用设备、原材料、半成品而涉及专利默示许可的案件❷及因其他合同关系而涉及专利默示许可的案件。❸而长期以来，我国专利立法和相关司法一直致力于专利权的确认、登记、保护等方面，在规制专利权的正当行使，给予专利相对人合理抗辩的制度性规定明显不足，给专利审判实践带来了极大困惑。❹尤其是随着涉及专利默示许可的案件的不断增多，案件类型多样，我国《专利法》仅规定了专利权穷竭原则，而如上文所述这一原则只能适用于涉及销售专利产品和依照专利方法直接获得的产品的案件中，对于合法购得专利产品零部件后的制造、销售、使用行为，合法购得涉及方法专利的专用设备后的实施专利行为，基于原实施许可行为的后续使用行为，基于技术标准或者技术推广的实施专利行为，基于平行进口对专利产品的销售、使用行为及基于其他合同关系实施专利权的行为，是否侵犯他人专利权，缺少明确的法律依据。

尽管在司法实践中，对于一些常见情形，最高人民法院通过复函或者审判

---

❶ 例如，2007 年的河南省天工药业有限公司与广西南宁邕江药业有限公司侵犯发明专利权纠纷上诉案、季某、刘某与朝阳市兴诺建筑工程有限公司专利侵权纠纷案；2009 年江苏法院知识产权司法保护经典案例江苏优凝舒布洛克建材有限公司诉江苏河海科技工程集团有限公司、江苏神禹建设有限公司、扬州市勘测设计研究院有限公司侵犯专利权纠纷案；2012 年的张某廷诉衡水子牙河建筑工程有限公司侵害发明专利权纠纷再审案；2013 年的吉林市亿辰工贸有限公司与范俊杰侵犯专利权纠纷案，案例号：（2013）民提字第 223 号；2016 年的衡水铭健工程橡胶有限公司与徐斌等侵害发明专利权纠纷上诉案等。

❷ 如 2011 年的最高人民法院经典案例江苏省微生物研究所有限责任公司与福州海王福药制药有限公司、辽宁省知识产权局、辽宁民生中一药业有限公司、常州方圆制药有限公司专利侵权纠纷处理决定再审案。

❸ 如 2001 年的武汉晶源环境工程有限公司与日本富士化水工业株式会社、华阳电业有限公司侵犯发明专利纠纷案；2012 年的湘潭市科达丽实业有限公司与杭州贝科玻璃钢制品有限公司知识产权纠纷案；2016 年的成都中照照明科技有限公司诉四川省正伟照明有限公司侵害外观设计专利权纠纷案，案例号：（2016）川 01 民初 217 号等。

❹ 房鹏.论建立我国专利诉讼的默示许可制度 [J].山东审判，2010（6）：68-71.

意见的方式给予了相应的回应。例如，针对季某、刘某与朝阳市兴诺建筑工程有限公司专利侵权纠纷一案，最高人民法院在《最高人民法院关于朝阳兴诺公司按照建设部颁发的行业标准复合载体夯扩桩设计规程设计、施工而实施标准中专利的行为是否构成侵犯专利权问题的函》（民三他字第 4 号）中做出的回应。在关于江苏省微生物研究所有限责任公司与福州海王福药制药有限公司、辽宁省知识产权局、辽宁民生中一药业有限公司、常州方圆制药有限公司专利侵权纠纷处理决定再审案中，最高人民法院亦明确指出："专利法（2000 修正）第十二条的规定并非效力性强制性规定，未订立书面实施许可合同并不意味着必然不存在专利实施许可合同关系。因此，专利实施许可并不只有书面许可一种方式，默示许可亦是专利实施许可的方式之一。例如，如果某种物品的唯一合理的商业用途就是用于实施某项专利，专利权人或者经专利权人许可的第三人将该物品销售给他人的行为本身就意味着默示许可购买人实施该项专利。"而且这些回应被诸多审理相关案件的法院所认可。❶ 但是，正如前文所论述的，这些复函或者意见主要是最高人民法院针对个案做出的回应，不具有普适性，而且，随着实践的不断发展及相关法律体系的完善，具体案件所依赖的背景并不相同，最高人民法院针对个案的具体意见对于处于不同背景中的案件并不一定适用。例如，在 2013 年的华为公司诉美国 IDC 公司标准必要专利使用费纠纷案中，法院认为，在 2008 年最高人民法院《关于朝阳兴诺公司按照建设部颁发的行业标准设计、施工而实施标准中专利的行为是否构成侵犯专利权问题的函》中，"最高人民法院对许可费率的态度是明确要求按照一个较低标准加以酌定。这完全是由于专利被纳入标准后，借确立的标准已经取得了广泛的具有垄断性

---

❶ 例如，张某廷诉衡水子牙河建筑工程有限公司侵害发明专利权纠纷案；北京英特莱摩根热陶瓷纺织有限公司诉北京金钢防火门业有限公司等侵害发明专利权纠纷案，案例号：（2012）成民初字第 10 号；衡水铭健工程橡胶有限公司与徐斌等侵害发明专利权纠纷上诉案等。

市场地位所决定的。针对纳入标准的基本专利按照 FRAND 原则确定许可条件（费率）是国际惯例，这属于知识产权的国际交易习惯，本案应该依照这一原则来确定许可费率。"在 2016 年的衡水铭健工程橡胶有限公司与徐斌等侵害发明专利权纠纷上诉案中，法院则指出："铭健公司援引的最高法院函中的意见是在考虑标准制定机关没有建立有关标准中专利信息的公开披露及使用制度的情况下做出的，而本案中，标准'单元式多向变位梳形板桥梁伸缩装置'在引言部分披露了标准涉及的专利及权利人的情况，标准的实施人不可能不知道该标准与涉案专利相关，同时，引言部分的内容还称专利权人愿意同任何申请人在合理和非歧视的条款和条件下，就使用授权许可证进行谈判，由此可以表明专利权人并未放弃对授权许可进行审查，不应直接推定为对所有使用人是默示许可，铭健公司作为本行业的专业公司，对于该标准特别是引言部分的内容应当是知悉的，但铭健公司并未就使用许可与涉案专利的权利人进行过谈判，其未经许可生产被控侵权产品的行为应属侵权行为。"此外，在司法实践中，默示许可规则可以基于专利权人或其被许可人的销售行为产生，也可能基于专利权人的违约行为产生，既可以在专利直接侵权诉讼中主张，也可以在专利间接侵权诉讼中主张，不仅适用于产品专利，同样也适用于涉及方法的专利或非专利组件的情形等等。❶ 最高人民法院不可能接触到每一种类型的专利默示许可案件并针对该类案件给予具体的明确意见，更何况如上文所述，最高人民法院针对具体案件给予的意见并不一定具有普适性。

而实践中由于缺乏明确的法律指引，面对具体案件中被控侵权人提出的专利默示许可抗辩，不同类型案件乃至各地的审判标准并不统一。首先，在因其他合同关系而涉及专利默示许可的案件中，对于被控侵权人提出的专利默示许

---

❶ 房鹏 . 论建立我国专利诉讼的默示许可制度 [J]. 山东审判，2010（6）：68-71.

可抗辩，通常情况下，法院缺少深入的分析判断，因而未能根据专利默示许可的内在构成来判断默示许可原则在该类案件中的适用与否。例如，在武汉晶源环境工程有限公司与日本富士化水工业株式会社、华阳电业有限公司侵犯发明专利纠纷案中，华阳公司与晶源公司签订的《漳州后石电厂烟气脱硫工程可行性研究报告委托合同书》中明确约定，由晶源公司提供拟建 FGD 工程主要技术参数及工艺流程图，且晶源公司为本项目提供的资料文件、技术可用于华阳公司本脱硫工程。在完成可行性研究报告后，晶源公司亦向华阳公司推荐了该公司现行采用的纯海水脱硫方法。在 1997 年至 1999 年（晶源公司于 1995 年 12 月 22 日提出专利申请，1999 年 9 月 25 日被授予专利权）晶源公司接受华阳公司委托评估期间，其从未向该公司告知其已申请专利权事宜，也从未提出可能涉及其专利方法或专利装置的问题。而且对于华阳公司委托富士化水设计、提供其所采用的整套烟气脱硫工艺、方法及设备、装置，晶源公司一开始就是知情的，但其并没有提出异议。同时，在晶源公司 1999 年 7 月 26 日首次提出专利权异议之前，华阳公司已经委托富士化公司提供相关方案和设备，并开始了漳州后石电厂烟气脱硫工程的建设。且在晶源公司于 1999 年 9 月正式获得专利授权前，华阳公司已于 1999 年 8 月投入使用相关装置。那么，基于上述事实，在晶源公司取得专利权后，是否有权基于其专利权要求华阳公司停止使用相关设备。也即，基于上述事实，华阳公司在该案中提出的基于技术咨询等合同关系的默示许可是否成立。对此，一审法院认为，在该可行性研究报告中，晶源公司只是提出了相关技术方案的可行性及其环境和社会效益，并认为漳州后石电厂烟气脱硫工程可使用相关的纯海水法，但其未在可行性研究中提及相关专利的完整技术方案，也没有明确许可华阳公司无偿使用相关专利技术，因此，并未采纳华阳公司的相关抗辩。但是，依据专利默示许可原则的内涵及其制度价值，基于上该案的事实，华阳公司是否具有对晶源公司的信赖利益及相关的信赖利益是否值得法律保护依旧值得探讨。而在湘潭市科达丽实业有限公司与杭州贝科玻璃钢制品有限公司知识产权纠纷案中，科达丽公司于 2010 年 4 月 21 日获得相关专利授权，而其在即将获得专利授权之前也即同年 4 月 6 日，与贝科公司签订购销合同，约定科达丽公司向贝科公司购买 7 种规格型号的表箱 595 套，合计金额 101225 元，并于 2011 年 4 月 28 日贝科公司发货后以贝科公司生产的这些表箱侵害其发明专利权为由，向法院提起诉讼。为此，贝科公司提出了专利默示许可抗辩，但由于缺少如订单等证明被控侵权产品系科达丽公司委托其生产的证据，没有得到法院的支持。尽管该案最终以被控侵权产品没有完全落入专利权的保护范围为由判决贝科公司的行为不构成专利侵权，但是，在该案中，法院对于贝科公司的专利默示许可抗辩，并没有对相关当事人的行为进行分析，仅以"双方当事人签订的合同名称为《购销合同》，而非《委托加工合同》"为由否认了专利默示许可的存在，而法院对于专利默示许可的这一认定逻辑是否合理，亦不无疑问。

其次，在因实施技术标准或技术推广项目中纳入的专利而涉及专利默示许可的案件，不同时期乃至同一时期各地法院的态度并不一致。例如，在河南省天工药业有限公司与广西南宁邕江药业有限公司侵犯发明专利权纠纷上诉案中，由于"复方赖氨酸颗粒"国家药品标准采用的是邕江药业公司所提供的专利技术或标准，作为生产相关药品的企业，河南天工公司为了保留生产自己复方赖氨酸冲剂这个药品品种，必须严格执行相关国家标准，因而使用了邕江药业公司的相关专利。面对邕江药业公司的专利侵权指控，河南天工公司提出了专利默示许可抗辩，即"河南天工公司使用邕江药业公司的专利是执行国家药品标准的合法行为，不构成专利侵权。邕江药业公司自愿、主动将专利提供给国家，使专利配方成为国家标准向社会公布，视为允许他人使用其专利。邕江药业公司将专利配方自愿提供给国家，且一开始就知道河南天工公司是专利使用者，在相当长的合理时间内不向河南天工公司主张其专利权，应当视为默许河南天工公司无偿使用。"对此，法院认为，一方面，"邕江药业公司在申请发明专利并将专利技术转化成国家药品标准过程中，已将其专利技术公开公布，但邕江药业公司公开专利技术的行为并不意味着专利技术进入公有领域，允许他人可以未经许可自由使用，所以邕江药业公司的发明专利技术转化成国家药品标准后，他人按照国家药品标准生产药品，属于实施专利技术的行为，仍应取得专利权人的许可。"另一方面，"在民事法律行为中，默许的意思表示必须有法律明确规定才能确定，不能任意推定，邕江药业公司的行为在法律上没有规定为默许，双方也没有合同的约定，因此，不能视为邕江药业公司默许河南天工公司使用其专利。"但是，在专利技术纳入技术标准已经成为一种趋势，标准实施人将不可避免地是使用他人专利的情况下，对于该类案件中是否适用专利默示许可、专利默示许可的适用标准及专利默示许可的内容，法院并没有做出过多阐述。而在同年的季某、刘某与朝阳市兴诺建筑工程有限公司专利侵权纠纷案中，针对涉及标准的专利的实施，最高人民法院通过复函❶的形式明确表示："专利权人参与了标准的制定或者经其同意，将专利纳入国家、行业或者地方标准的，视为专利权人许可他人在实施标准的同时实施该专利，他人的有关实施行为不属于专利法第十一条所规定的侵犯专利权的行为。"并明确：除非专利权人承诺放弃其专利权，"利权人可以要求实施人支付一定的使用费，但支付的数额应明显低于正常的许可使用费。"在张某廷诉衡水子牙河建筑工程有限公司侵害发明专利权纠纷再审案中，最高人民法院明确（2008）民三他字第4号复函仅针对个案，不能作为其他案件裁判的直接依据。并明确不能从专利权人将专利技术纳入标准中的行为中推出专利实施者获得免费实施相关专利技术的许可。标准

---

❶《最高人民法院关于朝阳兴诺公司按照建设部颁发的行业标准复合载体夯扩桩设计规程设计、施工而实施标准中专利的行为是否构成侵犯专利权问题的函》（[2008]民三他字第4号）。

实施者如果要实施相关标准，应当取得专利权人的许可，根据公平合理无歧视的原则，支付许可费。在 2016 年的衡水铭健工程橡胶有限公司与徐斌等侵害发明专利权纠纷上诉案中，陕西省高级人民法院亦否定了直接从专利权人在标准制定过程中披露专利信息并做出许可承诺的行为中推定专利默示许可的效力。而认为："在专利权人愿意同任何申请人在合理和非歧视的条款和条件下，就使用授权许可证进行谈判的前提下，专利权人并未放弃对授权许可进行审查，不应直接推定为对所有使用人是默示许可。"那么，在我国有关标准专利实施的政策❶日渐明确的背景下，鉴于前文所述默示许可规制标准必要专利的积极意义，面对实践中不断涌现的相关纠纷，亟须明确专利默示许可在相关案件中的适用。

此外，尽管在实践中因销售专利产品的专用零部件或用于实施专利方法的专用设备、原材料、半成品而涉及专利默示许可的案件还相对较少，但是，随着经济技术的不断发展，相关的纠纷将会越来越多，而专利默示许可在该类案件中的适用也将不断面临挑战。尽管在江苏省微生物研究所有限责任公司与福州海王福药制药有限公司、辽宁省知识产权局、辽宁民生中一药业有限公司、常州方圆制药有限公司专利侵权纠纷处理决定再审案中，最高人民法院指出："如果某种物品的唯一合理的商业用途就是用于实施某项专利，专利权人或者经专利权人许可的第三人将该物品销售给他人的行为本身就意味着默示许可购买人实施该项专利。"但是，如前文所述，在我国建立专利间接侵权制度指日可待，一旦我国专利法将专利权的保护范围扩张至专利产品或者实施专利方法的专用设备的主要部件，最高人民法院在该案中的态度即会表现出极大的局限性。

所以，面临实践中日益增多的涉及专利默示许可的纠纷及专利默示许可在适用中存在的问题，迫切需要我国相关机关在厘清专利默示许可适用标准的基

---

❶ 随着《国家标准涉及专利的管理规定（暂行）》的出台，我国有关标准专利的政策体系已经越来越完善完善。

础上建立有关专利默示许可的规则体系，以为相关的专利法实践提供明确的规则指引。

7.2 我国建立专利默示许可制度的可行性

7.2.1 我国建立专利默示许可制度的法律基础

7.2.1.1 我国在立法上认可默示的意思表示及默示形式合同的效力

首先，专利默示许可在本质上是一种默示的意思表示，因而受到民法的调整。我国《民法通则》第 56 条明确规定民事法律行为可以采取书面形式以外的其他形式。《最高人民法院关于贯彻执行〈中华人民共和国民法通则〉若干问题的意见》第 66 条规定了不作为的默示只有在法律有规定或者当事人双方有约定的情况下，才可以视为意思表示。所以，民法上的意思表示及包括以明示的方式做出的意思表示，也包括以默示的方式做出的意思表示，而且默示的意思表示又可以分为作为的默示构成的意思表示和不作为的默示构成的意思表示两种。因此，在我国，作为基本法的民法并不排斥默示意思表示的存在及其效力。

其次，专利默示许可，就其形式而言，即默示形式的专利实施许可合同，因而属于默示合同的一种，所以其在一定程度上亦受《合同法》的调整。我国《合同法》第 10 条明确规定："当事人订立合同，有书面形式、口头形式和其他形式。……"同时，最高人民法院《关于适用〈中华人民共和国合同法〉若干问题的解释（二）》第 2 条亦明确规定："当事人未以书面形式或者口头形式订立合同，但从双方从事的民事行为能够推定双方有订立合同意愿的，人民法院

可以认定是以合同法第十条第一款中的'其他形式'订立的合同。但法律另有
规定的除外。"所以，我国《合同法》亦认可默示形式的合同及其效力。

7.2.1.2　我国有关默示意思表示及默示许可规定的立法经验

首先，由于在我国，根据《最高人民法院关于贯彻执行〈中华人民共和国
民法通则〉若干问题的意见》第 66 条，不作为的默示，也即在特定情形下的沉默，
只有在法律有规定或者当事人双方有约定的情况下，才可以视为意思表示。所以，
在我国有关民事立法上，出现了许多特定情形下沉默构成相应意思表示的法律
规定。例如，在《民法通则》中，第 66 条❶ 将"本人知道他人以本人名义实施
民事行为而不作否认表示"中的沉默推定为本人"同意"他人以本人名义实施
民事行为。在《最高人民法院关于贯彻执行〈中华人民共和国民法通则〉若干
问题的意见》中，第 177 条❷ 将"继承开始后，继承人未明确表示放弃继承"中
的沉默推定为继承人接受继承。在《合同法》中，第 47 条明确"限制民事行为
能力人订立的合同，经法定代理人追认后，该合同有效，……相对人可以催告
法定代理人在一个月内予以追认。法定代理人未作表示的，视为拒绝追认。……"，
因此将特定情形下法定代理人的"沉默"推定为"拒绝追认"。第 48 条中亦明确，
对于"行为人没有代理权、超越代理权或者代理权终止后以被代理人名义订立
的合同，未经被代理人追认，对被代理人不发生效力，由行为人承担责任。相
对人可以催告被代理人在一个月内予以追认。被代理人未作表示的，视为拒绝

---

❶《中华人民共和国民法通则》第 66 条第一款规定："没有代理权、超越代理权或者代理权终止后的行
为，只有经过被代理人的追认，被代理人才承担民事责任。未经追认的行为，由行为人承担民事责任。
本人知道他人以本人名义实施民事行为而不作否认表示的，视为同意。"

❷《最高人民法院关于贯彻执行〈中华人民共和国民法通则〉若干问题的意见》第 177 条规定："继承的
诉讼时效按继承法的规定执行。但继承开始后，继承人未明确表示放弃继承的，视为接受继承，遗
产未分割的，即为共同共有。诉讼时效的中止、中断、延长，均适用民法通则的有关规定。"

追认。"所以亦将特定情形下被代理人的"沉默"推定为"拒绝追认"。第158条 ❶ 在明确买受人的通知义务及免除时，从特定情形下，"买受人怠于通知"的行为，推定出"标的物的数量或者质量符合约定"。第171条 ❷ 在使用买卖合同的有关规定中将试用期间届满后，"买受人对是否购买标的物未作表示"的行为，推定为买受人"购买"相关标的物。再如，最高人民法院《关于适用〈中华人民共和国担保法〉若干问题的解释》第54条第2款在"共同共有人以其共有财产设定抵押，未经其他共有人的同意"的情况下，将"其他共有人知道或者应当知道而未提出异议"的行为，推定为其他共有人"同意"该共有人以其共有财产设定抵押。最高人民法院《关于审理技术合同纠纷案件适用法律若干问题的解释》第32条、第35条第2款则将技术咨询合同和技术服务合同的"受托人发现委托人提供的资料、数据等有明显错误或者缺陷和不符合约定，未在合理期限内通知委托人"的，推定为受托人"对委托人提供的技术资料、数据等的认可"等。现有民事立法中的这些针对特定情形下沉默构成相应意思表示的法律法规，能够为相关专利默示许可立法提供丰富的立法借鉴。

其次，在我国的有关著作权法立法中，已经出现了一些有关版权默示许可的明确规定。例如，在《中华人民共和国著作权法实施条例》中，第10条明确规定，在"著作权人许可他人将其作品摄制成电影作品和以类似摄制电影的方法创作的作品"的情形下，这里的许可应包含他人对其作品的必要改动，只不

---

❶《中华人民共和国合同法》第158条规定："当事人约定检验期间的，买受人应当在检验期间内将标的物的数量或者质量不符合约定的情形通知出卖人。买受人怠于通知的，视为标的物的数量或者质量符合约定。当事人没有约定检验期间的，买受人应当在发现或者应当发现标的物的数量或者质量不符合约定的合理期间内通知出卖人。买受人在合理期间内未通知或者自标的物收到之日起2年内未通知出卖人的，视为标的物的数量或者质量符合约定，但对标的物有质量保证期的，适用质量保证期，不适用该两年的规定。"

❷《中华人民共和国合同法》第171条规定："试用买卖的买受人在试用期内可以购买标的物，也可以拒绝购买。试用期间届满，买受人对是否购买标的物未作表示的，视为购买。"

过"这种改动不得歪曲篡改原作品"。第 24 条明确，对于著作权法第 24 条 ❶ 规定的专有使用权的内容，"合同没有约定或者约定不明的"，推定"被许可人有权排除包括著作权人在内的任何人以同样的方式使用作品"。第 28 条则规定："图书出版合同中约定图书出版者享有专有出版权但没有明确其具体内容的，视为图书出版者享有在合同有效期限内和在合同约定的地域范围内以同种文字的原版、修订版出版图书的专有权利。"我国著作权法中这些有关版权默示许可的规定，能够为符合条件的专利默示许可在我国相关专利立法中的明确提供有益的参考。

7.2.1.3　我国《专利法》不排除默示形式的专利许可

专利默示许可又是一种专利许可行为，因而受到《专利法》的调整。尽管在 2008 年《专利法》修改之前，《专利法》明确将专利许可限制为书面形式 ❷，但是，2008 修改《专利法》时删除了本条中原来规定的"书面"二字，即明确规定："任何单位或者个人实施他人专利的，应当与专利权人订立实施许可合同，向专利权人支付专利使用费。……"根据该条规定，作为特别法的《专利法》不再限制专利许可合同的订立形式，也就是说，《专利法》在制度设计上并不排

---

❶《中华人民共和国著作权法》第 24 条第二款规定："许可使用合同包括下列主要内容：

　　（一）许可使用的权利种类；

　　（二）许可使用的权利是专有使用权或者非专有使用权；

　　（三）许可使用的地域范围、期间；

　　（四）付酬标准和办法；

　　（五）违约责任；

　　（六）双方认为需要约定的其他内容。"

❷《专利法》（2000）第 12 条规定："任何单位或者个人实施他人专利的，应当与专利权人订立书面实施许可合同，向专利权人支付专利使用费。被许可人无权允许合同规定以外的任何单位或者个人实施该专利。"

斥专利默示许可的形式，因此为《民法通则》及《合同法》等一般法中关于默示形式意思表示或者合同的适用提供了空间。❶

7.2.2 我国有关专利默示许可的实践经验

尽管如前文所述，我国有关专利默示许可的实践起步较晚，且在专利默示许可实践的具体运用中存在诸多问题，但是，近年来我国实践中有关专利默示许可适用的不断尝试亦为我国专利默示许可制度的确立和发展积累了宝贵的实践经验。具体而言主要表现在以下几个方面。

首先，在涉及技术标准和技术推广领域的实践中，专利默示许可原则已经从最初的不被法院认可发展到现在适用上的相对成熟。具体而言，相对于专利默示许可原则在最初涉及技术标准的河南省天工药业有限公司与广西南宁邕江药业有限公司侵犯发明专利权纠纷一案中的不被认可，在同年的季某、刘某与朝阳市兴诺建筑工程有限公司专利侵权纠纷案中，最高人民法院通过复函的形式明确了在该案中适用专利默示许可进行专利侵权抗辩的正当性。但专利默示许可原则在有关案件中的适用并没有止步于此，相反，随着实践的不断发展和丰富，专利默示许可在该类案件中的适用更加趋于合理和完善。例如，在吉林市亿辰工贸有限公司与范俊杰侵犯专利权纠纷一案中，最高人民法院明确了在技术推广类案件中，不能完全照搬专利默示许可在技术标准类案件中的适用，应当在具体分析案件当事人行为的基础上判断技术推广人的相关行为是否构成专利默示许可。而在张某廷诉衡水子牙河建筑工程有限公司侵害发明专利权纠纷系列案中，在经过历时多年及经由三级法院的审理后，最高人民法院关于专利默示许可原则在该类案中适用的结论，尽管尚存在不足之处，但亦为专利默

---

❶ 李江，王津晶，熊延峰，等.中国专利默示许可实践探究 [J].中国专利与商标，2014（4）：67-78.

示许可原则在该类案件中的合理适用提供了有益的经验借鉴。

其次，因销售专利产品的专用零部件或用于实施专利方法的专用设备、原材料、半成品而引发的专利默示许可的适用也在实践中崭露头角，并得到最高人民法院的认可。由于我国《专利法》明确的专利权穷竭的范围仅限于专利产品和依照专利方法直接获得的产品，加之《专利法》在 2008 年修改以前，明确"任何单位或者个人实施他人专利的，应当与专利权人订立书面实施许可合同"，所以实践中基于销售专利产品的专用零部件或用于实施专利方法的专用设备、原材料、半成品而引发的专利默示许可案件相对较少。不过，随着科技、经济的不断发展，实践中因为购买专利产品的专用零部件或用于实施专利方法的专用设备、原材料、半成品而引发的专利默示许可纠纷已经开始出现。江苏省微生物研究所有限责任公司与福州海王福药制药有限公司、辽宁省知识产权局、辽宁民生中一药业有限公司、常州方圆制药有限公司专利侵权纠纷系列案即为典型例证。在该案中，相关专利的权利人为微生物公司和方圆公司，民生公司和福药公司因民生公司前身辽宁民生医药发展有限公司销售的福药公司生产的硫酸依替米星氯化钠注射液落入本案专利权利要求 1 的保护范围且未取得专利权人的书面授权许可被该案专利权人于 2008 年 11 月 14 日向辽宁省知识产权局提出申请，要求对福药公司和民生公司的专利侵权行为进行处理。由于该案相关行为发生在 2008 年《专利法》修改之前，辽宁省知识产权局经审查以福药公司生产的硫酸依替米星氯化钠注射液落入本案专利权保护范围，且未经相关专利权人"书面"许可为由认定福药公司未经专利权人许可生产的硫酸依替米星氯化钠注射液侵犯了本案专利权。福药公司不服这一决定向辽宁省沈阳市中级人民法院提起行政诉讼，并在该案审理中辩称，在福药公司生产药品的过程中，专利独占许可人一直是原料的提供者，专利独占许可人山禾公司多年来销售原料给福药公司的行为表明，福药公司实施本案专利的行为得到了专利权人的许可。对于这一专利侵权抗辩，无论是辽宁省沈阳市中级人民法院于 2009 年 8 月 31 日做出的初步判决，还是福药公司不服该判决提出上诉后，辽宁省高级人民法院撤销一审判决，发回重审后该院做出再审判决均以"福药公司生产、销售的硫酸依替米星氯化钠注射液属于本案专利权利要求 1 的保护范围，且其提供的依据不能证明其已取得本案专利权人之一方圆公司的'书面'授权许可生产该专利产品"为由判决福药公司的行为构成专利侵权。福药公司不服，向辽宁省高级人民法院提起上诉后，该院经过审理后，对于福药公司是否得到了专利权人的许可这一问题提出了新的观点，即《专利法》（2000 年）第十二条关于订立书面实施许可合同的规定应理解为倡导性的规定，而非强制性的规定。实践中，支付专利使用费的方式不唯一，存在着采用销售分成等形式支付专利使用费的情形。因此，并不能仅以未订立书面实施许可合同为由即认定未得到专利权人的许可"，进而以"辽宁省知识产权局在做出被诉专利侵权纠纷处理决定过程中没有全面充分考虑福药公司提出的抗辩事由，也没有对福药公司是否构成专利侵权进行综合分析判断"为由撤销了辽宁省知识产权局做出的行政决定和沈阳市中级人民法院做出的行政判决。对此，微生物公司不服向最高人民法院申请了再审。在再审中，最高人民法院首先明确了《专利法》（2000 修正）第十二条的规定"并非效力性强制性规定，未订立书面实施许可合同并不意味着必然不存在专利实施许可合同关系。因此，专利实施许可并不只有书面许可一种方式，默示许可亦是专利实施许可的方式之一。"并进而指出"如果某种物品的唯一合理的商业用途就是用于实施某项专利，专利权人或者经专利权人许可的第三人将该物品销售给他人的行为本身就意味着默示许可购买人实施该项专利。"因此最终认定，经专利权人（民生公司）自己建立的企业（福药公司）许可的第三人（山禾）销售唯一合理的商业用途就是用于制造本案专利产品的原料药硫酸依替米星的行为本身意味着专利权人默示许可他人实施本案专利。

尽管该案一波三折，但最高人民法院在该案中对相关问题的态度对于该类纠纷中专利默示许可的认定有着积极的指导意义。

此外，在我国实践中，专利默示许可原则的适用不再局限于以上两类案件，其适用范围越来越广泛，尤其是在涉及技术咨询、产品订购合同等的专利侵权纠纷中，不断出现被控侵权人运用专利默示许可进行专利间接侵权抗辩的情形。尽管如前文所述，在目前已经发生的几起案件中，法院对于被控侵权人提出的专利默示许可抗辩并没有进行充分的积极应对，但是随着相关理论研究的丰富、立法的逐渐完善及实践的不断发展，专利默示许可在该类案件中的适用将会越来越合理，在其他类型的专利纠纷中默示许可的适用也会不断出现。

7.2.3　域外有关专利默示许可制度的成功经验

如前文所述，专利默示许可作为专利侵权的抗辩手段由来已久，尽管目前各国尚未出现有关专利默示许可的立法，但是无论是在普通法系的美国、英国还是在大陆法系的德国、日本等国家的司法实践中，专利默示许可早已发展成一项重要的衡平法原则。

专利默示许可源自于美国，在美国司法实践中，专利默示许可的适用范围极其广泛，不仅存在于涉及产品销售的纠纷中，如因专利权人销售专用于制造其专利产品的零部件引发的纠纷、专利权人销售专用于实施其专利方法的产品引发的纠纷、基于产品修理或者产品部件更换引发的纠纷等。还存在于诸多由于其他合同关系或者当事人的行为引起的纠纷中，例如，基于先前使用、原有协议、违约行为、参与技术标准的制定、雇主实施雇员发明等产生的专利默示许可。专利默示许可不仅适用于专利直接侵权案件中，还适用于专利间接侵权案件中。而且经过实践中近二百年的发展，专利默示许可在实践中的适用也愈加成熟，并基于实践中专利默示许可适用的不同情形发展出了不同类型专利默示许可的适用标准。可以说，在美国，专利默示许可已经发展成为一种典型的专利侵权抗辩原则。

在与美国同属普通法系的英国，专利默示许可在实践中的适用也由来已久，不过不同于在美国司法实践中专利默示许可适用范围的相对广泛，在英国，专利默示许可主要被用于涉及产品销售的专利侵权案件中，并进而被用于进行专利平行进口案件中专利侵权的抗辩。此外，在同属普通法系的澳大利亚、加拿大及在法律上沿用英国相关体制重判例制度的印度等国家的司法实践中，尤其是涉及产品销售的司法实践中，专利默示许可作为专利侵权的抗辩手段也被不断地适用于相关纠纷的处理中。

在大陆法系，虽然尚未出现有关专利默示许可的相关立法，但是，无论是在德国还是日本、韩国等国家的专利司法实践中，同样适用默示许可规则。就德国而言，虽然相关立法将专利权穷竭原则从默示许可规则中抽离出来，但是对于不能适用权利穷竭的相关纠纷的解决，法院倾向于采用专利默示许可原则解释当事人之间的关系。例如，1979 年德国联邦最高法院认为："如果专利权人售出的是一个没有获得专利保护的设备，而该设备只能用于实施专利权人的方法专利，即使该方法专利未被权利穷竭，但可以认为购买者获得了实施该方法专利的默示许可，不过默示许可是双方当事人之间的协议问题" ❶ 在日本有关专利侵权认定的司法实践中，专利默示许可作为专利侵权的抗辩手段，亦得到了法院的认可。尤其是在涉及专利平行进口的纠纷中，日本法院运用专利默示许可进行专利侵权抗辩的实践能够为我国实践中有关专利平行进口问题的解决提供宝贵的经验借鉴。同样，没有衡平法概念的韩国在认定专利侵权行为的规

---

❶ 董美根.论专利默示许可——以对专利产品合理期待使用为目标 [G] // 国家知识产权局条法司专利法研究（2010）.北京：知识产权出版社，2011：484-501.

定或司法实践中，也采用衡平法默示许可规则，即如果第三人提供的产品部件专用于实施专利权人的其他方法专利的，这一行为视为并不构成侵权。❶

　　尽管目前世界范围内尚无有关专利默示许可的立法，且各国有关专利默示许可的实践运用各不相同，但是各国有关专利默示许可运用的已有经验既证明了专利默示许可原则在实践中运用的正当性，也能够为我国今后有关专利默示许可的立法或者司法实践提供宝贵的经验借鉴。

7.3　专利默示许可制度在我国的立法构建

7.3.1　在我国进行专利默示许可制度构建的模式选择

　　前文已述，有必要在我国建立专利默示许可制度，而且在我国亦存在建立专利默示许可制度的可行性，那么，应该如何在我国进行专利默示许可制度的具体构建，便是问题的关键所在。纵观各国的立法及司法实践，尽管在美国等专利默示许可制度相对成熟的国家，专利默示许可在判例法中已经发展成为一项重要的专利抗辩原则，且在实践中已经形成了相对明确的适用标准，并得到了实践乃至理论上的一致认可。但是专利默示许可在大多数国家只是司法实践中形成的侵权抗辩事由，相关的专利默示许可制度亦由众多的司法判例发展而来，所以呈现出较强的经验色彩。而对于专利默示许可的适用情形及适用标准，更多地源于相关学者的归纳或者具体案件中法官的总结：例如，对于专利默示许可的适用情形，德雷特勒根据专利默示许可产生的原因将其区分为因非主要

❶ 董美根. 论专利默示许可——以对专利产品合理期待使用为目标 [G] // 国家知识产权局条法司专利法研究（2010）. 北京：知识产权出版社，2011：484-501.

构件销售、专利方法中使用购买商品、授权改进、事后取得专利及受雇发明人等产生的默示许可。❶ 我国学者袁真富将其区分为基于技术标准、技术推广、产品销售、产品修理、先前使用、原有协议、违约行为、平行进口而产生的默示许可。对于专利默示许可的适用标准，迈克尔·J. 斯沃普（Michael J. Swope）根据专利默示许可发生的不同情形归纳出专利默示许可认定的三个标准——专利权穷竭标准、衡平法禁止反言标准和非侵权用途标准。❷ 在 Wang Labs. 案中，美国联邦巡回上诉法院亦归纳了禁止反言类默示许可的四种适用情形：法律禁止反言、衡平禁止反言、默示和行为。而我国学者则主要基于专利默示许可的合同属性从形式要件和实质要件出发明确专利默示许可的适用条件。❸ 这些建立在经验基础上的对专利默示许可的适用情形及适用条件的划分尽管存在直观、便于理解，但却因理性归纳的欠缺而稍显不足，其无法将因纷繁复杂的客观现实而产生的各种默示许可纳入到归类体系中，分类体系的建构总是滞后于生活事实，无法体现理论的预见性、包容性，其弊端不可不察。❹

　　而在我国，尽管专利默示许可已经陆续出现在相关法律文件中——北京市高级人民法院在 2013 年颁布的《专利侵权判定指南》第 119 条第（3）和（4）项对基于销售专利产品的专用零部件或用于实施专利方法的专用设备而产生专利默示许可的情形做出了规定；❺ 国家知识产权局在 2016 年 5 月 11 日印发的《专

---

❶ 袁真富. 基于侵权抗辩之专利默示许可探究 [J]. 法学, 2010（12）: 108-119.

❷ SWOPE M J. Recent developments in patent law : implied license - an emerging threat to contributory infringement protection [J]. Temple Law Review, 1995, 68（1）: 281-306.

❸ 袁真富. 基于侵权抗辩之专利默示许可探究 [J]. 法学, 2010（12）: 108-119; 叶挺舟. 专利默示许可适用条件探析 [J]. 黑龙江省政法管理干部学院学报, 2013（5）: 73-76.

❹ 陈瑜. 专利默示许可：责任规则的新类型 [C] // 中国知识产权法学研究会. 中国知识产权法学研究会 2015 年年会论文集. 北京：中国人民大学知识产权学院, 2015: 22-29.

❺ 李江, 王津晶, 熊延峰, 等. 中国专利默示许可实践探究 [J]. 中国专利与商标, 2014（4）: 67-78.

利侵权行为认定指南（试行）》亦明确将"基于产品销售产生的默示许可"列为不作为侵犯专利权的情形之一；2015 年专利法第四次修改就标准必要专利的默示许可做出了规定。但是目前有关专利默示许可的相关规定，失之粗糙，❶ 尚未形成一个较为完整的规则体系，因此，专利默示许可制度在我国尚停留在司法实务阶段。但是，作为成文法国家，由于在法律制度层面具体规则指导的缺乏，如前文所述，我国司法实践中对于是否适用及如何适用专利默示许可规则，存在极大的困惑和混乱，所以，在适当时机根据实践的需求将有关的专利默示许可规则上升为法律规则显得十分必要。因此，在我国，不应仅仅使专利默示许可停留在司法实务阶段，作于限制专利权滥用、平衡权利人与使用者利益的工具，专利默示许可有必要上升为法律之规定，❷ 以此增强专利默示许可规则的稳定性和明确性，以更加准确地指导司法实践中存在的问题。

但同时，专利默示许可本身是一个否定性概念，包括了明示许可之外的一切使用许可，❸ 其存在的范围似乎难以界定，一切存在专利利用的领域或许都有专利默示许可存在的空间，所以实践中其适用的情形极其多样，❹ 法律规定不可能穷尽所有的情形。而且，专利默示许可原则是为了保护专利实施当事人的信赖利益而对特定情形下相关当事人行为的法律推定，其推定的依据可以是当事人的具体行为、可适用的书面协议或信件中的条款或内容、当事人的合理期待、公正与公平的指示及知识产权制度赖以建立的各种政策等等，所以在具体的司法实践中，要

❶ 陈健. 知识产权默示许可理论研究 [J]. 暨南学报（哲学社会科学版），2016（10）：82-93.

❷ 陈瑜. 专利默示许可：责任规则的新类型 [C] // 中国知识产权法学研究会. 中国知识产权法学研究会2015 年年会论文集. 北京：中国人民大学知识产权学院，2015：22-29.

❸ 杨德桥. 合同视角下的专利默示许可研究——以美中两国的司法实践为考察对象 [J]. 北方法学，2017（1）：56-70.

❹ 袁真富. 基于侵权抗辩之专利默示许可探究 [J]. 法学，2010（12）：108-119.

想在诉讼结束前肯定地预测是否存在默示许可通常是很困难的，❶更不用说通过法律规定的方式明确专利默示许可适用的具体条件。此外，专利默示许可规则的构建不仅涉及利益平衡的考量，更受到专利政策的制约，而在不同时期各国的专利政策并不是一成不变的，所以，通过立法的方式明确特定条件下专利默示许可的适用缺乏灵活性。因此，就专利默示许可制度的立法构建而言，尤其是在我国目前专利默示许可相关学术研究尚不充分、司法经验尚不完全成熟的状况下，短期内有关专利默示许可的立法不宜过于激进，相反立法者应结合专利法的立法价值、立法政策等诸多因素之考量，致力于完善有关专利默示许可的基础性规定，并对具有普遍意义的特定情形下的专利默示许可进行明文规定，而将实践中尚不成熟，或者灵活性强、需要个案判断的情形留待司法解决，待时机成熟后或者具有迫切的实践需求时再将其上升为专利法上的明确规定。所以，就我国专利默示许可制度的构建而言，我国应选择立法与司法并行的二分模式。

7.3.2　我国进行专利默示许可立法需解决的问题

7.3.2.1　与相关国际条约之间关系的梳理

WTO 协定是一种规定 WTO 各成员政府在制订与实施国际贸易立法和规章方面的具体权利和义务的国际条约，❷我国作为 WTO 的成员方之一，应当遵守 WTO 有关知识产权协议也即 TRIPS 协议的最低要求，具体而言，在相关的立法和执法上应当与 TRIPS 协议的有关规定接轨，至少不能与之发生冲突。❸因此，

---

❶ 德雷特勒. 知识产权许可（上）[M]. 王春燕，译. 北京：清华大学出版社，2003：185.

❷ 余敏友，陈卫东. 欧共体围绕 WTO 协定直接效力问题的争论及其对我国的启示（一）[J]. 法学评论，2001（3）：94-102.

❸ 田曼莉. 中国实施 TRIPS 协定的问题和对策 [J]. 同济大学学报（社会科学版），2009（6）：105-111.

在我国进行有关专利默示许可的立法时，应当厘清有关规定与 TRIPS 协议相关条文之间的关系，以防与之发生冲突。

前文已述，从功能上将专利默示许可原则属于对专利权实施的限制，因此专利默示许可制度属于专利权限制制度的一种。而对于专利权的限制，TRIPS 协议在不同层面上对其成员方提出了基本要求，具体而言，一方面，TRIPS 协议在序言部分对其成员方进行专利权的限制提出了原则性的要求。❶另一方面，在第二部分"关于知识产权的效力、范围和使用的标准"中明确了对专利权进行限制的基本要求❷及众所周知的对各国有关专利强制许可立法的要求❸。前文已述，专利默示许可与专利强制许可之间存在诸多区别，且专利默示许可作为默示意思表示的一种，其本质上属于一种法律推定，因此有关专利默示许可法律规定在性质上应属于法律推定的一种，所以，有关专利默示许可的法律规定不仅不属于专利强制许可的范畴，亦不能简单地参照有关专利强制许可的立法要求进行立法。但是作为一种专利权限制制度，如若进行有关专利默示许可的立法，必须遵循 TRIPS 协议有关专利权限制立法的一般要求，也即需要符合 TRIPS 协议第 7 条、8 条的原则性规定，并且不能与第 30 条的基本要求存在冲突：首先，依据 TRIPS 协议第 7 条的规定，专利法中相关制度的确立应当"有助于促进技术革新和技术转让与传播"，并"使技术知识的创造者和使用者互相

---

❶ TRIPS 协议第 7 条规定："知识产权的保护和执法应有助于促进技术革新和技术转让与传播，使技术知识的创造者和使用者互相受益并有助于社会和经济福利的增长及权利和义务的平衡。"

　　第 8 条规定："1. 在制订或修改其法律和规章时，各成员可采取必要措施来保护，只要这些措施符合本协定的规定。2. 只要符合本协定的规定，必要时可以采取适当措施来防止知识产权持有人滥用知识产权或采取不正当地限制贸易或严重影响国际技术转让的做法。"

❷ TRIPS 协议第 30 条规定："各成员可以对专利赋予的专有权规定有限的例外，只要这种例外不会不合理地与对专利的正常利用发生冲突，也不会不合理地损害专利所有人的合法利益，同时考虑到第三方的合法利益。"

❸ TRIPS 协议第 31 条相关规定。

受益"，进而"有助于社会和经济福利的增长及权利和义务的平衡"。其次，依据 TRIPS 协议第 8 条的规定，在必要时，WTO 成员方可以采取一定的措施来保证"公共健康和营养"的实现，"促进对其社会经济和技术发展至关重要部门的公共利益"，或者防止"知识产权持有人滥用知识产权或采取不正当地限制贸易或严重影响国际技术转让的做法"。再者，依据 TRIPS 协议第 30 条的规定，WTO 成员方如需对专利权进行必要的限制，必须满足三个条件：第一，所谓的限制不能与专利权人或者相关权利人"对专利的正常利用发生冲突"；第二，不能"不合理地损害专利所有人的合法利益"；第三，应当"考虑到第三方的合法利益"。而且这三个条件"是累积性的，即每一个条件都必须独立地考虑，如任一条件不符合，则不属于第 30 条所允许之情形。"

那么，在这一背景下，应当从两个层面出发进行我国专利默示许可制度的立法构建。首先，尽管 TRIPS 协议作为发达国家和发展中国家间在知识产权国际保护、国际技术转让领域一些重大问题存在难以弥合分歧的情况下达成的该领域国际协调的有益成果，其对发展中国家知识产权法制的发展有着积极意义，但是，该协议是在综合实力极为悬殊的两类国家间缔结的，是在发达国家高压下发展中国家妥协的结果，是十二个私营企业家将私权国际公法化的结果，协议的签订并非公共利益的体现，而是特定产业利益的体现。❶通过 TRIPS 协议的缔结，发达国家成功地将知识产权国际保护与贸易制裁捆绑到一起，确立了能最大程度保护其利益的协议，而无视发展中国家的国情。因此 TRIPS 协议的条款更侧重于对发达成员知识产权持有者私人利益的保护，而对发展中成员知识产权使用者的利益及社会公共利益的保护则存在诸多缺陷。❷同时，正是由

---

❶ 周超. 论 TRIPS 协定与公共利益 [D]. 北京：中国政法大学，2007：14.

❷ 冯寿波. TRIPS 协议公共利益原则条款的含义及效力以 TRIPS 协议第 7 条能否约束其后的权利人条款为中心 [J]. 政治与法律，2012（2）：106-120.

于缔约国之间利益的不平衡，TRIPS 协议条款也不可避免地存在诸多模糊、矛盾、漏洞，而这正好给发展中国家提供了一个有利的契机，即通过对 TRIPS 协议条款的解释更好地实现本国在知识产权方面的利益。而事实上，各国的知识产权政策制定者们存在打破 TRIPS 机制中仅存的相对平衡的倾向，例如，美、欧等国通过 TRIPS-pl-us/minus 条款，规避 TRIPS 协议第 7 条的规定。❶ 其次，就上文所述与专利默示许可的制度构建有关的条款而言，一方面，我国可以学习加拿大在加拿大 - 药品专利保护案 ❷ 中的做法，将 TRIPS 协议序言部分的第 7 条、第 8 条解释为该协议的目标和基本原则，并充分利用这两个条款中存在的弹性与空间，对 TRIPS 协议中的其他条款进行解释和实施，积极维护本国公共利益——公共利益本身的具体内容在不同国家及同一国家的不同发展阶段会存在一定差异，即使在对 TRIPS 协议的具体实施中某些公共利益措施可能与 TRI PS 具体规则中某些特定标准不符，也应考虑该措施与 TRIPS 的整体相符性。❸ 另一方面，将 TRIPS 协议第 30 条理解为使成员方能在对重要的公共政策的关注和专利持有人权利之间获得平衡的一个条款——第 30 条更可能是表明本条语言的重要特点是，该条并没有把成员方限制于特定目的或政策目标，而是为成员方行使自由裁量权规定了宽泛的标准。以我国《专利法》第四次修订草案送审稿中提出的标准必要专利的默示许可规定为例，如前文所述，尽管这一规定尚存在一定的问题，但是，对我国而言，这一规定的明确能够有效地实现标准必

---

❶ 冯寿波 . TRIPS 协议公共利益原则条款的含义及效力以 TRIPS 协议第 7 条能否约束其后的权利人条款为中心 [J]. 政治与法律，2012（2）：106-120.

❷ 1997 年 12 月 19 日，欧共体认为加拿大相关规定不符合 TRIPS 协议而向加拿大要求磋商，未果后于 1998 年 11 月 11 日向 WTO 争端解决机构（DSB）提出申诉。专家组于 2000 年 3 月 17 日做出最终裁决。具体可参见 Canada-Patent Protection of Pharmaceutical Products 案裁决书，

❸ CORREA C M. Trade related aspects of intellectual property rights [M]. Oxford : Oxford University Press, 2007 : 97.

要专利权人的垄断利益与以标准实施者为主的社会公共利益之间的平衡，对于我国涉及专利的标准的实施具有积极的意义。同时，这一规定亦符合 TRIPS 协议有关专利权限制的规定，具体而言，明确违反披露义务的标准必要专利权人的专利默示许可责任，既不会妨碍专利权人对专利的正常利用，也不会影响专利权人合法利益的实现，同时也不会对第三方的合法利益产生不利影响，相反，只要完善该规则的配套实施机制，能够有效地实现相关利益人之间的利益平衡。

7.3.2.2　相关法律法规之间的协调

如前文所述，无论是作为基本法的《民法通则》、影响专利实施许可合同的效力的《合同法》，还是《专利法》本身，均为专利默示许可制度在我国的建立提供了空间，也为实践中专利默示许可的适用提供了法律依据。不过，在专利默示许可制度的构建乃至具体适用中，应当明确相关法律法规之间的协调。

首先，应当明确《专利法》与《合同法》相关法律规定之间的关系。具体而言，我国《专利法》第三次修改已经明确将第 12 条中的"书面"二字删除，这一修改并非立法者无意之举，相反是面对实践中专利默示许可认定的需求为在必要的情况下认定实施专利的默示许可扫除障碍。❶ 然而，在《合同法》"技术合同"部分第三节"技术转让合同"中，第 342 条 ❷ 明确规定"技术转让合同应当采用书面形式。"而且明确技术转让合同包括专利实施许可合同。对于这两个法律规定之间的矛盾，相关立法者《合同法》在制定之初已然明确与专利技术相关合同的特殊性，遂在第三节"技术转让合同"部分最后一条也即第 355 条明确规定"法律、行政法规对技术进出口合同或者专利、专利申请合同另有规定的，

---

❶ 尹新天.中国专利法详解 [M].北京：知识产权出版社，2011：172.

❷《合同法》第 342 条规定："技术转让合同包括专利权转让、专利申请权转让、技术秘密转让、专利实施许可合同。技术转让合同应当采用书面形式。"

依照其规定。"其中专利实施许可合同亦应包括在内。所以，面对《专利法》第12条对专利实施许可合同形式要求的改变，《合同法》第342条中涉及专利实施许可合同形式的规定应不再适用，相反应当适用特别法《专利法》第12条。那么，在进行有关专利默示许可立法时，亦应以《专利法》第12条为有关"合同形式"的正当性依据，而不再受《合同法》有关规定的制约。

其次，在专利默示许可的具体适用中，也应当明确以上法律法规的适用顺序。具体而言，面对实践中相关问题的解决，应当优先适用《专利法》的相关规定，只有在《专利法》没有明确规定时，才能以其他法律的相关规定为依据。

7.3.3　我国进行有关专利默示许可立法的具体建议

7.3.3.1　有关我国专利默示许可相关规范体系构成的建议

我国的成文法传统决定了在我国建立专利默示许可制度必须在立法上对专利默示许可做出规定，而在在成文法中规定专利默示许可规则可以增强这一规则的稳定性、明确性。❶但同时，由于前文所述专利默示许可的衡平原则属性，通过立法的方式明确特定条件下专利默示许可的适用会在一定程度上损害这一规则的灵活性。因此，就我国专利默示许可相关规范体系的构建而言，应致力于完善有关专利默示许可的基础性规定，并对具有普遍意义的特定情形下的专利默示许可进行明文规定。

首先，由于专利默示许可在本质上属于民法上的默示意思表示，且专利默示许可的认定遵循默示意思表示的解释路径，所以，应该在我国的民法基本法中对默示的意思表示及其解释做出原则性的规定，以为专利默示许可相关的立

---

❶ 闫宏. 专利默示许可规则探析 [D]. 北京：清华大学，2007：34.

法乃至司法实践提供总的指导和基本依据。但是纵观我国现行民事基本法，也即《民法通则》，其仅明确民事法律行为可以采用书面形式之外的其他形式，并没有就默示的意思表示做出具体规定。尽管为了更好地适用民法通则，最高人民法院通过《民通意见》对民法通则的适用进行了解释，并在《民通意见》中对默示的意思表示进行了相对具体的规定，❶但是，《民通意见》在性质上属于司法解释，其对其他立法的指导性不够，而且这一司法解释也没有就意思表示的解释做出具体规定。所幸之事是在近期发布并于 2017 年 10 月 1 日生效的民法基本法《中华人民共和国民法总则》中，除了明确民事法律行为可以采用书面形式之外的其他形式外，就默示的意思表示增加了一个新的条款❷予以明确，并在第 142 条❸原则性地规定了意思表示的解释原则。不过，遗憾的是，作为普遍适用于整个民事法律体系的一般性规定，《民法总则》对于仅仅提出了默示意思表示与明示意思表示的并行存在，并没有明确两者之间的本质区别及其在构成上的不同，所以对于具体实践的指导而言依旧缺乏明确性。此外，就意思表示的解释而言，尽管《民法总则》在意思表示的解释上已然迈出了一大步，但如前文所述，默示意思表示与明示意思表示在意思表示的解释上存在明显区别，而此次立法亦未针对默示意思表示的解释问题做出具体规定，此可谓默示意思表示立法构建上又一憾事。

---

❶《最高人民法院关于贯彻执行〈中华人民共和国民法通则〉若干问题的意见》第 66 条规定："一方当事人向对方当事人提出民事权利的要求，对方未用语言或者文字明确表示意见，但其行为表明已接受的，可以认定为默示。不作为的默示只有在法律有规定或者当事人双方有约定的情况下，才可以视为意思表示。"

❷ 即《中华人民共和国民法总则》第 140 条："行为人可以明示或者默示做出意思表示。沉默只有在有法律规定、当事人约定或者符合当事人之间的交易习惯时，才可以视为意思表示。

❸《中华人民共和国民法总则》第 142 条："有相对人的意思表示的解释，应当按照所使用的词句，结合相关条款、行为的性质和目的、习惯及诚信原则，确定意思表示的含义。无相对人的意思表示的解释，不能完全拘泥于所使用的词句，而应当结合相关条款、行为的性质和目的、习惯及诚信原则，确定行为人的真实意思。"

其次，专利默示许可在性质上属于合同的一种，专利默示许可实践中有关合同及其效力的问题亦受到《合同法》的调整，而且因为合同关系涉及双方意思表示且产生合意的问题，因而具有了相对人的合理信赖以及特殊的交易过程和交易背景等问题，所以合同解释具有不同于意思表示解释的独立特点，❶ 因此，对于具体的合同解释问题应交由《合同法》予以明确，而专利默示许可适用中涉及合同解释的问题也应遵循《合同法》中有关合同解释的规定。纵观《合同法》中有关合同解释的条款，主要分为三类：补充性解释规范 ❷、任意性解释规范 ❸ 和阐释性解释规范 ❹，这里需要明确的是在专利默示许可适用中涉及合同解释问题时以上三种解释性规范之间的适用关系：其中，《合同法》第 125 条规定的阐释性解释所适用的是有争议的或者约定不明确的合同条款，即在合同的用语、条款的含义有疑义时，应通过解释探求其规范意义；而补充性解释与任意性规范适用的是非必要条款欠缺而有待填补的情形，且《合同法》第 62 条作为任意性解释规范，其明言依照该法第 61 条的规定仍不能确定的始适用，所以，《合同法》第 61 条规定的是补充解释规范应当优先于任意性解释规范。

最后，由于涉及专利默示许可的基础性问题主要交由《民法总则》和《合同法》予以明确，《专利法》则主要致力于为专利默示许可制度的构建扫清障碍并对具有普遍意义的特定情形下的专利默示许可进行明文规定。就我国现行的《专利法》而言，尽管已通过放宽对专利实施许可形式的要求，为实践中专利默示许可的适用扫除了障碍，且在第 69 条规定了权利穷竭原则，但是，除此之

---

❶ 王利明 . 民法总则研究 [M]. 北京：中国人民大学出版社，2003：531.

❷ 主要指《合同法》第 61 条。

❸ 如《合同法》第 62 条。

❹ 主要指《合同法》第 125 条。

外，并没有就专利默示许可做出具体的规定。且现有的涉及专利默示许可相关规定❶的法律效力相对较低，而且尚存在如前文所述的不合理之处。而如前文所述在我国实践中，对于特定情形下专利默示许可的适用存在充分的制度需求，且对于相关情形下专利默示许可的适用也具有一定的立法基础，所以，应当在《专利法》或者《专利法实施细则》中明确规定相应情形下的专利默示许可。因此，《专利法》第四次修改明确提出的标准必要专利权人违反披露义务的默示许可可谓我国有关专利默示许可立法的一大进步。然而，从我国目前相关的实践来看，具有普遍意义的特定情形下的专利默示许可并不仅仅限于这一种类型，起码还包括涉及产品销售的专利默示许可类型，对此也应当在《专利法》予以明确。此外，在我国进行专利默示许可相关立法时，应当注意与相关制度如专利间接侵权制度之间的平衡。

7.3.3.1 我国专利默示许可相关法律规范的完善

1.《民法总则》中相关规定的完善

首先，前文已述，默示意思表示在法理上的正当性依据之一即为信赖保护原则。保护信赖是民法的重要任务，❷诚如卡尔·拉伦茨所明确的："只有当人与人之间的信赖至少普遍能够得到维持，信赖能够作为人与人之间的关系基础的时候，人们才能和平地生活在那一个哪怕是关系很宽松的共同体中。在一个人与人之间互不信任的社会中，大家就像处于一种潜在的战争状态，这时候就无和平可言了。信赖丧失殆尽时，人们之间的交往也就受到了至深的干扰。因

---

❶ 主要是指国家知识产权局在 2016 年 5 月 11 日印发的《专利侵权行为认定指南（试行）》第 2 章第 1 节第二部分有关专利默示许可的规定。

❷ 丁南. 信赖保护与法律行为的强制有效——兼论信赖利益赔偿与权利表见责任之比较 [J]. 现代法学，2004（1）：70-74.

此，信赖原则同相互尊重原则、自决原则（其私法形式即私法自治）、自我约束的原则（在约定行为，特别是在合同中）一样，是一项正当法的原则。"❶ 因此，无论是大陆法系还是英美法系的多数国家，均将信赖保护原则作为私法上的一项基本原则。在我国相关民事立法中，尽管也认可信赖保护原则，并以此为基础进行相关法律条文的构建，❷ 但是，作为私法上的一项基本原则，信赖保护原则并没有被立法者作为基本原则写入《民法总则》❸，而这不得不说是一件憾事。尽管有学者认为专利默示许可的法律基础就是民法上的诚实信用原则，❹ 但是，如前文所述，专利默示许可原则在法理上的正当性来源是信赖保护原则，而信赖保护原则并不等同于诚实信用原则：诚实信用原则落脚于"诚"，即因诚实而值得信赖，是对私法自治的积极限制；而信赖保护原则旨在通过保护基于正当信赖而实施的法律行为效果以维护并促进社会信任，保护交易的安定性，并且信赖保护中权利外观责任构成对私法自治的补充，扩张了民法上的自己责任。❺ 换句话来讲，如果尽管存在着与既有表象的不同，包括与表象同时存在的，如意思表示错误；也有在表象形成之后发生的，如违约行为，但由于这种表象已经引起了信赖，法律就给予这个表象以保护的必要，此时表象表现为一系列法定或约定的规则，而这些规则必须被遵守，这就是信赖保护；如果尽管在形式上已经形成可以认知的权利（法律），但据此权利却可能发生当权利（或法律）

❶ 卡尔·拉轮茨.德国民法通论（下册）[M].王晓晔，等，译.北京：法律出版社，2013：58.

❷ 在我国，《民法总则》中关于表见代理的规定，《合伙企业法》关于表见合伙人的规定，《合同法》关于表见代理的规定，《物权法》关于善意取得的规定，商法中关于商事主体、商事登记、公司、票据等很多领域都有相应的制度具体体现了信赖保护原则。

❸《民法总则》仅将平等原则、自愿原则、公平原则、诚实信用原则、公序良俗原则、绿色原则作为基本原则予以规定。

❹ 杨德桥.合同视角下的专利默示许可研究——以美中两国的司法实践为考察对象 [J].北方法学，2017（1）：56-70.

❺ 刘保玉，周玉辉.论我国民法典编纂的"四个面向"[J].法学杂志，2015（10）：29-40.

最严格时的对善与正义的侵害，此时诚实信用原则显现其效力，它将强行揭下权利外衣或废止那个不公正的法律规则，此时"善意把严格的法律制胜了"。❶正因如此，在我国《民法总则》的制定过程中，一些学者认为，为保护相对人或第三人的信赖利益，信赖利益保护也应成为民法基本原则，并应在我国民法典中得到充分的践行。❷社科院民法典立法研究组在其提供的《民法总则（建议稿）》中亦将信赖保护原则作为民法的基本原则予以明确。❸所以，在我国《民法总则》中应当增加信赖保护原则，以为有关默示意思表示的立法乃至实践提供原则性指导。

其次，应该在《民法总则》中对默示意思表示的内涵予以明确。建议在《民法总则》第140条通过定义的方式明确默示意思表示与明示意思表示之间的本质区别，具体可在第140条增加一个条款并表述为："明示的意思表示是指通过行为人的表意行为即可明确行为人行为意图的意思表示；默示的意思表示是指对于行为人是否做出意思表示并不明确，需通过法律或者相对人的推定予以明确的意思表示。"并将第三款变更为："默示的意思表示可通过行为或者特定条件下的沉默等方式做出。特定条件下的沉默只有在有法律规定、当事人约定或者符合当事人之间的交易习惯时，才可以视为意思表示。"

此外，应当在《民法总则》中明确默示意思表示的解释原则。建议在《民法总则》第142条补充一款规定，即"默示意思表示的解释，应遵循信赖保护

---

❶ 丁南.民法上的信赖保护与诚实信用关系辨[J].法学杂志，2013（7）：78-83.

❷ 丁南.民法上的信赖保护与诚实信用关系辨[J].法学杂志，2013（7）：78-83；刘晓华.论信赖保护原则在私法中的地位[J].山东审判，2013（4）：68-72；杨代雄.法律行为制度中的积极信赖保护——兼谈我国民法典总则制定中的几个问题[J].中外法学，2015（5）：1150-1170.

❸ 参见社科院民法典立法研究组在其提供的《民法总则（建议稿）》第7条【信赖保护原则】："对方已以有损自己利益的方式合理信赖当事人一方的陈述或行为的，当事人一方不得实施与其先前陈述或行为不一致的行为。"

原则。"此外，在涉及意思表示解释的基本规定，如涉及法律行为效力瑕疵和效果归属问题的规定上，须妥善协调私法自治原则与积极信赖保护原则的关系，❶所以，应进一步完善《民法总则》的相关规定，以给予意思表示相对人必要的信赖保护。

2.《专利法》相关规则的完善

前文已述，在我国实践中，除了涉及技术标准的专利默示许可外，对于涉及产品销售的专利默示许可也存在一定的制度需求，且对于其中部分情形下的专利默示许可，已经在理论上和实践中得到了一致的认可，所以对于相关类型的专利默示许可应当在《专利法》中予以明确，以为具体的实践中提供明确的指导。但同时应该注意到，一方面，涉及产品销售的默示许可以分为多种情形，这些情形并不是都存在上升为立法的必要，相反应该就其中典型的且业已发展成熟的部分上升为法律规定；另一方面，涉及专利发明的产品销售不仅仅会引发专利默示许可问题，还可能涉及专利的间接侵权，而如前文所述，专利默示许可原则在专利间接侵权中的适用于与其在专利直接侵权中的适用存在诸多区别，所以在进行相关立法时，应当避免出现不必要的混淆。

那么，对于涉及产品销售的专利默示许可在《专利法》中的明确，建议补充内容如下的规定：

"专利权人或其被许可人销售只能用于制造专利产品的材料、零部件且在销售时没有明确提出限制性条件的，应当推定购买者获得了利用这些零部件制造、组装专利产品的默示许可。

专利权人或其被许可人销售只能用于实施其方法专利的设备或产品且在销售时没有明确提出限制性条件的，应当推定购买者获得了利用这些设备或产品

❶ 杨代雄. 法律行为制度中的积极信赖保护 兼谈我国民法典总则制定中的几个问题 [J]. 中外法学，2015（5）：1150-1170.

实施该方法专利的默示许可。

如果专利产品的组装或制造、专利方法的实施需要多个专用零部件或设备且专利权人或其被许可人均有销售的，购买者须从专利权人或者其被许可人处购买所有专用零部件或者设备方可获得上述默示许可。"

除此之外，目前其他类型的专利默示许可在我国的实践经验尚不成熟，不宜在立法上就相关类型的专利默示许可进行明确规定，对于实践中的具体问题，可以依据《民法总则》《合同法》中的基础性规定予以解决，或者在必要的情况下通过司法解释的方式在专利法相关司法解释中明确专利默示许可在相关情形中的适用，待时机成熟时再行在《专利法》中进行明确的规定。

7.4　专利默示许可在我国司法实践中的具体适用

7.4.1　专利默示许可的认定标准

在实践中，专利默示许可的适用范围相对宽泛，一切存在专利利用的领域都有专利默示许可存在的空间。但同时，无论基于哪一种具体情形构成的默示许可，其在本质上具有一致性：一方面，专利默示许可属于默示意思表示的一种；另一方面，专利默示许可原则旨在保护专利实施许可相对人的信赖利益，所以对于实践中专利默示许可的适用能够遵循相对统一的认定路径。但同时，如前文所述，专利产品不同于一般的物品，其承载着具有垄断性的专利权和具有绝对性的物权双重权利，所以基于产品销售产生的默示许可又具有与其他情形下的不同之处，该类专利默示许可的认定路径也具有独立的特点。所以，对于专利默示许可在实践中的具体认定，可以根据不同类型的专利默示许可适用不同的认定路径。

7.4.1.1　基于产品销售的默示许可的认定

所谓基于产品销售的默示许可，其中的产品并不限于基于专利产品或者只能用于实施专利方法的产品，凡是涉及专利发明或者专利方法实施的产品的销售，只要符合下文所列举的适用条件的，均可认定相关专利默示许可的存在。前文已述，基于产品销售的默示许可在具体的认定中存在一个共同特点，即侧重于对相关产品本身的性质和涉及专利发明的实施之间关系的分析，而对产品本身性质的分析，其目的亦在于明确该产品与专利的实施之间的关系。当然，除此之外，还需要对涉及产品销售的当事人的行为进行分析。所以，基于产品销售的默示许可的成立应符合以下两个方面的条件：

（1）相关产品除了用于生产或组装专利产品、实施专利方法外没有其他的实质性用途。

这一条件的主要目的在于明确相关产品与专利的实施之间的关系，只有与专利的实施关系密切的产品的销售才能产生专利实施的默示许可。而相关产品与专利的实施之间关系的密切与否集中表现在相关产品除了实施专利外是否还有其他实质性用途：如果相关产品除了用于组装专利发明或者实施专利方法外还有其他实质性用途，则不能推定专利权人销售该产品的行为包含着利用该产品组装专利发明或者实施相关专利方法的许可。所以这里的关键在于判断相关产品是否具有实质性非侵权用途。

对于相关产品的实质性非侵权用途的判断，不仅出现在涉及产品销售的专利默示许可案件中，在专利间接侵权案件中，相关产品是否具有实质性非侵权用途也是判定间接侵权是否成立的关键所在，而且这两类案件中有关实质性非侵权用途的判断具有内在的一致性，即明确相关产品与专利实施之间的关系，因此可以相互借鉴。关于"实质性非侵权用途"的判断在国外相关司法实践中由来已久。在美国，对于非侵权用途的判定，最初出现在美国一个联邦地方法院审理的案件中，在该案中，法院提出了一种判断标准，即要认定一种产品具有非侵权用途，该用途必须是"商业上可行的"，而所谓"商业上可行的"是指"能够使一种正在进行的商业得以继续和发展"。❶ 不过这一标准在 1999 年的玻璃设备（Glass Equip.）案中被美国联邦巡回上诉法院所否定，在该案中，美国联邦巡回上诉法院认为，上述判断标准对专利权人来说过于严格了，并指出，一种非专利用途只要是"可能的"和"实际的"，就足以排除默示许可理论的适用。而在 1963 年弗兰伯格公司诉杰克·W. 桑希尔（Fromberg, Inc.v. Jack W. Thornhill）案 ❷ 中，联邦第五巡回上诉法院明确了专利辅助侵权中实质性非侵权用途的判断标准，该案的布朗（Brown）法官明确提出，实质性非侵权用途必须符合经济效益原则，必须是切实可行的，甚至必须是可以大批量生产而不能是事后任意杜撰的、虚假的、不能实现的、不符合经济的、纯粹试验性质的。后来对于间接侵权中实质性非侵权用途的判断，美国法院一直沿用这一标准。❸ 在日本，法院从务实角度出发，明确"专用于"应具有合理性。日本法院认为，专利法所称的物品的"专用于"是指具有实用性，并且从经济和商业的角度是可以或者适宜应用的，具体表现为：即使被控侵权物品有其他用途，如果该其他用途是不实用的、降低了物品的价值，则物品仍然是"专用于"实施专利产品或实施专利方法。判断物品是否"专用"时，应当以"事实审理的口头辩论终结时"为准，这样能充分考虑到现在及将来是否会构成侵权。在

---

❶ Cyrix Corp. v. Intel Corp., 846 F. Supp. 522（E.D. Tex. 1994）.

❷ Fromberg, Inc. v. Thornhill, 315 F.2d 407（5th Cir. Tex. 1963）.

❸ 闫文军，金黎峰 . 专利间接侵权的比较与适用兼评 2016 年最高人民法院司法解释的相关规定 [J]. 知识产权，2016（7）：47-53.

韩国实践中，对于"专用于专利发明产品生产中的物品"中"专用于"的判断，法院认为，只有在物品其他使用具有经济性、商业性、实用性的使用可能性，并照此实际使用时，才能认定物品具有其他用途。如果提出专利申请时或在专利授权时没有其他用途，事后发现其他用途的，也不能认定具有其他用途。❶

在我国，无论是涉及专利默示许可的相关规定 ❷ 中还是关于专利间接侵权的相关规定 ❸ 中，均要求相关产品系"只能用于""专门用于"实施专利的材料、设备、零部件。这里的"只能用于""专门用于"应与美国的"实质性非侵权用途"、日本、韩国的"专用于"属于同一类概念，即相关产品除了用于生产或组装专利产品、实施专利方法外没有其他的实质性用途，只不过各国关于这一概念的判断标准不同而已。对此，笔者认为，不能将我国所谓的"只能用于""专门用于"解释为除了实施专利外没有任何用途，而应该参照上述几个国家关于实质性非侵权用途的判断标准，明确实质性非侵权用途的认定标准——判断相关产品是否"只能用于""专门用于"实施专利时，应当明确这里的"只能用于""专门用于"不能是杜撰的、不现实的，而是从经济的和实用性的角度合理的、可行的，而这里的判断应以相关产品销售时有无实质性非侵权用途为准。此外，由于证明一件产品"没有别的用途"是一件无边无际的事情，除了给出一种断言之外，很难想象被控侵权人如何进行举证。因此，在涉及专利默示许可的案件中，对于实质性非侵权用途的证明，应当借鉴国外相关实践中的做法，即将证明这种"否定式"命题成立的举证责任由对方当事人承担，由其

---

❶ 董美根. 论专利默示许可——以对专利产品合理期待使用为目标 [G] // 国家知识产权局条法司专利法研究（2010）. 北京：知识产权出版社，2011：484-501.

❷《专利侵权行为认定指南（试行）》第 2 章第 1 节中有关专利默示许可的相关规定。

❸《专利法修订草案（送审稿）》第 62 条和《最高人民法院关于审理侵犯专利权纠纷案件应用法律若干问题的解释（二）》第 21 条的相关规定。

进行反证，即证明只要存在任何一种别的用途，就足以否定"没有别的用途"的主张。❶

反观我国司法实践中的做法，最高人民法院在江苏省微生物研究所有限责任公司与福州海王福药制药有限公司、辽宁省知识产权局、辽宁民生中一药业有限公司、常州方圆制药有限公司专利侵权纠纷处理决定再审案中，无论是在初审、二审还是再审，专利权人均没有就专利权人的被许可人销售的原料药硫酸依替米星的非侵权用途提出异议，因此该案审理中并没有涉及该原料药的非侵权用途的讨论，相反在再审中最高人民法院论述相关默示许可的正当性时指出："如果某种物品的'唯一合理的商业用途'就是用于实施某项专利，专利权人或者经专利权人许可的第三人将该物品销售给他人的行为本身就意味着默示许可购买人实施该项专利。虽然硫酸依替米星原料药本身不属于本案专利保护范围，但如果硫酸依替米星原料药'唯一合理的商业用途'就是用于制造本案专利产品，那么专利权人自己建立的企业或者经专利权人许可的第三人销售该原料药的行为本身就意味着默示许可他人实施专利"，这里的"唯一合理的商业用途"即所谓的实质性非侵权用途，但是最高人民法院并没有明确"唯一合理的商业用途"的具体认定标准。而在相关的专利间接侵权纠纷中，也有关于实质性非侵权用途的判断，如在"吴积国与瑞安市天宇机械有限公司侵犯实用新型专利权纠纷案中，法院认为："间接侵权的对象仅限于专用品，即除了构成实施他人专利技术的一部分之外，并无其他用途。该案中虽然被控侵权产品在没有吸风机的情况下除尘效果的确不好，但是却并非不能工作，所以，尚不属于除了构成实施涉案专利技术的一部分之外，并无其他用途的情形。并且，吴积国在本案中没有证明已经有他人在购买了被控侵权产品后接上吸风机使用的事

---

❶ 尹新天.专利权的保护[M].2版.北京：知识产权出版社，2005：73.

实存在，故认定间接侵权的前提条件亦不成立。"在上海风翼空调设备有限公司与上海北林电子技术有限公司、上海工二空调设备有限公司侵害发明专利权纠纷案中，法院提出："北林公司生产的 SHBL-F-M2 ／ I1 型诱导风机智能控制器系本案被控侵权诱导风机的主要部件之一；根据北林公司 SHBL-F-M2 ／ I1 型诱导风机智能控制器的用户使用手册，该产品系使用于地下车库用于测量并处理一氧化碳浓度超标问题，因此，该产品中所配套的控制程序理应为上述用途所特别设计，而不应能直接用于其他用途。"在株式会社普利司通与福建省晋江市英山橡胶工业有限公司、建新橡胶（福建）有限公司等侵害外观设计专利权纠纷案中，法院明确："胎面胶系轮胎最外层的部件，完整的包裹着轮胎胎体，其功能'仅限于生产轮胎'可见，在相关专利间接侵权案件中，对于被控侵权产品非侵权用途的判断，法院侧重于对相关产品'专用性'的分析，即除了构成实施他人专利技术的一部分之外，并无其他用途。而且这里的其他用途须是"实际的"，即需要被控侵权人证明被控侵权产品实际上能够被用于其他用途，而且被控侵权人应当在一审法庭辩论终结前提出相关证明。

（2）专利权人或者其被许可人在销售相关产品时没有做出明确性的限制。

在相关产品没有实质性非侵权用途的前提下，产品购买者若要获得实施专利的默示许可，尚需满足一个条件，即不存在专利权人排除默示许可适用的情形，具体而言就是专利权人或者其被许可人在销售相关产品时没有做出明确性的限制。对于这一条件的判定相对简单，不过仍需注意几点：其一，相关的限制性条件必须是"明确的"，起码无须进行过多的解释即能够被作为理性经济人的产品购买者所知晓，可以是产品说明中附加的条件或者是在产品外观上标识的明确的声明。其二，相关的限制性条件必须是在销售者购买相关产品前或者至少是在购买相关产品时提出的。

对于没有实质性非侵权用途的产品的销售，只要满足上述两个条件，购买者即可获得利用这些产品实施专利技术的默示许可，而无须考察相关当事人的具体意图。

7.4.1.2 基于行为的默示许可的认定

实践中，基于当事人的行为产生默示许可的情形相对较多，而且不限于某种具体的情形，但是其具有一个共同的特点，即区别于基于产品销售产生的默示许可侧重对产品本身的性质与专利的实施之间关系的考察，基于行为产生的默示许可侧重于对当事人行为的综合分析，且旨在通过禁止反言保护相对人的信赖利益。而无论是基于技术标准或者技术推广产生的专利默示许可、基于先前使用产生的专利默示许可、基于原有协议产生的专利默示许可，还是基于违约行为而产生的专利默示许可，均系通过对当事人行为的分析为了保护相对人的信赖利益而推定成立的专利默示许可，因此都可以归纳为基于行为产生的默示许可的范畴。

（1）专利权人的误导性言语或行为使被控侵权人合理地认为专利权人允许其实施有关专利。

首先，这里的"言语或者行为"既包含明确的声明，也包含特定条件下的沉默，既包括专利权人的行为也包括不作为。其次，专利权人的"言语或者行为"并没有明确表达其许可的意思，但是，其"言语或者行为"足以使被控侵权人产生其允许被控侵权人使用专利权的合理信赖。例如，在技术标准的制定中，专利纳入标准需要遵守标准组织关于标准专利的政策，如果标准组织的相关政策明确规定，专利权人将其专利技术纳入标准应该履行披露义务并就标准涉及专利的实施许可做出相应承诺，而专利权人在标准的制定过程中将其专利技术纳入标准时没有就其拥有的专利权进行披露。那么，在标准推广和实施后，标准的实施者有理由相信，其实施的标准不包含相关专利权或者专利权人允许标准的实施者实施相关专利权。再如，在涉及先前使用产生的专利默示许可纠纷 Wang Labs. 案中，专利权人向被告提供图纸和其他细节，并一再要求被告制造 SIMMs，双方由此开始了长达六年的合作，但在专利权人成功让电子工业协会（JEDEC）将 SIMMs 采纳为内存模块的标准后，向被告提起专利侵权之诉，在该案的审理中，美国联邦上诉法院即认为，双方长达六年的合作已经让被告合理地相信原告同意其制造和销售专利产品，并由此认定被告已经获得了原告的无须支付使用费的默示许可。

（2）被控侵权人对专利权人的言语或行为产生了合理的信赖。

在专利默示许可的认定中，仅存在足以使被控侵权人产生合理信赖的专利权人的行为是不够的，只有对于对专利权人相关行为，被控侵权人产生了合理信赖，才能进一步明确该信赖是否值得被保护，是否应当被认定为专利默示许可。而判断对于对专利权人相关行为，被控侵权人是否产生了合理信赖需要明确两点。其一，被控侵权人的信赖是合理的。所谓合理，需要从三个方面予以证明：第一，被控侵权人的信赖是否为善意的，即对于专利权人不会进行专利许可的真实心理状态，被控侵权人是否是明知的或者是应当知道的。其中，"明知"是指被控侵权人明确知道专利权人的真实心理状态；而"应当知道"则意味着如果尽到必要的注意，被控侵权人原本是可以发现专利权人是不会进行专利许可的，而竟未能发现，这表明其未能尽到应尽的注意义务。如果对于专利权人不会进行专利许可的真实心理状态，被控侵权人是明知的或者是应当知道的，那么，其对于专利权人愿意进行许可的信赖则不能称之为合理的。第二，这里的信赖并非被控侵权人单方面的期待，当事人单方面的期待并不受法律保护。第三，被控侵权人必须是综合考察多种因素的基础上，以一般理性人在类似情形下的选择为标准，即通过考察一般人、正常理智的人及与行为人相同情形的人在类似下的表现来判断被控侵权人的信赖是否合理。

其二，被控侵权人因为合理信赖的存在进行了相应行为。明确这一要求的目的在于信赖保护原则之所以要对信赖人进行保护，最重要的原因应在于信赖人根据对表意人行为的信赖而对自己的权益进行了处分，信赖人的权利义务发生了变化，如果支持表意人的诉求，将使信赖承受损害或丧失权利，而这将有违公平、效率等价值追求。也即存在了保护被控侵权人信赖利益的必要性。具体而言，如被控侵权人根据对专利权人行为的信赖为专利技术的实施做了充分的准备性工作，或者已经开始进行专利技术的实施等。

（3）被控侵权人的合理信赖应该被保护。

在明确了被控侵权人基于专利权人的误导性行为产生了合理的信赖后，是否成立专利的默示许可，还需明确法律是否需要对被控侵权人的信赖提供保护。也即法律是否需要通过明确专利默示许可的存在来保护被控侵权人的信赖利益。而这主要从对于被控侵权人信赖利益的产生，专利权人是否具有可归责性上予以明确。前文已述，可归责性系指行为人在主观上的可非难性，未能达到一般人从事这一行为时所应有的注意。具体到专利默示许可的认定中，这里专利权人的可归责性主要是指，对于被控侵权人可能产生的合理信赖及被控侵权人基于合理信赖的存在可能进行的相应行为，专利权人在主观上是知道或者应当知道的，或者说其之所以没有认识到被控侵权人的误解，是由于其没有尽到必要的合理的注意。也即对于被控侵权人的误解及导致的合理的信赖利益的损失，是本可以避免却由于专利权人的疏忽而未能避免。而这正是由专利权人承担相应不利后果的直接的、正面的理由。也是法律之所以否定专利权人的垄断权而通过专利默示许可来保护被控侵权人的合理信赖利益的必要所在。而对于专利权人是否具有可归责性的判断，也主要集中于，对于被控侵权人可能产生的合理信赖及被控侵权人基于合理信赖的存在可能进行的相应行为，专利权人是否应当预见而没有预见，或者虽然预见到了却没有适时的提出异议。

除了以上两种类型的专利默示许可外，在实践中还存在一种既涉及产品的销售又存在对相关当事人行为的综合判断的专利默示许可类型，也即在涉及专利产品组合类专利间接侵权案件中专利默示许可的适用。对此，前文专利间接侵权的默示许可抗辩一章已经进行了充分的论证和总结，这里将不再赘述。

7.4.2　专利默示许可的具体适用应明确的几个问题

在实践中，明确专利默示许可的存在能够为被控侵权人提供有效的侵权抗辩，但是，专利默示许可的成立只是推定专利权人与被控侵权人之间相关许可合同关系的存在，被控侵权人基于合同关系的存在应当承担的义务却不能免除，抑或说，专利默示许可的成立只能使专利权人通过专利侵权诉讼获得侵权损害赔偿或者禁令救济的权利受到影响，但是不能阻却专利权人基于许可合同关系的存在获得其应有的合同权利。所以说，专利默示许可的认定只是解决了专利默示许可的成立与否问题，在明确成立了专利默示许可之后，相关纠纷的有效解决还有待对以下几个问题的明确。

7.4.2.1　专利默示许可的类型

在实践中，按照被许可人享有的实施专利的排他程度的不同，专利实施许可可以分为独占实施许可、排他实施许可、普通实施许可等类型。其中，根据独占实施许可合同，被许可方在约定的时间和地域内对许可方的专利享有独占使用权，包括许可方在内的其他任何人都不得在上述范围内使用该专利，许可方也不得在上述范围内就该专利技术与第三方签订许可合同。排他实施许可，也称独家实施许可，根据该类合同，被许可方在合同约定的条件和范围内享有对该专利技术独家使用权，许可方不得再向第三方发放同样的许可证，但是许可方仍保留在上述范围内实施其专利的权利。根据普通实施许可合同，被许可人在约定的条件下和范围内可以实施专利并取得收益，专利权人自己仍有使用其专利的权利，并且可就相同的条件和范围向第三方发放这种许可证。除此之外，还存在分实施许可和交叉许可等类型。❶ 通常情况下，明示许可会在具体约定中明确专利实施许可的类型，而在具体实践中，对于专利默示许可的类型，则需要根据相关案件的具体情况予以明确。

首先，对于基于销售产生的专利默示许可，由于相关产品的购买者只能利用其购买的产品组装、制造专利产品或者实施相关专利方法，并不能排除他人对专利的实施，也不能阻止专利权人许可他人实施专利，所以在这种情况下，专利默示许可应为普通实施许可。

其次，在基于行为产生的专利默示许可的具体适用中，专利默示许可的类型主要是根据赖以建立专利默示许可的具体情形确定的，既可能是独占实施许可，也可能是排他实施许可，或者是普通许可，最终的明确应该综合具体案件的所有实施进行分析。但是如果从赖以建立专利默示许可的情形中无法确定专利默示许可的类型，此时应该将专利默示许可推定为普通许可，因为专利默示许可毕竟是一种非明示的许可形式，不能给专利权人施加过于苛刻的不合理限制。

7.4.2.2　专利默示许可的范围

在实践中，一旦认定许可是默示的，法庭接下来就必须审视各种条件因素以决定许可的范围。❷ 根据我国专利法的规定，专利实施的方式包括制造、使用、许诺销售、销售、进口等，在专利明示许可中对于专利实施许可的范围通常能够通过明确的方式予以确定，而在专利默示许可中，专利实施许可的范围必须根据个案的具体事实来判断。

---

❶ 袁真富. 基于侵权抗辩之专利默示许可探究 [J]. 法学，2010（12）：108-119.

❷ 王国柱. 知识产权默示许可制度研究 [D]. 长春：吉林大学，2013：65.

首先，在基于产品销售的专利默示许可的适用中，通常根据相关产品就专利实施而言的用途来明确专利默示许可的范围。例如，如果某一产品除了用于组装或制造专利产品外没有其他的实质性用途，那么，只要不存在专利权人的明确限制，这一产品的购买者在购买该产品后，可以利用该产品组装或制造专利产品，并进而使用该产品或者进行销售、许诺销售、进口等行为。而在默许修理类专利默示许可的适用中，默示许可的范围时常成为处理"修理和更换"案件的决定性议题，❶也即，对于以使用为目的购买相关产品的购买者而言，在产品损坏影响其使用性能时，其所获得的默示许可的范围仅限于为了维持相关产品的使用性能而对该产品进行修理，但这里的修理不能构成对专利产品或者用于实施专利方法的专用设备的再造。

其次，在基于行为的专利默示许可的适用中，对于专利默示许可的范围并没有统一的标准，有的默示许可的许可范围可以延及专利实施的所有方式，包括制造、使用、许诺销售、销售进口等，而有的默示许可的许可范围则可能较小，而这需要根据具体情况予以判断。同时，基于行为的专利默示许可同常是在相关当事人交往过程中产生的，默示许可的范围取决于当事人在交往过程中对默示许可范围的合理期待，而不是当事人一方的个人意愿。所以，这里的专利默示许可范围的明确应当综合得以产生专利默示许可的所有情形，并考虑相关当事人的合理期待。

7.4.2.3　专利默示许可的期限

基于不同原因产生的专利默示许可，其许可期限的认定亦遵循不同的思路。首先，对于基于产品销售的专利默示许可的期限，由于被控侵权人获得的

---

❶ 王国柱.知识产权默示许可制度研究 [D]. 长春：吉林大学，2013：65.

专利默示许可紧密地依附于专利权人所销售的产品之上，❶ 所以，该类默示许可的期限通常取决于相关产品的使用寿命，而不是专利权的整个有效期。而且，一旦相关产品的购买者将相关产品售出，由于缺乏实施专利技术的正当性载体，所以其基于该产品的专利许可随之终止。

其次，基于行为的专利默示许可的期限，因产生专利默示许可的具体行为类型的不同而导致许可期限的不同，需依据专利默示许可赖以产生的不同情形进行具体分析。例如，对于涉及技术标准的专利默示许可的期限，标准实施者在技术标准的有效期或者专利权的有效期内都有权使用专利技术，而具体以哪一个期限为准，则要看哪一个期限优先届至。在基于原许可协议而对许可人事后取得专利产生默示许可的情形下，要保证被许可人通过原许可协议获得的利益不会因为许可人事后获得的专利而减损，而不是赋予被许可人原许可协议以外的利益。❷ 因此，默示许可的期限取决于原许可协议中有关许可的期限。

7.4.2.4　专利默示许可的对价

对于专利明示许可，当事人通常会就是否支付许可费及支付多少许可费进行明确的约定，而在专利默示许可中，是否存在默示许可与是否有偿许可是两个不同的问题，虽然默示许可能够免除被控侵权人的侵权责任，但其金钱给付的义务却不能当然地免除，法院如果认定了默示许可的存在，还需要进一步判断被控侵权人是否应当支付专利使用费。❸

对于默示许可成立后是否支付许可费则依据专利权人是否已经获得相应的

---

❶ 袁真富. 基于侵权抗辩之专利默示许可探究 [J]. 法学，2010（12）：108-119.

❷ 闫宏. 专利默示许可规则探析 [D]. 北京：清华大学，2007：32.

❸ 王国柱. 知识产权默示许可制度研究 [D]. 长春：吉林大学，2013：65.

对价来判断。其中，对于基于产品销售产生的默示许可，由于相关产品来自于专利权人或者其被许可人的授权销售，专利权人已经从相关的销售或者许可行为中获得了相应的对价，所以，购买相关产品的被控侵权人无须另行支付专利实施许可费。而在基于行为产生的专利默示许可中，则分为三种具体情况，其一专利权人已从其先前的行为中获得了对价，此时不需要再支付专利默示许可费。二是专利权人先前承诺免费使用，这种情况下也不需要支付专利默示许可费。三是专利权人并未从先前的行为中获得对价，这种情况下则需要支付专利权人一定的许可费。❶

而在被控侵权人应当支付专利实施许可费的情形下，应当支付多少许可费的问题则需要根据具体的情况予以确定。由于认定专利默示许可的成立后当事人之间不再是侵权关系而系合同关系，所以对于许可费应交由双方进行协商，协商不成的由法院在利益平衡的基础上根据具体的案件情形进行裁量。

7.5　本章小结

本章通过对我国及域外有关专利默示许可的立法规定和司法实践中分析与考察，对于专利默示许可制度的建立，我国既存在必要性又有充分的制度基础。然而在专利默示许可制度的具体构建中，既要考虑到专利默示许可本身的案例法传统，又要顾及我国的成文法传统和需求，因此，专利默示许可制度在我国的构建应当采用立法与司法并行的二分模式。但是同时，由于有关专利默示许可制度的研究尚不充分、实践中的司法经验也不成熟，专利默示许可制度在我国尚处于发展阶段，所以在我国专利默示许可制度的立法构建中，不能急于求成，

---

❶ 石磊. 论专利默示许可的适用 [D]. 北京：北京化工大学，2013：25.

而应当先将司法实践中已经发展成熟且经过充分论证的专利默示许可情形上升为法律规定，对于其他的问题则留待司法实践通过个案予以解决。而对专利权默示许可司法实践相关问题的全面分析，有助于相关裁判规则的完善，以更好地发挥专利权默示许可的制度价值。

第 8 章　结论与展望

8.1　研究结论

　　面对司法实践中对专利默示许可适用的现实需求及《专利法》第四次修订对专利默示许可制度理论支撑的需要，本书从研究的缘起出发，通过明晰专利默示许可的内涵与外延、专利默示许可与相关制度之间的区别与联系、专利默示许可制度的发展脉络，系统地厘清了与专利默示许可相关的基本问题；运用法律价值分析方法和法经济学分析方法论证了专利默示许可制度存在的正当性；以专利默示许可制度在解决平行进口问题、标准必要专利挟持、专利间接侵权抗辩中的运用及其意义为研究重心，明确了专利默示许可的制度价值不仅在于作为基本的专利侵权抗辩手段对被控专利侵权人合理信赖利益的保护，而且在新的制度背景下越来越多地作为一种利益平衡机制被用于实现专利法上的利益平衡。最后，从在我国建立专利默示许可制度的必要性和可行性入手，提出了在我国建立专利默示许可制度的法律框架及具体意见，并明确了专利默示许可在司法实践中的适用标准。

通过对专利默示许可制度的系统深入研究，可以归纳出以下几点理论认识，作为学习写作的阶段性研究成果。

首先，专利默示许可制度具有充分的理论正当性。作为民法上的默示意思表示在专利法领域的具体体现，专利默示许可具备默示意思表示"表意之间接性"的基本特征，其具体认定亦遵循默示意思表示的解释路径，因而属于民法上默示意思表示的一种，符合默示意思表示理论的内在要求。保护专利实施人的合理信赖利益是专利默示许可制度的价值所在，信赖保护规则的内在构成亦能够为专利默示许可的认定提供理论上的指导。专利交易的特殊性使专利实施中易于滋生机会主义行为，专利默示许可对合理信赖保护的追求及其在平衡专利实施相关当事人利益上的独有功能则能够有效规制专利实施有关交易中存在的机会主义行为。此外，专利默示许可既能通过明确专利权行使的边界、有效地减少交易成本，亦能够在不减损专利权人利益的基础上促进专利的运用，因而有助于实现社会总体效用的最大化。

其次，专利默示许可制度具有不可替代的制度功能。作为一项专利法中的制度，专利默示许可既区别于权利穷竭、强制许可等其他专利法中的制度及版权默示许可，具有自身独立的制度功能和价值，又能够在平行进口问题的解决、标准必要专利的规制及专利间接侵权的抗辩等关键专利法问题的解决上发挥不可替代的积极作用：适用原则性、灵活性兼备的专利默示许可制度解决平行进口问题，既有助于实现相关当事人之间利益的平衡又符合我国现阶段作为发展中国家的政策取向；适用默示许可原则规制标准必要专利，既能通过与相关标准专利政策的衔接有效规制标准必要专利"劫持"，还有助于实现专利权人和标准实施者之间的利益平衡，保障标准的顺畅运行；作为专利间接侵权的主要抗辩手段，专利默示许可的合理适用，既能够形成对间接侵权的有效制约、防止专利权人权利的不当扩张，又能保护专利实施人的信赖利益，因而有助于实现相关当事人之间的利益平衡。

其三,专利默示许可制度在我国的构建,要坚持立法与司法并行的二分模式,既要在我国的成文法传统下完善相关的法律体系,也要明确其在司法实践中的具体适用。就具体的立法而言,应首先明确将相关专利默示许可规则上升为法律规定并不会与相关国际条约中的规定相抵触,同时完善相关的法律体系:在《民法总则》中增加信赖保护原则作为民法的基本原则,并完善有关默示意思表示及其解释的相关规定;在《专利法》中,除了第四次修订中明确的标准必要专利的默示许可规则外,还应当将基于产品销售的专利默示许可规则上升为具体的法律规定。最后,对于专利默示许可在司法实践中的适用,应该根据不同类型的专利默示许可明确不同的认定标准。其中,基于产品销售的专利默示许可的认定应当从两个方面入手:一方面,相关产品除了用于生产或组装专利产品、实施专利方法外是否还有其他的实质性用途;另一方面,相关产品在销售时是否存在明确性的限制。基于行为的默示许可的认定则需要符合三个条件:第一,专利权人的误导性言语或行为使被控侵权人合理地认为专利权人允许其实施有关专利;第二,被控侵权人对专利权人的言语或行为产生了合理的信赖;第三,被控侵权人的合理信赖应该被保护。而对于既涉及产品的销售又存在对相关当事人行为综合判断的专利默示许可的认定,则应当综合这两种专利默示许可的认定路径进行判断。

总而言之,专利默示许可制度独立的制度价值和功能,使其不仅是与专利明示许可并列的专利许可方式之一,更是实现专利法上利益平衡的一种制度建构,而这正是专利默示许可作为制度性存在的真正价值。在我国,应该从立法和司法两个方面入手建立并完善专利默示许可制度,以更好地发挥其制度功能,为我国的相关实践提供明确的指导。

8.2　不足与展望

尽管本书对专利默示许可制度进行了深入系统的探讨，但上述研究尚存在不足之处，有待今后的研究中进行弥补。

首先，本书的材料及文献支撑不够全面，主要选取我国及英美法系相关国家的判例及相关著述，对属于大陆法系国家的德国、日本等国的相关实践和研究考察分析不够，因而相关的论证并不全面，需要今后在考察并分析这些国家相关实践的基础上进一步完善。

其次，尽管本书的研究也从法经济学的视角进行了相应的分析，但囿于相关学识的匮乏，这些研究尚存在诸多不足，如研究视角不全面：现有的研究仅从专利默示许可规制机会主义和实现社会总体效用最大化的视角进行了分析，而对专利默示许可制度的全面深入科学研究，需要从更多的视角进行分析论证，因此，在未来的相关研究中，有待从不同的视角对专利默示许可的有关研究进行完善。同时，本书涉及法经济学的分析主要是从理论证明的角度进行，缺乏相应的数据支撑，而从法经济学的视角进行研究分析，翔实的数据支撑却是必要的，因而有待今后的研究进行完善。

最后，目前专利默示许可制度在我国的发展尚不成熟，专利间接侵权、标准必要专利等相关法律制度也并不完善，随着实践及相关立法或者政策的发展变化，有关的专利默示许可规则及其正当性可能会面临新的机遇和挑战。而本书的相关研究主要基于现有的制度和政策背景，因而不免具有一定的局限性，专利默示许可在适用上的正当性及其相关功能的发挥还必须根据实践的不断发展进行相应的研究。

后　记

　　本书的研究始于作者2014年进入同济大学国际知识产权学院攻读博士学位时导师朱雪忠教授的指导。此后几年，知识产权法理论一直是我的主攻方向，收集、研读有关文献和写作成为这些年我的基本生活方式，并基于此完成了我的博士学位论文，在核心期刊上发表了一些研究论文。博士毕业后，河南省法治研究会会长刘海平、秘书长赵玉军出于对知识产权法理论研究的重视和对我博士期间初步研究成果的肯定，对我的知识产权法理论研究工作提供了诸多支持和帮助，尤其是对本书的写作、编辑与出版，他们给予了极大的关注与支持。多次召开法治研究专题会，提出很多建设性意见与建议，开阔了我的思维视野，同时，鼓励我深入实践开展研究，提出有针对性的法治建议，从而服务于我国法治建设。

　　回首读博之后的科研生活，几多欢喜几多愁，几分成绩几分优，理想与迷茫同在，拼搏与彷徨并存。读博期间经历高低起伏，酸甜苦辣，学习期间的情景历历在目。导师朱雪忠教授谦恭厚德，博学笃行，感谢导师不仅在科研的道路上为我点亮明灯，也在生活中给予我深切的关怀。导师的鼓励让我在遇到苦难时不轻言放弃，学会用一颗乐观、积极的心态去迎接挑战。导师的教导是我在同济大学求学期间乃至今后科研道路上最宝贵的财富。与此同时，也感谢读博期间单晓光老师、漆苏师姐等老师同学们的热情支持和帮助；感谢家人对我从事学术研究的牺牲与支持，没有他们，就没有本书的面世；感谢郑州航空工业管理学院法学院邢培泉院长、杜勤院长及同事们的热心支持和帮助；本书的出版得到了知识产权出版社的大力帮助；本书写作中参考了很多专家、学者的论著和资料。在此一并表示衷心的感谢！

路漫漫其修远兮，吾将上下而求索！本书的完成只是我开始知识产权研究的一步，知识产权还有很多未知的领域等待开发，在科学上面是没有平坦的大路可走的，只有那在崎岖小路上攀登不畏劳苦的人，才有希望到达光辉的顶点。

囿于研究水平，书中难免存在疏漏之处，诚恳希望专家和广大读者给予批评指正。

李闯豪

2018 年 10 月 16 日

于郑州航空工业管理学院